西藏民族大学学者文库·文学类

《管子》人才战略思想研究

张春红　池万兴　著

·广州·

版权所有　翻印必究

图书在版编目（CIP）数据

《管子》人才战略思想研究/张春红，池万兴著．—广州：中山大学出版社，2020.12

（西藏民族大学学者文库·文学类）
ISBN 978-7-306-07027-2

Ⅰ.①管… Ⅱ.①张… ②池… Ⅲ.①《管子》—人才学—研究 Ⅳ.①C96-092

中国版本图书馆CIP数据核字（2020）第214359号

出 版 人：	王天琪
策划编辑：	嵇春霞
责任编辑：	靳晓虹
封面设计：	林绵华
责任校对：	陈　莹
责任技编：	何雅涛
出版发行：	中山大学出版社
电　　话：	编辑部 020-84110283，84113349，84111997，84110779
	发行部 020-84111998，84111981，84111160
地　　址：	广州市新港西路135号
邮　　编：	510275　　　　传　真：020-84036565
网　　址：	http://www.zsup.com.cn　　E-mail：zdcbs@mail.sysu.edu.cn
印 刷 者：	佛山市浩文彩色印刷有限公司
规　　格：	787mm×1092mm　1/16　15.25 印张　284 千字
版次印次：	2020年12月第1版　2020年12月第1次印刷
定　　价：	58.00元

如发现本书因印装质量影响阅读，请与出版社发行部联系调换

前　言

一

　　春秋战国是中国历史上一个需要巨人同时又产生了无数巨人的时代。这是诸子峰起、百家争鸣的时代。他们或者整理与弘扬古代的文化遗产，并加以创造发挥，使古老的文化焕发出新的精神与新的光辉；或者针对现实的混乱，著书立说，针砭时弊，提出各自的救世良方，并力行实践，奔走于天下。由于人生际遇不同、生存体验不同，因此，他们对宇宙之根源、社会之治乱、人生之真谛，对天人之际、古今之变、生命之源等提出了具有原创性的真知灼见。他们大多数是行动的实践家，面对纷繁的世变，紧握自由的言论权柄，磨砺出各具特色的百家之说，成为此后中国文化思想繁荣的基因。他们的实践品性和铮铮铁骨也成为后世知识分子仿效的人格典范。

　　这一时代产生了诸如管仲、范蠡等政治家，孔子、老子、墨子、庄子、孟子等思想家、教育家、文学家，孙武、孙膑等军事家，商鞅、韩非子、李斯等法家，春秋五霸（齐桓公、晋文公、宋襄公、楚庄王、秦穆公）以及统一六国的秦始皇等杰出人物。可以说，这是一个"前无古人，后无来者"的时代，是一个辉煌灿烂的时代，是一个人才辈出的时代。中国历史上最具原创性的思想文化以及风起云涌、波澜壮阔的改革都产生于这一时期。因此，春秋战国也被称为中国历史上思想大解放的时代、文化大繁荣的时代，是所谓的文化"轴心时代"。

　　那么，春秋战国为何会产生如此之多的人才、文化以及思想成果呢？这与春秋战国这一特殊时代环境是密切相关的。

二

　　春秋战国是中国历史上所谓五霸迭兴、七雄逐鹿、纷争鼎立之际。随着周王室的衰微，诸侯坐大，"普天之下，莫非王土；率土之滨，莫非王臣"① 的西周宗法制度逐渐解体。随着牛耕和铁制农具的使用，农业生产水平进一步提高，井田制被破坏，土地国有形态的"公田"逐渐变为"私田"。周天子的权威被削弱了，代之而起的是利益的争夺与实力的较量。这意味着西周以来的礼乐制度与礼乐文明被彻底破坏——旧的制度被彻底打破。天下秩序由原来的"礼乐征伐自天子出"变为"礼乐征伐自诸侯出"，甚至出现了春秋末期"礼乐征伐自大夫出""陪臣执国命"的现象。但值得注意的是，春秋时期虽然周天子的权威一再受到挑战，失去了昔日的辉煌，但此时，"礼"依然具有一定的维系社会秩序的作用。列国在一定程度上还具有"尊礼"的特点。因此，齐桓公尽管称王称霸，四处征讨，但依然打着"尊王攘夷"的旗号，依然将周天子作为自己行动的幌子。到了战国时期则完全不同，彼时列国已无须"礼"的幌子，诸侯彻底撕掉了这块"遮羞布"，列国关系转而成为赤裸裸的利害冲突以及因此而造成的相互兼并。

随着社会大变革、大动荡时代的到来，列国之间、贵族之间为资源、财产和权力的再分配争夺不休，夺取城池、土地、农民的战争愈演愈烈。土地私有化以及土地买卖的出现，打破了贵族世袭土地的旧例，集体生产的农耕方式逐渐向以家庭为单位的个体生产形式过渡。此外，由于周天子政治权力中心旁落于强势诸侯国，各诸侯国内纷纷出现旧秩序崩坏、旧价值瓦解的"失序"状态。这样，旧时"学在官府"的状态轰然瓦解，导致文化学术的下移与四散。

众所周知，在西周时代，学术与文化教育原本只可能以国家共有的性质出现，这就是所谓的"学在官府""官守学业""政教一体""官师一体"。典籍、图书文物与礼乐器具原本都收藏在官府之中，担任礼乐之职、掌管学术文化教育的人，既是师又是官，是一些世代相传的职业文化人。由于周天子的权威与地位的下降，这些掌管文化学术与教育的职业文化人也逐渐流动到诸侯国甚至民间。这样，文化必然会出现下移现象。此外，在政治上、经济上逐渐强盛起来的新兴地主阶级也迫切要求打破"学在官府"的垄断地位，需要文化典籍的开放，掌握文化知识，接受教育，培养人才，而且他们也有能力供养象征礼乐文明的器物及其人才载体，所有这些都为文化学术与知识的下移创造了必要条件。

随着文化知识的下移，越来越多的庶人有了接受教育的机会，于是"士"阶层崛起。他们或能文或能武，奔走于诸侯之间，自荐己才，择君而事。各诸侯国的执政者出于巩固政治权力和提高声望的目的，也开始重视人才，争先招

---

① 《诗经·小雅·邶山》，见朱熹《诗集传》，上海古籍出版社1980年版，第150页。

贤纳士，于是到了战国时期便出现了"养士之风"。最早养士的当属春秋五霸之首的齐桓公，他的霸业便与他养"游士"和招纳"匹夫之善"有关。到了春秋末期，不仅国君，甚至权门豪贵也争相养士。如齐国的陈成子、鲁国的季昭子等都以养士的方式集中智谋，以发展、扩张自己的势力。战国养士之风达到高潮，如秦穆公、魏文侯、齐威王、齐宣王、梁惠王、燕昭王等国君都曾大规模养士。尤其是齐威王、齐宣王设立了高门大屋的稷下学宫，成为当时自由知识分子集聚讲学、争鸣论辩的学术中心。除君主外，有权有势的大臣们也争相养士，如著名的战国四公子养士各自都达千人以上。当时用士的聚散来衡量一个国家政治的兴衰，形成了所谓"得士者存，失士者亡"的社会舆论导向。这说明在战国时期，士已经成为纵横天下的一股现实的社会力量。

三

随着士的崛起，出现了私家聚徒讲学和著书的社会风气。诸子百家便应运而生，并由此出现了人才辈出的一个光辉灿烂的所谓"轴心时代"。管仲，便是在这样的时代背景下第一个登上政治舞台与历史舞台的杰出人物。

如果说孔子、孟子、老子和庄子是伟大的思想家、教育家，是文化的创造者与传播者，那么管仲则是伟大的思想家、政治家、军事家、经济学家，是历史的伟大实践者。管仲建立了"九合诸侯，一匡天下"的赫赫功业，并成为中国历史上第一个贤相。与孔子、孟子不同，作为政治家，管仲在那个特殊的时代具有多领域的建树。他不仅在思想文化方面具有独特的造诣，而且在政治改革，以及经济、军事、外交、教育、农业、工商业发展等各个方面都有卓越的功绩。这些功绩奠定了他在中国历史上的突出地位，对后世也产生了深远而巨大的影响。正如王志民先生所说："在中国古代春秋时期，有两个影响很大的人物，一个是孔子、一个是管仲。孔子为殷周思想文化之集大成者，管仲为殷周政治制度文化之集大成者。两峰并峙，各有千秋！战国时期百家蜂起、学说林立局面的发轫，可以追溯到这两个人思想学说的创造和传布。而培育出这两个伟大人物的文化土壤——博大精深而又各具特色的齐文化与鲁文化，在经过战国和秦、汉期间相互的交流、融合及其对其他地域文化的容纳、吸收、改造、发展后，以董仲舒'独尊儒术'为契机，实现了齐鲁文化从地域文化到主流文化的转变与升华。这都与管仲、孔子之思想、学说对中华民族整个早期文化的巨大影响分不开，管子与孔子一样，都是中国文化史上的巨人。"① 管

---

① 王志民：《管仲评传·序》，见战化军《管仲评传》，齐鲁书社2001年版，第2页。

仲以其多方面功业奠定了他在中国历史上的杰出地位，因而受到世人的敬仰和推崇。鲍叔牙既是管仲的朋友，也是他的知己，可以说没有人比鲍叔牙更了解管仲。管仲曾经感慨道："生我者父母，知我者鲍子也。"① 鲍叔牙向齐桓公推荐管仲时说："得管仲与召忽则社稷定矣。"② 可见，在鲍叔牙心目中管仲具有定社稷的能力与才华。当齐桓公想让鲍叔牙做宰相时，鲍叔牙推辞说："臣之所不如管夷吾者五：宽惠爱民，臣不如也；治国不失秉，臣不如也；忠信可结于诸侯，臣不如也；制礼义可法于四方，臣不如也；介胄执枹，立于军门，使百姓皆加勇，臣不如也。夫管仲，民之父母也；将欲治其子，不可弃其父母"，"夷吾事君无二心"（《管子·小匡》）。春秋时期鲁国的施伯是当时重要的谋臣，也是一位很有智慧的人物。他曾经对鲁庄公说："管仲者，天下之贤人也，大器也。在楚则楚得意于天下，在晋则晋得意于天下，在狄则狄得意于天下。"（《管子·小匡》）又说："夫管仲，天下之大圣也，今彼反齐，天下皆向之……"（《管子·大匡》）。孔子说："管仲相桓公，霸诸侯，一匡天下，民到于今受其赐。微管仲，吾其被发左衽矣。"③ 孔子不仅肯定了管仲在齐桓公称霸诸侯时所起到的决定性作用，而且高度评价了管仲保护华夏文明、造福后世文化的杰出贡献，字里行间充满了对管仲的无限敬仰与向往之情。孟子尽管从仁义的角度出发不屑于提及齐桓晋文之事，但他不得不说"五霸，桓公为盛"④，并对葵丘之会进行了细致入微的记述，表达了对管仲的仰慕与赞美之情，也充分肯定了管仲在历史上的巨大功绩。荀子曾经说过齐桓公"九合诸侯，一匡天下，为五伯长，是也无他故焉，知一政于管仲也"⑤。韩非子也曾感慨地说："管仲毋变齐，郭偃毋变晋，则桓文不霸。"⑥ 又说："（齐桓公）得管仲，为五伯长；失管仲，得竖刁，而身死，虫流出，尸不葬。""（管仲）夫一匡天下，九合诸侯，美之大者也。"⑦ 司马迁在《管晏列传》中概括道：

---

① 〔汉〕司马迁：《史记》，中华书局1982年版，第2132页。
② 《管子·大匡》，以下凡《管子》引文只注篇名。此外，本书凡《管子》引文，以通行的赵用贤本（上海古籍出版社影印清光绪二年浙江书局刻本）为主，并参考了谢浩范、朱迎平《管子全译》本。
③ 《论语·宪问》，见〔清〕刘宝楠《论语正义》，香港中华书局1978年《诸子集成》本，第314页。
④ 《孟子·告子下》，见〔清〕焦循《孟子正义》，香港中华书局1978年《诸子集成》本，第497页。
⑤ 《荀子·王霸》，见〔清〕王先谦《荀子集解》，香港中华书局1978年《诸子集成》本，第145页。
⑥ 《韩非子·南面》，见〔清〕王先谦《韩非子集解》，香港中华书局1978年《诸子集成》本，第87页。
⑦ 《韩非子·难二》，见〔清〕王先谦《韩非子集解》，香港中华书局1978年《诸子集成》本，第275页。

"管仲既用,任政于齐,齐桓公以霸,九合诸侯,一匡天下,管仲之谋也。"明代赵用贤《管子书序》说:"古今递迁,道随时降,王霸迭兴,政由俗革。吾以为周公经制之大略,盖所以成王道之终。管子能变其常而通其穷,亦所以基伯道之始。"管仲的历史功绩在当时和后世都受到很高的评价,对后世也产生了深远而巨大的影响。而管仲的历史功绩同时也说明了杰出人才在历史上所起的巨大作用。没有管仲就没有齐桓公的霸业;这正如没有孔子就没有影响中国数千年的儒家文化和仁义礼乐文明一样。因此,朱熹曾感慨道:"天不生仲尼,万古长如夜!"① 由此可见杰出人才的巨大历史作用。

四

《管子》是对管仲政治、经济、军事、文化、哲学、商业等思想的继承与发挥。它不同于《论语》《孟子》《老子》和《庄子》,这些诸子著作往往是学术思想的阐释,而《管子》则是管仲治国安邦经验的全面总结与历史经验教训的反思。赵逵夫先生曾经指出:"管仲不仅是思想家,也是政治家、治国的能人。他不可能如后世的儒家只讲仁义礼智,更不会像儒家那样支持、维护宗法制;他不可能如道家倡导的'无为而治',更不会否定国家机构的功能和完全否定礼仪制度;他不可能如后期法家那般严刑酷法、刻薄寡恩。他不主一家,不是一个纯粹的学者,不是坐而论道,而是一位对历史上的治乱成败有深入思考,又视野开阔、无所拘束的人。从他辅佐齐桓公强齐称霸上所用种种手段即可以看出这一点。齐稷下学者正是从这一点上,根据自己的学术特长与基础,从各个方面探索社会发展的规律,提出有关理论,设计有关方案,以用于强齐富国和统一天下,但都以'管子学说''管子学派'名义出之。所以,《管子》一书实际上是中国历史上第一部带有综合性的诸子著作。"②

《管子》是齐文化的代表作,也是齐国治国经验的总结。透过《管子》我们可以看到,齐国之所以能够昌盛八百年,关键是人才起了巨大的作用。齐国历任开明贤能的君主,都非常重视招徕与培养人才,都非常重视人才的巨大作用。齐国的始祖姜太公就是一个典型人物。

众所周知,周武王灭商后分封功臣谋士,姜太公因为杰出功绩被分封到齐地,建立齐国。据《战国策》《吕氏春秋》等典籍记载,姜太公就是齐地人。

---

① 《朱子语类》卷九十三《孔孟周程张子》,见《朱子全书》上海古籍出版社、安徽教育出版社2002年版,第3096页。

② 赵逵夫:《先秦文化和管子研究·序》。见池万兴《先秦文化和管子研究》,人民出版社2015年版,第1-2页。

他辅佐周文王、周武王兴周灭商，建立了不世之功，显示出非凡的政治、军事才华。当时，天下初定，东夷未服，周武王分封姜太公建立齐国，显然就是因人而封，他看重姜太公的雄才大略，有以夷制夷的用意，具有明显的战略意义。姜太公作为一个齐人，长期生活在这块土地上，对齐地的风土人情有深入的了解，由这样的杰出人才去治理齐地，不仅能够很好地起到藩屏周室的作用，而且可以起到以夷制夷、开拓疆土的战略作用。

面对商王朝的灭亡与岐周的崛起，历史的大逆转使人们不得不思考商何以亡，周何以兴？殷纣王晚年荒淫无度，欺压百姓，重用奸佞，残害忠良，致使天怒民怨，贤士流失，最终导致了亡国亡族的下场。周文王以弹丸之地，励精图治，宽惠爱民，礼贤下士，广揽贤才，人民多归焉。姜太公作为兴周灭商的主要功臣和谋士，作为这一历史阶段的见证人和参与者，对这一阶段的历史与现实情况有着清醒的认识。总结历史的经验教训，他清醒地认识到民心向背与人才的得失决定着国家的前途命运，影响天下的治乱安危。他从商、周的历史大逆转中深切体会到人才在治国安邦中所起的巨大作用，因此，他到齐国之后采取了一套不同于鲁国的文化政策与用人路线。

首先，姜太公建立齐国之后执行了一条适合本地民情的政治路线。据《史记·齐太公世家》记载："太公至国，修政，因其俗，简其礼，通商工之业，便鱼盐之利，而人民多归齐，齐为大国。"① 姜太公在民族政策与文化政策上，采取了"因其俗，简其礼"的怀柔政策，尊重东夷当地的风俗习惯，使社会尽快安定下来，百姓消除了对新兴国家的恐慌心理，因此不但社会很快安定，而且百业得以兴旺。《史记·鲁周公世家》说："鲁公伯禽之初受封之鲁，三年而后报政周公。周公曰：'何迟也？'伯禽曰：'变其俗，革其礼，丧三年然后除之，故迟。'太公亦封于齐，五月而报政周公。周公曰：'何疾也？'曰：'吾简其君臣礼，从其俗为也。'及后闻伯禽报政迟，乃叹曰：'呜呼，鲁后世其北面事齐矣！夫政不简不易，民不有近；平易近民，民必归之。'"② 姜太公采取因俗简礼的政策，有利于和东夷人取得心理上的共通融合，因此能迅速稳定社会秩序。

其次，姜太公采取了"尊贤尚功"的用人方略。姜太公早年历经坎坷，生活困顿，经历过各种磨难。他做过屠户，当过佣人，卖过饭，因为受到周文王的赏识起用才得以施展抱负和大展宏图。所以，他能认识到人才在政治和社会治理中的巨大作用，才能采取不同于殷商和周鲁"尊尊亲亲"的用人路线。

---

① 〔汉〕司马迁：《史记》，中华书局1982年版，第1480页。
② 〔汉〕司马迁：《史记》，中华书局1982年版，第1524页。

《汉书·地理志》说:"昔太公始封,周公问:'何以治齐?'太公曰:'举贤而尚功。'"①《说苑·尊贤》《吕氏春秋·仲冬纪》《淮南子·齐俗》都记载了齐鲁用人政策的差异。周公问太公治齐之道,太公回答说"尊贤尚功"。太公问周公治鲁之道,周公说"尊尊亲亲"。由此可见,齐鲁确实采取了不同的用人方略。

齐国"尊贤尚功"的用人政策,在以血缘关系为纽带的宗法制度下,显然更为开明,更具有开放性,更有利于从更大范围内吸引、选拔人才,更有利于调动各方面人才的积极性。因此,当时齐国汇聚了各地人才。用人路线的开明反映的就是文化思想上人们的思维更加活跃,更具有创造性和奋发昂扬的精神状态。在齐国用人政策的鼓励下,加上太公实行了"通商工之业,便鱼盐之利"的经济政策,因此,"齐既富饶,能冠带天下,丰厚被于他邦,故海岱之间敛袂而朝齐,言趋利者也"②。姜太公把"尊贤尚功"作为治理国家的指导方针,在这样的用人路线的指导下,齐国的治理取得了巨大的成就,这些都为后来齐桓公成就霸业和后世制定齐国的政治、经济文化政策以及用人路线奠定了良好的社会基础。

五

《管子》既是管仲言行的记录与发挥,也是齐国治国经验的总结。而齐国治国经验中最重要的一条就是"尊贤尚功"的用人方略。因而,《管子》中的人才思想是先秦诸子中最为丰富和完善的。《管子》说"争天下者必先争人""为政之要在于得人"就是明证。而齐国之所以能够重视人才、发挥人才治国安邦的重要作用,关键就在于形成了一套完整的人才强国的制度化、法制化的思想体系。《管子》全面深入地论述了人才的战略意义,对于《管子》人才强国战略思想的研究,有助于我们更好地为当代人才强国、人才兴国战略思想服务,为实现中华民族的伟大复兴提供有益的借鉴。

第一,《管子》内容丰富,博大精深,大凡哲学、政治、经济、军事、法律、伦理、管理以及自然科学思想无所不包,堪称我国古代文化宝库中仅见的瑰宝。《管子》是管仲学派代代积累的论文总集,其中既有管仲思想的记录与发挥,又有它在不同历史时期的发展和运用,是一部经邦治国的百科全书。因此,对《管子》进行全方位的研究具有重要的学术价值与传承意义。

---

① 《汉书·地理志》,中华书局1962版,第1661页。
② 〔汉〕司马迁:《史记》,中华书局1982年版,第3255页。

第二，《管子》是齐文化的代表作，而齐国向来具有尊重人才、重视人才作用的优良传统。从太公建国，到春秋五霸之首，再到战国七雄，在齐国长达八百年的历史发展中，究其强大的原因，人才无疑是起了重要作用的。从姜太公首创"尊贤尚功"的基本国策，开人才强国之先河，齐国的历代统治者皆遵循这一国策，始终将人才作为治国的根本要务。

春秋时期，齐桓公尊重与重视人才更成为后世的楷模。他不仅重用管仲，而且尊之为"仲父"，对其言听计从。在管仲的辅佐下，齐桓公求贤若渴，设庭燎之礼以招贤人。齐桓公时，尊贤与用能开始制度化，他不仅设立了宰相制度，打破了贵族对权力的世袭与垄断，为普通士人晋升管理层开辟了道路，而且实行了人才选举制度——"三选法"，使大量的下层人士参与政治管理，因此，在齐桓公时代形成了人才济济的繁荣局面，这也使齐国成为春秋五霸之首。

战国时期，齐国面对剧烈兼并最先设立了"稷下学宫"，使稷下学士"不治而议论"，广泛招纳天下贤士进入齐国，终威、宣之世，稷下学士多达三千人，形成了彬彬之盛、人才辈出的局面，建立了以齐为战国七雄之翘楚的泱泱大国的辉煌业绩。研究《管子》中的有关内容，纵观齐国的历史兴衰，我们明显地可以看到"人才兴国、人才强国"战略的重要意义。没有人才强国战略，就不会有齐国的昌盛久荣，就不会有齐国的霸业和称雄，更不会有齐国长达八百年的历史文化。管仲正是总结了姜太公建国与用人的传统，充分意识到人才强国的战略意义，才提出了"一年之计，莫如树谷；十年之计，莫如树木；终身之计，莫如树人"（《管子·权修》）和"夫争天下者，必先争人"（《管子·霸言》）的著名论断。桓、管之后，齐国的人才政策一直被充分发扬、继承与扩大，直至形成了"人才兴国、人才强国"的优良传统，而且代代相因、步步完善，从而营造出一种重视人才、尊贤尚功的良好环境与风气。《管子》系统地总结与论述了齐国重视人才、尊贤尚功的优良传统，因此，研究《管子》中的人才思想具有重要的学术价值。

第三，"以铜为鉴，可以正衣冠；以古为鉴，可以知兴替；以人为鉴，可以明得失"①。中国古代典籍文化研究的意义，一方面是它本来的学术价值与意义，是薪火相传的文化积淀；另一方面也是更为重要的，就是古为今用，充分发挥传统文化的现实意义，为现实政治与文化建设提供借鉴。研究《管子》中的人才强国的战略思想，至少可以给我们提供以下借鉴：一是重视人才是国家兴盛之本。凡齐国的强盛时期，都能够重视人才的作用，广泛搜求人才、尊

---

① 《新唐书·魏征传》，中华书局1975年版，第3880页。

重人才。二是统治阶级，尤其是最高统治者，应该是德才兼备的。凡是齐国贤能开明的君主，大都能够重用人才，尤其是注意发挥宰相的作用。贤相在位，国家即富强；奸相在位，国家即衰亡。由此可见，人才，尤其是关键人才的巨大作用。三是透过《管子》我们可以看到，在任用恰当的情况下，人人都可以是贤才；反之，如果任用不当，人才也可以转化为蠢材甚至罪魁祸首。桓公时代的易牙、竖刁、堂巫、卫公子开方就是典型。他们在管仲在世时都是能臣；然而管仲去世后，就都变为弑君的帮凶和佞臣。这给予我们很好的启示：一是用人必须得当；二是人才是可以转化的，而且是动态的；三是对人才要有约束与考核。如何任用各种各样的人才，则需要全社会认真思考。

　　第四，研究《管子》中的人才强国的战略思想具有重要的现实意义。2003年12月19日至20日，中共中央、国务院召开了全国人才工作会议，胡锦涛指出：人才问题是关系党和国家事业发展的关键问题。全党同志必须把实施人才强国战略作为党和国家一项重大而紧迫的任务抓紧抓好。2017年10月18日，在中国共产党第十九次全国代表大会报告中，习近平指出：人才是实现民族振兴、赢得国际竞争主动的战略资源。2018年3月7日，在参加"两会"广东代表团审议时，习近平强调：发展是第一要务，人才是第一资源。2019年10月24日、2020年6月29日，在十九届中央政治局第十八次、二十一次集体学习讲话中，习近平总书记分别提出："要加强人才队伍建设，建立完善人才培养体系"，"干部工作也好，人才工作也好，本质上都是用人问题。我们要应变局、育新机、开新局、谋复兴，关键是要把党的各级领导班子和干部队伍建设好、建设强。"

目　　录

第一章　管仲与《管子》 ·· 1
　　第一节　管仲其人 ·· 1
　　第二节　《管子》其书 ·· 12
　　第三节　《管子》与稷下学宫 ·································· 19
第二章　《管子》人才思想的社会历史背景 ······················· 23
　　第一节　生产关系的巨大变革 ·································· 23
　　第二节　世族世官制被打破 ···································· 27
　　第三节　"三选制"的初步形成 ································ 30
　　第四节　士阶层的崛起 ·· 35
第三章　《管子》对人才的高度重视 ····························· 46
　　第一节　"一国之存亡在其主" ································ 47
　　第二节　中央之人的选择 ······································ 55
第四章　《管子》的人才选拔思想 ······························· 63
　　第一节　《管子》的人才选拔标准 ······························ 63
　　第二节　《管子》的人才选拔方法 ······························ 72
　　第三节　《管子》的人才选拔原则 ······························ 78
第五章　《管子》的人才任用制度 ······························· 84
　　第一节　用人之要在于君 ······································ 84
　　第二节　察能授官　班禄赐予 ·································· 87
　　第三节　用人之长　不求全责备 ································ 89
　　第四节　用人不疑　疑人不用 ·································· 94
第六章　《管子》的人才培养思想 ······························· 98
　　第一节　礼义廉耻的素质教育 ·································· 98

第二节　"四民分业定居"的环境教育 …………………………… 101
　　第三节　学校教育 ……………………………………………………… 109

第七章　《管子》的人才考核思想
　　第一节　君主对人才的考核 …………………………………………… 113
　　第二节　官员对人才的考核 …………………………………………… 115

第八章　《管子》的人才激励思想
　　第一节　《管子》人才激励的理论基础 ……………………………… 119
　　第二节　人才激励的根本途径 ………………………………………… 121
　　第三节　人才激励的主要方法 ………………………………………… 124
　　第四节　正面引导是激励的又一措施 ………………………………… 127
　　第五节　激励的最高境界 ……………………………………………… 129

第九章　从《管子》看齐国的人才引进机制
　　第一节　齐桓公大力引进和重用人才 ………………………………… 131
　　第二节　战国时期齐国的人才引进机制 ……………………………… 135

第十章　孔子与《管子》人才思想的比较
　　第一节　孔子对人才作用的认识 ……………………………………… 138
　　第二节　孔子的人才标准 ……………………………………………… 140
　　第三节　孔子人才选拔任用的原则与方法 …………………………… 144
　　第四节　孔子人才培养的思想 ………………………………………… 151
　　第五节　孔子与《管子》人才思想的差异 …………………………… 154

第十一章　《墨子》与《管子》人才思想的比较
　　第一节　人才的重要作用 ……………………………………………… 159
　　第二节　关于人才的标准 ……………………………………………… 163
　　第三节　关于人才选拔的思想 ………………………………………… 166
　　第四节　人才培养 ……………………………………………………… 169
　　第五节　人才任用 ……………………………………………………… 174

第十二章　孟子与《管子》人才思想的比较
　　第一节　孟子人才思想的哲学基础 …………………………………… 179
　　第二节　人才的理想状态——尊王道、施仁政 ……………………… 184

  第三节　人才成圣成贤的理想人格 …………………………… 196
  第四节　《孟子》与《管子》人才思想的比较 ………………… 204
第十三章　《管子》人才思想及其当代价值 ………………………… 209
  第一节　《管子》"以人为本"的理念 …………………………… 209
  第二节　《管子》的人才培养与教育 …………………………… 212
  第三节　《管子》的"举贤"与"三选" …………………………… 217
  第四节　《管子》的人才任用与省官考核 ……………………… 218
  第五节　《管子》人才思想的当代价值 ………………………… 220
参考文献 …………………………………………………………………… 224
后　记 …………………………………………………………………… 226

第一章　管仲与《管子》

《管子》虽然不是出自管仲本人的手笔，却是管仲思想、言行的记录与发挥，也是研究管仲最基本的原始资料。研究《管子》中的人才思想，首先就要弄清管仲其人和《管子》其书。

第一节　管仲其人

管仲是春秋初期齐国杰出的政治家、思想家，他辅佐齐桓公改革内政，发展经济，富国强兵，建立了赫赫功业，使齐国成为"春秋五霸"之首。因此，管仲的事迹及其言行在春秋时期即已被广泛传播开来。先秦时期的记传典籍如《左传》《国语》等皆有管仲事迹的载录，《史记》也为管仲作传。先秦诸子对其人品和著名功业也有过不少评论。《管子》一书主要记载管仲的言行及其事迹，虽非管仲自著，却因其而得名。它是研究管仲的主要资料，具有较高的史料价值。而《管子》中的大部分作品，完成于"稷下学宫"这一特殊时代与环境之中。可以毫不夸张地说，没有"稷下学宫"的出现与繁荣也就不会有《管子》一书的产生。

管仲，名夷吾，字仲，颍上（今安徽颍上县）人，姬姓之后。他出身贫寒，曾经过商、当过兵、做过官，后来经好友鲍叔牙的推荐，被齐桓公任命为齐国宰相。管仲生活的春秋初期，正是周室衰微、天下大乱、诸侯纷争、以强并弱的开端时期。管仲抓住这一时代契机，依托齐国东面临海的有利地理位置，辅助齐桓公，在政治、经济、军事等领域实行了一系列的改革，"通货积财，富国强兵，与俗同好恶"[①]，使齐国很快富强起来。管仲为政"善因祸而为福，转败而为功，贵轻重，慎权衡"[②]，对外亲诸侯，攘夷狄，终于建立了"九合诸侯，一匡天下"的大业，使齐国成为五霸之首。他的雄才大略与赫赫

---

① 〔汉〕司马迁：《史记》，中华书局1982年版，第2132页。
② 〔汉〕司马迁：《史记》，中华书局1982年版，第2131页。

业绩，对当时及后世产生了极大的震动与深远的影响。因此，《左传》《国语》《管子》对他的事迹皆有集中的记述，《荀子》《韩非子》《晏子春秋》《吕氏春秋》《说苑》等典籍对他也有不少评论。孔子对于他的功绩也曾给予高度的评价："管仲相桓公，霸诸侯，一匡天下，民到于今受其赐。微管仲，吾其被发左衽矣。"①

一、管仲之出身、家世以及从政前的主要经历

管仲，生年不详，卒于桓公四十一年（前645）。正因为管仲的生年史无记载，所以有的学者认为管仲活了六十五岁左右，有的学者则认为他活了八十岁左右。张玉书、王伟先生根据《礼记·内则》"七十致政"之说和《管子·戒》篇"义故七十而致政"，又根据管子未致政而卒，死于相位任上，从而推断管仲享年不足七十岁。又据《管子·枢言》记载"吾畏言，不欲为言，故行年六十而老吃也"，推测管仲享年在六十至七十岁之间，从而推断管仲生于公元前710年左右。享年六十五岁左右。② 战化军先生认为，管仲生于公元前728年左右，享年八十余岁。"管仲受命辅佐公子纠之前曾经经过商、当过兵、入过仕，经历已十分丰富，其奉命辅佐公子纠时应不会小于三十岁。"他认为，"七十致政"之说只是一种礼制上的理想，并不是死规定。另外，如果按管仲享年六十余岁计算，管仲最迟在齐僖公去世之年（即公元前698年）辅佐公子纠，当时应该只有十几岁，在齐襄公被弑之年（即公元前686年）辅佐公子纠奔鲁时，应该为二十余岁。管仲辅佐公子纠之前曾经过商，多次入伍参战，多次入仕而多次被逐，故此说显然与事实不符，与管仲早年经历不合。③

《国语·齐语》韦昭注云："管夷吾，齐卿，姬姓之后，管严仲之子敬仲也。"《姓纂》云："周文王第三子管叔鲜，受封于管，以国为氏，今郑州管城是也。齐有管仲，字敬仲。"④ 可见"管"乃当时地名，也就是今天的河南省郑州市。管氏便以地名为氏。周武王灭商之后，分封功臣，曾"封弟叔鲜于管"，因此，叔鲜又被称为"管叔"或"管叔鲜"。管仲大概便是管叔鲜的后代。

管仲之祖地，《史记·管晏列传》记载"管仲夷吾者，颍上人也"。《史记索隐》说："颍，水名。《地理志》：颍水出阳城。汉有颍阳、临颍二县，今亦

---

① 《论语·宪问》，见杨伯峻《论语译注》，中华书局1980年版，第151页。
② 张玉书、王伟：《管仲事迹系年简编》，载《管子学刊》1999年第2期。
③ 战化军：《管仲评传》，齐鲁书社2001年版，第18－19页。
④ 转引自池万兴《〈管子〉研究》，高等教育出版社2004年版，第18页。

有颍上县。"① 据此，学者多认为管仲的祖籍是春秋时楚国的慎邑，即今之安徽省颍上县。而战化军先生则认为："管仲祖籍应在郑州以南、颍水上游。但是至管仲时，其一支早已迁移至齐……从这一意义上来说管仲早已成为齐人。"②

据《史记索隐》引《系本》说："庄仲山产敬仲夷吾。"③ 由此可知，管仲之父名山，字严仲，或字庄仲。至于管仲之祖上则无从稽考，而管仲之后代情况亦无从考知。管仲之后人并不显于后世。但从《战国策》《晏子春秋》等史籍记载来看，管氏在田齐时代仍为齐国显族。由此可以推测，管仲作为齐国宰相生前应该是有封地的，而他的后代直至战国时期都可能受其荫庇，为齐国的贵族。

管仲早年家境十分贫穷，生活经历也是比较坎坷的。《史记·管晏列传》引其自述："吾始困时，尝与鲍叔贾，分财利多自与，鲍叔不以我为贪，知我贫也。吾尝为鲍叔谋事而更穷困，鲍叔不以我为愚，知时有利不利也。吾尝三仕三见逐于君，鲍叔不以我为不肖，知我不遭时也。吾尝三战三走，鲍叔不以我为怯，知我有老母也。"④ 由此可知，管仲虽然是姬姓贵族后裔，他的家族也可能曾经有过一段显赫而辉煌的历史，但是随着岁月的流逝，曾经显赫的家族早已失去了昔日的辉煌。因此，青少年时的管仲不得不肩负起生活的重担，步履维艰地踏上了生活的征程。而管仲早年的经商活动主要在齐、鲁交界的南阳一带，据《史记索隐》云："《吕氏春秋》：管仲与鲍叔同贾南阳，及分财利，而管仲尝欺鲍叔，多自取。鲍叔知其有母而贫，不以为贪也。"⑤ 南阳，在泰山以南，山之南谓之阳，故称。春秋初，南阳属鲁地，后来归齐。《公羊传·闵公二年》记载："（齐）桓公使高子将南阳之甲，立僖公而城鲁。"⑥ 据史载，鲁国发生庆父之乱后，齐桓公曾命高子率领南阳的兵马，平定庆父之乱，并立鲁僖公。这说明南阳早在齐桓公以前就已隶属齐国。在管仲的人生经历之中，南阳经商可能是他一生中最为穷困潦倒的时期，也是他最为不得志的时候。《战国策·秦策五》记载姚贾的话说："管仲，其鄙人之贾也，南阳之弊幽。"⑦ 所谓"鄙人"，就是说管仲当时只是鄙野商人。国都之外的郊野称为

---

① 〔汉〕司马迁：《史记》，中华书局1982年版，第2131页。
② 战化军：《管仲评传》，齐鲁书社2001年版，第21页。
③ 〔汉〕司马迁：《史记》，中华书局1982年版，第2132页。
④ 〔汉〕司马迁：《史记》，中华书局1982年版，第2131—2132页。
⑤ 〔汉〕司马迁：《史记》，中华书局1982年版，第2131页。
⑥ 傅棣朴：《春秋三传比义》（上），中国友谊出版公司1984年版，第362页。
⑦ 〔汉〕刘向集录，范祥雍笺证，范邦瑾协校：《战国策笺证》，上海古籍出版社2006年版，第477页。

"鄙"。又据《说苑·复恩》记载：管仲不但在南阳穷困潦倒，而且经常受到欺辱。鲍叔去世后，管仲泣下如雨，说："吾尝与鲍叔负贩于南阳，吾三辱于市，鲍子不以我为怯，知我欲有所明也。"① 由此可见，这段坎坷困顿的经历对于管仲来说应该是刻骨铭心的。

除经过商外，管仲"尝三仕三见逐于君"，不但自身被黜，而且很可能还连累了家庭，使之遭受迫害。据《说苑·善说》记载：子路在和孔子讨论管仲时说"（管仲）家残于齐而无忧色，是不慈也"②。孔子说："家残于齐而无忧色，非不慈也，知命也。"至于管仲因何、何时"家残于齐"？由于史无记载而无从考知。不过，据《说苑·善说》"（子路说）昔者管仲说襄公，襄公不说"推测，在襄公之乱以前，管仲可能对胡作非为的齐襄公进行过劝谏，因而触怒了性格暴戾的齐襄公，不但自己被逐，而且还殃及家人。

管仲还当过兵，但为了使老母有人供养，多次临阵脱逃。又据《说苑·尊贤》《管子·小问》等记载，管仲除经过商、当过兵、入过仕外，还做过各种各样的事情。《说苑·尊贤》："管仲故成阴之狗盗也，天下之庸夫也。"③《管子·小问》："夷吾尝为圉人矣。"由此可见，管仲的青少年时代是在社会的最底层度过的，艰难困苦备尝之矣。这番经历磨炼了他的意志，对他以后步入仕途具有重要的意义。

二、初涉政坛

据《管子·大匡》记载，早在僖公时代，管仲就已跻身于齐国上层的政治圈子，参与齐国朝廷的政治活动，并已和鲍叔、召忽结为一个小集团：

> 齐僖公生公子诸儿、公子纠、公子小白。使鲍叔傅小白，鲍叔辞，称疾不出。管仲与召忽往见之，曰："何故不出？"鲍叔曰："先人有言曰：'知子莫若父，知臣莫若君。'今君知臣不肖也，是以使贱臣傅小白也。贱臣知弃矣。"召忽曰："子固辞，无出，吾权任子以死亡，必免子。"鲍叔曰："子如是，何不免之有乎？"管仲曰："不可。持社稷宗庙者，不让事，不广闲。将有国者未可知也。子其出乎！"召忽曰："不可。吾三人者之于齐国也，譬之犹鼎之有足也，去一焉则必不立矣。吾观小白必不为后矣。"管仲曰："不然也。夫

---

① 转引自战化军《管仲评传》，齐鲁书社2001年版，第24页。
② 〔汉〕刘向撰，向宗鲁校正：《说苑校正》，中华书局1987年版，第290页。
③ 〔汉〕刘向撰，向宗鲁校正：《说苑校正》，中华书局1987年版，第177页。

国人憎恶纠之母,以及纠之身,而怜小白之无母也。诸儿长而贱,事未可知也。夫所以定齐国者,非此二公子者,将无已也。小白之为人无小智,惕而有大虑,非夷吾莫容小白。天不幸降祸加殃于齐,纠虽得立,事将不济,非子定社稷,其将谁也?"召忽曰:"百岁之后,吾君卜世,犯吾君命而废吾所立,夺吾纠也,虽得天下,吾不生也。兄与我齐国之政也,受君令而不改,奉所立而不济,是吾义也。"管仲曰:"夷吾之为君臣也,将承君命,奉社稷以持宗庙,岂死一纠哉?夷吾之所死者,社稷破,宗庙灭,祭祀绝,则夷吾死之。非此三者,则夷吾生。夷吾生则齐国利,夷吾死则齐国不利。"鲍叔曰:"然则奈何?"管子曰:"子出奉令则可。"鲍叔许诺,乃出奉令,遂傅小白。

由这段记述可以看出,管仲不仅具有敏锐的政治眼光、坚忍不拔和积极进取的精神,而且具有尽瘁国事的政治品质。至于管仲辅佐公子纠的具体时间,由史无记载,而无从考知,但应不晚于僖公三十三年(前698)。齐僖公死后,长子公子诸儿即位,是为齐襄公。齐襄公是一位淫乱残暴的昏君,欺侮大臣,杀戮无度。据《左传·庄公八年》记载:"齐侯使连称、管至父戍葵丘,瓜时而往,曰:'及瓜而代。'期戍,公问不至。请代,弗许,故谋作乱。僖公之母弟曰夷仲年,生公孙无知,有宠于僖公,衣服礼秩如适。襄公绌之。二人因之以作乱……初,襄公立,无常。鲍叔牙曰:'君使民慢,乱将作矣。'奉公子小白出奔莒。乱作,管夷吾、召忽奉公子纠来奔。"①《史记·齐世家》曰:"初,襄公之醉杀鲁桓公,通其夫人,诛杀数不当,淫于夫人,数欺大臣,群弟恐祸及,故次弟纠奔鲁,其母,鲁女也。管仲、召忽傅之;次弟小白奔莒,鲍叔傅之。"②《史记·十二诸侯年表》曰:"(鲁庄公)八年,子纠来奔,与管仲俱避无知乱。"③ 即襄公十二年(前686),齐襄公被弑,齐国大乱,公子纠、公子小白出奔。第二年,即齐桓公元年(前685),公子小白自莒归齐,立为国君,是为齐桓公。这一年,管仲在鲍叔牙的极力推荐下成为齐相,从此拉开了他长达四十年轰轰烈烈的政治生涯的序幕。

三、为相之后

从《左传》《史记》《管子》等记载来看,齐桓公和管仲之间的君臣磨合

---

① 〔晋〕杜预:《春秋经传集解》,上海古籍出版社1988年版,第143-144页。
② 〔汉〕司马迁:《史记》,中华书局1982年版,第1485页。
③ 〔汉〕司马迁:《史记》,中华书局1982年版,第1531页。

经历了较长的一段时间。起初，在治国方略上，二人之间存在着严重的分歧。随着君臣之间的相互了解，彼此适应，才逐渐达到政见相同、配合默契、言听计从、风云际会的最为理想的君臣遇合境界。大致而言，管仲相齐、桓管君臣建立霸业的历程可以分为三个阶段。

第一阶段，齐桓公即位后的前四年，二人之间的政见不同，齐桓公急功近利，急于对外用兵，为争霸受挫时期。管仲初涉政坛，面对齐国大乱后的动荡局面，主张先修内政，富国强兵，亲邻国，后团结诸侯择乱而征。对此，《管子·大匡》有比较详细的记述。齐桓公初年，即欲"小修兵革"，管仲以为不可，力谏道："百姓病，公先与百姓而藏其兵。与其厚于兵，不如厚于人。齐国之社稷未定，公未始于人而始于兵，外不亲于诸侯，内不亲于民。"桓公应允，但"政未能行也"。"二年，桓公弥乱，又告管仲曰：'欲缮兵。'管仲又曰：'不可。'公不听，果为兵。""明年，公怒告管仲曰：'欲伐宋。'管仲曰：'不可。臣闻内政不修，外举事不济。'公不听，果伐宋。诸侯兴兵而救宋，大败齐师。公怒，归告管仲曰：'请修兵革。吾士不练，吾兵不实，诸侯故敢救吾仇。内修兵革。'管仲曰：'不可。齐国危矣。内夺民用，士劝于勇，乱之本也。外犯诸侯，民多怨也。为义之士不入齐国，安得无危？'鲍叔曰：'公必用夷吾之言。'公不听，乃令四封之内修兵。"齐桓公为加强军备，增加税收，招揽勇士，按勇武程度授予官禄，结果在朝廷之中，为争夺禄位而互相残杀的事情不断发生。由此可见，这一阶段管仲并未发挥重要作用，齐国朝政比较混乱，而且君臣二人尚未配合默契。

第二阶段，齐桓公五年到七年，治理整顿，稳定局势，准备争霸时期。齐桓公虽然急欲有所作为，但无数次的失败与碰壁教育了他，使他逐渐地冷静下来。尤其是经过曹刿劫盟之后，齐桓公不但受到羞辱，而且差点送了性命，这才"归而修于政，不修于兵革，自圄，辟人，以过，弭师"（《管子·大匡》）。齐桓公开始进行内政改革，也从此对于管仲的建议由"不听"到逐渐接受。君臣之间逐渐彼此信任，相互支持，共谋大业。对此，《管子·大匡》中"五年，宋伐杞，桓公谓管仲与鲍叔曰"一段有详细的记述。但在这段记述中，纪年较乱。先言"五年，宋伐杞"。又说："明年，狄人伐邢。"接着再说："明年，狄人伐卫"，"明年，桓公问管仲"。如果这里记述没错的话，那么，"狄人伐卫"应在桓公七年。

此外，由这段记述同时也可以看出，在桓公七年之前，管仲并未专政，而是与鲍叔牙、隰朋、宾胥无同时辅政，但很明显齐桓公开始逐步信任管仲。大致也是在这一段时间内，齐桓公频繁地交会诸侯，齐国在诸侯国之间的地位明显提高，这为齐桓公的霸业奠定了一定的基础。与此同时，桓管君臣之间的彼此了解也进一步加深。齐桓公由不听劝到逐渐接受管仲的意见，态度进一步转变。为了能够顺利地治理国政，实施富国强兵、争霸诸侯的一系列政治措施，管仲认为必须首先树立自己在齐国的威望，进一步巩固自己在朝廷上的崇高地位，使自己在朝廷上享有除国君以外至高无上的权力，以便令行禁止，于是他公开向齐桓公要名、要利、要地位。据《韩非子·难一》记载："桓公解管仲之束缚而相之。管仲曰：'臣有宠矣，然而臣卑。'公曰：'使子列高、国之上。'管仲曰：'臣贵矣，然而臣贫。'公曰：'使之有三归之家。'管仲曰：'臣富矣，然而臣疏。'于是立以为仲父。"①《说苑·尊贤》对此也有形象的记述："齐桓公使管仲治国，管仲对曰：'贱不能临贵。'桓公以为上卿而国不治。桓公曰：'何故？'管仲对曰：'贫不能使富。'桓公赐之齐国之市租，一年而国不治。桓公曰：'何故？'对曰：'疏不能治亲。'桓公立以为仲父。齐国大安而遂霸天下。"② "高""国"，即高子、国子，是当时周天子所委任的负有监国之任的世袭上卿，每年春秋两次朝见周天子，并回复王命。齐桓公使管仲居于高子、国子之上，可见管仲深得齐桓公的赏识、信任和倚重。当然，管仲要"贵"是为了"临贵"，要"富"是为了"使富"，要"名"是为了"制亲"，正如霄略所说："管仲非贪，以便治也。"管仲有了可以"临贵""使富""制亲"的身份和地位之后，在齐国基本上形成了君主制下的宰相统领百官制度。这是中国历史上宰相制度的开端，是一项具有重要意义的政治体制改革，对后世中国的政治制度产生了深远而巨大的影响。从此之后，管仲位高权重，上承君命，下通群臣，为百官之长，为他建立万世的功业打下了坚实的基础。

这一阶段，管仲在内政方面进行了一系列卓有成效的改革。

在政治方面：主张加强君权，君主拥有生、杀、富、贵、贫、贱六柄。为了保证君权的有效实施与顺利执行，他建立了一套由中央和地方组成的完整的官僚政治体制。在这套体系中，中央设立二相五官，地方则行国、鄙二轨制。同时他还充分考虑到"民"在政治生活中的重要作用，制定了"俗之所欲，因而予之；俗之所否，因而去之"③的决策原则，从而使齐国由原来的宗法贵族政体过渡到比较开明的君主官僚政体。

在经济方面：第一，实行"四民分业"定居制度。把全国人口按职业划分为士、农、工、商，让他们分别居住，并对他们提出不同的职业要求和提供

---

① 〔清〕王先谦：《韩非子集解》，香港中华书局1978年《诸子集成》本，第272页。
② 〔汉〕刘向撰，向宗鲁校正：《说苑校正》，中华书局1987年版，第198页。
③ 〔汉〕司马迁：《史记》，中华书局1982年版，第2132页。

职业保障。第二，管仲将国家所控制的因战争和内乱而荒芜了的大片土地，按照井田的规划形式均分给农民，然后实行"相地而衰征"的税收政策，即根据土质的好坏来确定纳税的等级；并将陆、阜、陵、墐、井、田、畴等各种土地，较为公平地分给农民耕种，使农民对土地的占有与对国家的负担挂钩。这样，改革后的土地和赋税制度相对要合理一些，从而激发了农民的劳动热情与生产积极性。土地的开发与利用，使齐国的农业生产得到进一步的恢复和巨大的发展。第三，提倡"毋夺民时"，即政府不在农忙时节征发劳役，以保护农业生产适时进行。禁止乱砍滥伐，保护自然资源。第四，提倡"养桑麻，育六畜"，"通货积财"，积极发展工商业的政策，鼓励跨国经商，对外来客商实行"关市几而不征"的政策。其结果不但消除了民众的不满情绪，还增强了社会的稳定性，而且牢固地奠定了齐桓公称霸诸侯的经济基础。第五，实行"官山海"的盐铁专卖，扩大政府财政收入。第六，铸造钱币，适当调整物价。

在军事方面：管仲创立了"军政合一、兵民合一"的"作内政而寄君令"体制，并采取了以兵器械具赎罪的措施，从而使齐国的军源与军赋得到了最大保障。每年的春秋两季，加强军训，提高了军队的战斗力。《国语·齐语》记载："春以搜振旅，秋以狝治兵，是故，卒伍整于里，军旅整于郊。"这样，齐国便凭借这支战斗力十分强大的劲旅，南征北讨，所向披靡。

在外交方面：管仲从实际出发制定了亲邻国、征淫乱的远交近攻的外交策略，以"尊王攘夷"为旗帜，号令天下。这样便借周天子的名义提高了齐桓公的威望，并联合中原各诸侯国，击败了北方少数民族的侵犯，保卫了中原地区的安全。《国语·齐语》记载："（管子曰）审吾疆场，而反其侵地；正其封疆，无受其资；而重为之皮币，以骤聘眺于诸侯，以安四邻，则四邻之国亲我矣。"然后以四邻之国作为基地向四周辐射，择淫乱者而征之，以达到称霸诸侯的目的。

在用人方面：实行"尊贤尚功"政策和"三选"制度，各级官员必须定期向上举荐人才；国君亲自对人才进行面试；对被使用者定期进行业绩考核，选优汰劣，决定任免升降，为齐国的发展奠定了坚实的人才基础。

第三阶段，桓公七年（前679）之后，为齐桓公、管仲齐心协力，四面出击，称霸诸侯时期。《管子·小匡》记载，齐桓公"三岁治定，四岁教成，五岁兵出"。经过数年的励精图治，齐国国富民强，国力大振，并于桓公五年（前681）起开始盟会诸侯。"北杏之会"虽然未得到周王室的认可，诸侯并未真心亲附，但是，北杏之会以后，随着齐国灭遂、收鲁、服宋以及郑、卫等国的入盟，齐桓公的盟主地位得到了周王室的支持与认可，齐国的霸主地位逐步确立。桓公七年，齐国与宋、陈、卫、郑等诸侯国又一次会盟于鄄，桓公独自主持盟会，从而确立了齐桓公的霸主地位。《左传》称此次盟会为"齐始伯也"。《史记》也将这次盟会看作齐桓公称霸的开始。桓公八年（前678）冬，齐桓公、鲁庄公、陈宣公、卫惠公、郑厉公以及许、滑、滕等国的君主，共同会盟于宋国的幽地。这次会盟，参加盟会的诸侯众多，人心也最齐，显示出齐桓公霸主地位的日益稳固。

从桓公七年直到四十三年（前679—前643）桓公去世，在这三十余年间，楚国企图向北扩张势力，但被齐国所扼制，齐国在中原一带的霸主地位十分稳固。在此期间，齐桓公九次用兵戎狄，从而建立了所谓"攘狄"的赫赫功业；扼制了楚国向北扩张的企图；团结诸侯，共同尊周，匡扶王室；代天子讨伐不顺；平定王室内部的叛乱；为周王室解除边患；率领诸侯共同维护宗法秩序；稳定诸侯各国的统治；等等。《史记·齐世家》中引述齐桓公的自述："寡人南伐至召陵，望熊山；北伐山戎、离枝、孤竹；西伐大夏，涉流沙；束马悬车登太行，至卑耳山而还。诸侯莫违寡人。寡人兵车之会三，乘车之会六，九合诸侯，一匡天下。"可以说，没有管仲便没有齐桓公的霸业。

管仲死于桓公四十一年。管仲死后，齐国的霸业也逐渐衰落。

四、管仲的个性品质

管仲是中国历史上著名的政治家，齐国贤相。司马迁曾说："齐桓公用管仲之谋，通轻重之权，徼山海之业，以朝诸侯，用区区之齐，显成霸名。"[①]孔子也曾称颂道："桓公九合诸侯，不以兵车，管仲之力也。"[②]纵观管仲的一生，其功业之所以得以成功，转折点是"相齐"，而之所以能"相齐"，历来认为有两个原因：一是得力于鲍叔牙之举荐；二是齐桓公雄才大略，用人不避仇。

笔者认为，这两个条件固然是管仲相齐的主要原因，但并非关键因素。因为任何事情的成败皆有其主、客观两方面。管仲相齐是因鲍叔牙举荐或是齐桓公破格任用，这些都只是客观条件，而且鲍叔牙为何举荐管仲以自代？齐桓公为何能重用这位仇人？以往并没有论述清楚。笔者认为，管仲的成功主要取决于他的个性品质和自身的主观努力。因为客观条件只是外部因素，只有通过努力充分发挥主观能动性，外因才能起到重要作用。那么，管仲具有哪些优秀的政治品质呢？

---

① 〔汉〕司马迁：《史记》，中华书局1982年版，第1442页。
② 《论语·宪问》，见杨伯峻《论语译注》，中华书局1980年版，第151页。

（一）坚忍不拔、积极有为的进取精神

据《史记·管晏列传》记载，管仲出身贫贱，经过商，当过兵，做过官，曾多次入仕，但多次被逐，经历坎坷。但他没有被生活的压力所压倒，也没有因为困顿与无数次的挫折而沉沦、自暴自弃，而是始终充满豁达乐观的精神与人生态度。他对自己的能力也颇为自负，相信自己具有王佐之才，暂时的挫折与失败只是时机未到。他相信总有一天，会如齐之始祖姜太公那样，遇到明君，一跃而取卿相之尊，建立王霸之业。管仲入政之后，这种进取精神表现得更为明显。这种乐观、积极进取的精神和坚忍不拔、锲而不舍的毅力，是他得以相齐并成功地建立王霸之业的基石。

（二）敏锐的政治眼光和远大的政治理想

从《管子·大匡》中的记载可以看出，早在齐僖公在位时，管仲与鲍叔牙、召忽就已经参加了齐国朝廷的政治活动，辅佐公子纠，并密切关注齐国的政治局势发展，积极筹划、努力争取实现治理齐国、建立功业的理想。对僖公百年之后齐国未来政治形势的发展、对三位公子未来谁能继承君位的分析，他的识见都远远在鲍叔牙、召忽之上。对当时齐国之外的局势，他也有深刻的了解，并密切注意时局的变化。据《管子·大匡》中所记载，从他多次劝谏齐桓公的内容可见一斑。尤其是管、鲍、召三人已结为生死不渝的政治小集团，他们相互理解、互相信任、彼此支持，具有共同的志向。在齐国内乱、二子争立中，他们三人分别辅佐纠与小白，无论哪一位公子继位，他们都有辅政的机会。这样的巧妙安排为他日后相齐铺平了道路。

（三）卓越的政治才能和运筹帷幄的深谋远虑

《管子·小匡》以大量的篇幅记述了管仲辅佐桓公之后的一系列政治主张与政治举措。比如，主张发扬先王文武并举的传统，要"参其国而伍其鄙"，建乡立属，完善管理体制，"定民之居，成民之事"。要从爱民出发，使民富而有礼，使民心安定，国家富足。要使政治管理与军事训练结合起来，使民能守能战。实行基层推举、试官考察与国君任用的"三选"制度，建立人才选拔与使用制度，以促进各级政府的清明和百姓的行善。以赎罪制度来增强军备，加强内政外交，使内外安定，邻国相亲，依靠盟国，加兵于无道之国，等等。再如，为相之初，在召忽已死的情况下，他又大胆向桓公推荐隰朋、宁戚、王子城父、宾胥无、东郭牙五人，并使之皆居朝中要职。这样他们七人结为一股可以左右朝中要事的势力，自然也为他们的政令通达、令行禁止并巩固自身的政治地位奠定坚实的基础。

（四）尽力于国事的优秀品质

当齐僖公让鲍叔牙辅佐公子小白，而鲍叔牙称疾不出时，管仲劝鲍叔牙说:"持社稷宗庙者,不让事,不广闲",即主持国家大事的人不应该推辞工作,推卸责任,不能贪求空闲。当鲍叔牙听从管仲的劝告出辅公子小白、问政于管仲"何行"时,他回答:"为人臣者,不尽力于君则不亲信,不亲信则言不听,言不听则社稷不定。夫事君者无二心。"由此可见,在管仲的心目中,侍奉君主的政治家,第一,必须具有忠于职守、尽职尽责的责任感;第二,必须具有忠心耿耿、一心一意的品质;第三,必须具有勇于承担责任、不贪图安逸、积极进取的精神。只有这样才能取信于君,取信于民,才能树立政治权威,建立不朽的政治功勋!

(五)为大义而不拘小节的气质

管仲与召忽辅佐公子纠,齐桓公得立,公子纠死,召忽为主死节。管仲则宁愿被囚受辱也不从公子纠死节。对此,管仲与召忽认识不同。召忽曰:"百岁之后,吾君卜(下)世,犯吾君命而废吾所立,夺吾纠也,虽得天下吾不生也。"又说:"杀君(指纠)而用吾身,是再辱我也。子(指管仲)为生臣,忽为死臣。忽也知得万乘之政而死,公子纠可谓有死臣矣。"而管仲则认为:"夷吾之为君臣也,将承君命,奉社稷以持宗庙,岂死一纠哉?夷吾之所死者,社稷破,宗庙灭,祭祀绝,则夷吾死之。非此三者,则夷吾生。夷吾生则齐国利,夷吾死则齐国不利。"正是这种以天下为己任、处事并非为一君而为定社稷的认识,以及"不耻小节而耻功名不显于天下"①的大义,才使他为了实现齐国稳定富强的目的,在行为上敢于冲破陈旧礼义道德的束缚,改事桓公,从而建立了丰功伟业,最终实现了自己"为定社稷"以"利齐国"的人生价值。

管仲相桓公之初,"以贱为不可以治贵,故请高国之上;以贫为不可以治富,故请三归;以疏为不可以治亲,故处仲父"②为由,竟然公开向齐桓公要名、要利、要地位。对一般人而言,这是不可思议的,而管仲却做得出来。这也正是他不拘小节而求大义的表现。对此,荀子说:"(桓公)立(管仲)为父,而贵戚莫敢妒也;与之高国之位,而本朝之臣莫之敢恶也;与之书社三百,而富人莫之敢距也。贵贱长少,秩秩焉,莫不从桓公而贵敬之,是天下之大节也。"③ 清代阮元也认为:"管仲不以死公子纠为仁,而以匡天下为仁。……故孔子极许管仲之仁,而略其不死公子纠之小节也。"④

综上所述,管仲之所以能成为中国历史上著名的贤相,之所以能建立

---

① 〔汉〕司马迁:《史记》,中华书局1982年版,第2132页。
② 《韩非子·难一》,见陈奇猷《韩非子集释》,上海人民出版社1974年版,第814页。
③ 《荀子·仲尼》,见梁启雄《荀子简释》,中华书局1983年版,第72页。
④ 《研经室集卷八·论语论仁政》,见《四部丛刊》第304册,第16页。

"九合诸侯，一匡天下"的丰功伟业，关键在于他得以"相齐"，使他拥有实现抱负的机会。而他之所以能相齐，固然是鲍叔牙的极力推荐与齐桓公的用人不避仇这两个因素起了重要作用，但也应该看到，鲍叔之所以极力推荐管仲，是有其政治目的的，同时也与管仲的巧妙安排有关。而齐桓公与管仲之间的磨合也经历了一个漫长的过程，才逐渐达到风云际会、君臣遇合、水乳交融的境界。当然，管仲政治上的成功主要还是离不开他本人杰出的才能与不懈的主观努力。

第二节 《管子》其书

《管子》和先秦大多数子书一样，因管仲而得名。以人名作为书名，这是先秦子书常用的方法，如《老子》《庄子》《孟子》《荀子》《韩非子》《孙子》等。

一、《管子》的作者

《管子》既然因管仲而得名，这说明《管子》与管仲有密切的联系。在汉代以前，一般认为《管子》的作者是管仲，如韩非子、贾谊、司马迁、刘向、班固等。历代的官修史书也认为是管仲所著。但是，西晋时代的傅玄首次对管仲著作说提出了异议。他认为，"《管子》书，过半是后之好事者所加"[①]。这就是说，在傅玄看来，《管子》一书只有一小部分为管仲所著，而绝大部分为后人所加而非管仲自著。从这以后，唐代的孔颖达，宋代的叶适、朱熹等学者也都认为，《管子》一书不是管仲的自著，而是后人的假托。关于《管子》的作者问题，至今学术界众说纷纭，但概括起来主要有三种说法：管仲遗著说；部分遗著说；非管仲所著说。

（一）管仲遗著说

这种观点产生最早，晋代以前的学者基本上都坚持此说。韩非、司马迁、刘向、班固等人以及历代的官修正史著作均持此说。这些学者与著作皆认为《管子》的作者就是管仲本人。但这种观点目前已很少有人坚持。

（二）部分遗著说

这种观点首先是西晋时代的傅玄提出来的。此后也有不少学者持此观点，如清代的严可均、《四库全书总目》的编者等。近代余嘉锡、日本学者安井衡等都有相同或者相似的观点。这种观点认为，《管子》中既有管仲自己的作

---

① 〔宋〕王应麟：《困学纪闻》卷十引傅玄语，上海古籍出版社 2008 年版，第 1217 页。

品，也有后人的著作，皆借《管子》之名以发挥。但这种观点又可以分为以下两种。

一是在《管子》中哪些是管仲本人的著作，哪些是后人的著作，并没有具体的论述。如傅玄、姚际恒的《古今伪书考》、《四库全书总目》等都没有具体说明哪些是管仲的著作，哪些是后人的假托。

二是在《管子》中"经言"等部分是管仲本人的著作。关锋、林聿时在其《春秋哲学史论集》中认为："《管子》中的'经言'各篇，以及'外言'的'五辅'篇，基本上是管仲的遗著（其中有后人掺入的成分）。"刘建国、张连良、乔长路等认为，《管子》中除了《管子解》非管仲遗著，《短语》《内言》《外言》中个别段落有后人篡入文字，其余篇章都出自管仲之手。① 李曦也认为，《管子》中的"经言"部分为管仲所撰。②

（三）非管仲所著说

唐代的孔颖达说："世有《管子》书者，或是后人所录。"③ 苏辙在《古史》卷二十五《管晏列传》说："至战国之际，诸子著书，因管子之说而益增之。"朱熹认为，《管子》非管仲所著，"仲当时任齐国之政，事甚多。稍闲时又有三归之溺，决不是闲工夫著书底人。著书者是不见用之人也。其书……想只是战国时人收拾仲当时行事言语之类著之，并附以它书"④。叶适则认为"《管子》非一人之笔，亦非一时之书，莫知谁所为"⑤。现当代学者多从此说。目前，比较一致的看法：《管子》"非一人之笔，亦非一时之书"。

笔者认为，《管子》一书的作者既非一人之作，亦非一时之作。它包含了春秋时期齐国的史官、管仲的门人弟子以及其后代，直到战国田齐时期稷下学宫崇尚管仲功业的可以称之为"管仲学派"的稷下学士的论著。由于著者甚众，著述时段很长，因此所记有关管仲与桓公言论、行事的著作篇目繁多，内容庞杂。因而至西汉刘向整理时，从各地献来以及皇家所收藏的有关管子的书目文章多达564篇，而重复者高达484篇，最后经刘向删定，成为今传之86篇《管子》书。可见，《管子》一书中融入了众多著述者自己的思想与观点，皆借"管子"之名加以发挥。

---

① 宣兆琦、徐宇之：《方兴未艾的齐文化研究》，载《历史教学》1990年第4期。
② 李曦：《就管仲遗著问题与胡家聪先生商榷》，载《管子学刊》1988年第1期。
③ 孔颖达：《春秋正义》之《左传·庄公九年》，见《十三经注疏》第二七册，中华书局1957年版，第348页。
④ 《朱子语类》卷一百三十七，见《朱子全书》，上海古籍出版社、安徽教育出版社2002年版，第4234页。
⑤ 《习学记言序目》卷四十五，中华书局1977年版，第663页。

《管子》虽非管仲所著，但也绝非后人伪托，也不能说是"战国时代齐国推崇管仲的学者的著作的汇集"①，或者说是"稷下丛书性质"②，更不能说是"齐国稷下学者的著作总集"③与"战国、秦、汉文字总汇，秦汉之际诸家学说多汇集于此"④。《管子》一书也并非仅仅是战国时期管仲学派的著作汇集，而是包括一部分春秋时期崇尚管仲功业的学者的著作和齐国史官所记。因此，章学诚在其《文史通义》中说："春秋之时，管仲尚有书矣，然载一时之典章政教，则犹周公之有官、礼也。记管仲之言行，则习管氏法者所缀辑，而非管仲所著述也。""习管氏法者所缀辑"的《管子》一书，尽管不是管仲的自著，但却记录了管仲的所言所行及其思想理论，它和《论语》记录孔子的言行而非孔子的自著一样，具有较高的史料价值。

二、《管子》的断代问题

关于《管子》的断代问题是历代研究中争论最多、分歧最大的。这方面的争论范围极为广泛，几乎涉及《管子》中的每一篇文章。但是，从整部书的角度来看，主要有以下五种不同的观点。

（一）春秋所著说

这种观点认为《管子》的作者是管仲本人，因此，它的写作时代自然是春秋时期。如韩非、司马迁、刘向、班固等人都持这种观点。

（二）春秋至战国所著说

这种观点，以朱长春（见《管子榷》）、黄云眉（见《古今伪书考补正》）等为代表。此外，北京大学《管子》校点组撰写的《〈管子〉的时代和思想》（见《北京大学学报》1975年第4期）等也持这种观点。

（三）春秋至秦汉所著说

这种观点以梁启超为代表（见《汉书·艺文志诸子略考释》）。今人牛力达、刘蔚华等均持与此相同或者相似的观点（分别见《管子研究》第一辑，山东人民出版社1987年出版；《稷下学史》，中国广播电视出版社1992年出版）。

（四）战国所著说

这种观点以胡适、冯友兰等为代表。胡适在其《中国哲学史大纲》、冯友兰在其《中国哲学史新编》第一册中均持此说。此外，今人胡寄窗（见《中国经济思想史》）、刘泽华（见《先秦政治思想史》）也持相同的观点。

---

① 张岱年：《〈管子〉学说的历史价值》，载《管子学刊》1987年创刊号。
② 〔清〕顾颉刚：《周公制礼的传说和〈周官〉一书的出现》，载《文史》第六辑，第16页。
③ 冯友兰：《中国哲学史史料学初稿》，上海人民出版社1962年版。
④ 郭沫若：《管子集校校毕书后》，科学出版社1956年版。

（五）战国至秦汉所著说

这种观点以罗根泽、郭沫若等人为代表。罗根泽所著《管子探源》对《管子》各篇分别进行考证。郭沫若所著《管子集校·校毕书后》也持这种观点。

笔者认为《管子》一书的断限应该是：春秋时期到战国末年稷下学宫衰亡前的作品汇集。也就是说，《管子》中既有春秋时期的作品，也有战国时代的作品。《管子》一书，从春秋到战国，最初可能是单篇流传，后来不断汇集在一起，形成多篇流传和多种不同本子的共同流传。当时许多资料同时流传于世，彼此有同有异，因而有许多种不同的本子。各类资料的大量汇集大概是在西汉初年朝廷下诏广开献书之路时。而将朝廷各府保存与民间流传征集来的不同材料加以总汇整理，删重补缺，编为定本者是刘向。

《管子》虽非管仲自著，但也绝非后人伪托。它并不是像张岱年先生所说的"战国时代齐国推崇管仲的学者的著作的汇集"①，也不是像顾颉刚先生所说"《管子》是稷下丛书性质"②。冯友兰先生在其《中国哲学史史料学初稿》中认为《管子》是"齐国稷下学者的著作总集"也是不能成立的。郭沫若先生认为《管子》是"战国、秦、汉文字总汇，秦汉之际诸家学说多汇集于此"③，也是没有根据的。笔者认为《管子》一书是春秋到战国末年齐国历代推崇管仲功业的学者的著作总汇。这些推崇管仲功业的学者可以称之为"管仲学派"。

第一，管仲去世后，由于他的赫赫功业与长期作为齐相、号称"仲父"的崇高地位，他的理论与言行在当时即为人们所重视，被齐国的史官记录下来，当作学习的楷模与教育后人的材料而流传于世。因此，《管子》一书虽非管仲自著，却是保留了其遗说与言论的原始材料。据《管子·霸形》记载："桓公曰：'寡人闻仲父之言此三者，闻命矣，不敢擅也，将荐之先君。'于是令百官有司，削方墨笔。明日，皆朝于太庙之门朝，定令于百吏。"可见，管仲的言论在当时即已被大量地载入齐国的国史，成为国家档案或者可以称之为"官书"。

第二，据《左传·襄公二十四年》记载：鲁国大夫叔孙豹在出使晋国时，与范宣子曾讨论过"死而不朽"的问题，其文曰："鲁有先大夫曰臧文仲，既没，其言立，其是之谓乎？豹闻之，大上有立德，其次有立功，其次有立言，

---

① 张岱年：《〈管子〉学说的历史价值》，载《管子学刊》1987年创刊号。
② 〔清〕顾颉刚：《周公制礼的传说和〈周官〉一书的出现》，载《文史》第六辑，第15页。
③ 郭沫若：《管子集校·校毕书后》，科学出版社1956年版。

虽久不废，此之谓不朽。"① 襄公二十四年（前549），距管仲去世（前645）不足百年。叔孙豹当时就曾说"其次有立言，虽久不废"。可见，所谓"三不朽"早在叔孙豹之前就已受到世人的高度重视。另外，鲁国的大夫臧文仲与管仲同时期，既然臧文仲"既没，其言立"，那么，身为齐相、号称"仲父"、功业盖世的管仲自然也有可能做到"既没，其言立"了。

第三，管仲在当时已是闻名天下的人物，他的言论行动即已为世人所重视。而管仲的改革与治理齐国的一系列政治措施，必然为齐国的史官所重视。因而，齐国的史官记录管仲的改革措施与政治法令以及治理齐国的功绩，是自然而然的事情。而管仲的后学将这些记录在管仲去世后整理成书也是有可能的。因此，今天我们看到的《管子》一书中保留了管仲改革与治理齐国的一系列措施，也是可以理解的。

由以上三点可以肯定，《管子》一书并非战国时期管仲学派的著作汇集，而是包括了一部分春秋时期崇尚管仲功业的学者的著作和齐国的史官所记。章学诚在其《文史通义》中说："春秋之时，管仲尚有书矣，然载一时之典章政教，则犹周公之有官、礼也。记管仲之言行，则习管氏法者所缀辑，而非管仲所著述也。"② "习管氏法者所缀辑"的《管子》一书，尽管不是管仲的自著，却记录了管仲的所言所行与管仲的思想理论，因此它和《论语》记录孔子的言行而非孔子的自著一样具有较高的史料价值。

王德敏、刘斌的《管子十日谈》指出："《管子》是管仲学派代代积累的论文总集，既有管仲思想的记录和发挥，又有它在不同历史时期的发展和运用，是一部经邦治国的百科全书。"这一观点是很有见地的。《管子》一书中的绝大多数作品当是管仲后学阐发管仲遗说之作，是经其弟子和后学代代相传，从春秋到战国陆续完成的。这些弟子与后学代有其人，因此在齐国长期形成了一个以崇尚管仲功业、推崇其理论、阐述与发扬其思想的管仲学派。这一学派的传授方式与先秦其他学派一样，首先是口耳相传，到后来才可能在齐国国史与档案记录的基础上进行整理，再根据口耳相传著于竹帛。余嘉锡曾经指出："周秦两汉之书，其先多口耳相传，至后世始著书帛。故又名为某家之学，而其书并非某人自著者。"③ 管仲的时代尚未出现私学，仍然是所谓"学在官府"的时代。但据《荀子·荣辱》记载，当时官学也有一套世代相沿的传授方式："循法则、度量、刑辟、图籍，不知其义，谨守其数，慎不敢损益

---

① 〔晋〕杜预：《春秋经传集解》，上海古籍出版社1988年版，第1011页。
② 〔清〕章学诚著，叶瑛校注：《文史通义校注》，中华书局1985年版，第62页。
③ 余嘉锡：《四库提要辨证》卷十一《子部二》，中华书局1980年版，第608页。

也。父子相传,以持(侍)王公,是故三代虽亡,治法犹存,是官人百吏之所以取禄秩也。"① 可见,当时传授官学的是"官人百吏",而学习传授的目的是"持王公""取禄秩"。传授的知识内容范围只限于官方现行的法规、政令、政治措施等统治之术。管仲身为相国,号称"仲父",他的言论与思想便关乎齐国的法令、政策、治国措施、改革路线等军国大事,这些自然是"官人百吏"学习、研究和传授的内容,从此也成为齐国"官学"所传授的主要内容。《淮南子·要略》中载:"桓公忧中国之患,苦夷狄之乱,欲以存亡继绝,崇天子之位,广文武之业,故《管子》之书生焉。"② 据此我们推测,在管仲身后不久,齐国就可能出现了传授管仲思想的学说与文章,只是当时并没有著于纸帛,而是口头流传。正因为是口耳相传,为了适应这一传授方式以便于记诵,所以早先的著述多采用韵语的形式传授经文,而且用口语予以解说。如《管子》中的《牧民》《形势》《七法》《版法》《心术上》《内业》等,韵语较多。

  《管子》一书中的"经解"文章,也明显地表现了管仲学派师承传授以及《管子》逐步成书的特点。如《管子》中的《牧民解》《形势解》《立政九败解》《版法解》《明法解》分别是解说"经言"中的《牧民》《形势》《立政》中的"九败"章、《版法》和《区言》中的《明法》各篇经文。解文对经文进行逐句逐段地解释,在解释经文含义的同时,不时掺杂了解说者的引申、议论,明显地表现出师承传授的特征。此外,有些篇目虽然不是经解文章,但也遗留了一些解说的痕迹。如《枢言》最后一段说:"先王之书,心之敬执也,而众人不知也。故有事,事也;毋事,亦事也。吾畏事,不欲为事;吾畏言,不欲为言。故行年六十而老吃也。"这明显是先生在向弟子讲授之后的一段自我表白;表明了自己内心深处崇敬先王之书,勤于苦读,但又畏事畏言,不敢多说多做,因此,已六十岁了,老迈而口吃。这显然是一种自我解嘲的神态口吻。由此我们猜想:大概是弟子对先生的讲授感到不满,以致先生有这番自我解嘲的表白。

  此外,据《管子》和《国语·齐语》等典籍记载:管仲十分重视教育。他认为:"教不善则不治","乡建贤士,使教于国"(《管子·小匡》),"张置师经以说道之"(《管子·权修》),"乡树之师以遂其学"(《管子·君臣下》)。在他制定的荐贤制度中明确要求荐"居处为义好学之人"。他在齐国推行"四民分业"的政策后,"四民"指士、农、工、商,作为四民之一的"士""群

---

① 〔清〕王先谦:《荀子集解》,香港中华书局1978年《诸子集成》本,第37页。
② 张双棣:《淮南子校释》,北京大学出版社2013年版,第2199页。

萃而州处"，要求"处士也，使就闲燕"，目的是便于学习。这样，"父与父言义，子与子言孝，其事君者言敬，其幼者言弟"①。这些措施为推行管仲的学说提供了政治上的保证，同时也为管仲学派的形成奠定了社会基础与人才基础。在他去世以后，人们出于对其功业的景慕，便将他的思想学说直接作为齐国官学的重要内容，并通过父传之子、兄传之弟的途径流传下来。从而形成了早期的管仲学派。章学诚虽然说过战国之前无私人著书之风气，但又说："春秋之时，管仲尝有书矣，然载一时之典章政教，则犹周公之有官、礼也。"②又据《国语·晋语四》记载：齐国的姜氏劝晋公子重耳不要苟安于齐，说："昔管敬仲有言，小妾闻之，曰：'畏威如疾，民之上也；从怀如流，民之下也；见怀思威，民之中也。畏威如疾，乃能威民。威在民上，弗畏有刑。从怀如流，去威远矣，故谓之下。其在辟也，吾从中也。《郑诗》之言，吾其从之。'此大夫管仲之所以纪纲齐国，裨辅先君而成霸者也。"③由此可见，管仲的言论、思想与理论在当时已广为流传。

《管子·小问》有一段婢女解谜的记述：

> 桓公使管仲求宁戚，宁戚应之曰："浩浩乎。"管仲不知，至中食而虑之。婢子曰："公何虑？"管仲曰："非婢子之所知也。"婢子曰："公其毋少少，毋贱贱。昔者吴干战，未龀不得入军门，国子擿其齿，遂入，为干国多。百里奚，秦国之饭牛者也，穆公举而相之，遂霸诸侯。由是观之，贱岂可贱，少岂可少哉！"管仲曰："然。公使我求宁戚，宁戚应我曰：'浩浩乎。'吾不识。"婢子曰："诗有之：'浩浩者水，育育者鱼。未有室家，而安召我居？'宁子岂欲室乎？"

由这段记述可以看出：第一，管仲的婢女有很高的文化素养，她不但通晓历史，对吴干、百里奚等历史人物的事迹十分清楚，而且对历史典籍、《诗》有深入的了解，因此她才能引经据典说服管仲。第二，这位婢女颇为自负，并具有很大的勇气。管仲解决不了的问题她却能迎刃而解，并对管仲对她的蔑视十分不满："公其毋少少，毋贱贱"，即要求管仲不要瞧不起她这个小人物。她非常自负地认为小人物也可以办大事，可以解决大人物解决不了的难题。她也自信尺有所短，寸有所长，地位卑贱的人，并不一定就没有文化与头脑。她

---

① 《国语·齐语》，上海古籍出版社1978年校点本，第226页。
② 〔清〕章学诚：《文史通义》卷 《诗教上》，见〔清〕章学诚著，叶瑛校注《文史通义校注》中华书局1985年版，第62页。
③ 徐元诰撰，王树民、沈长云点校：《国语集解》，中华书局2002年版，第324-325页。

敢公然地教训管仲这样的大人物，这是需要勇气与自信的。第三，这位婢女对管仲十分了解。她善于察言观色，看到管仲闷闷不乐，便知道管仲在思考问题，而且没有得到答案。于是她便毫不犹豫地毛遂自荐，试图解决管仲的难题。而且她的猜测无疑是准确的，这说明她确实很有头脑，见解不凡。第四，这位婢女对当时齐国朝中的情况皆十分了解。她能根据宁戚没头没脑的半句话猜测出宁戚的心理活动，这说明她具有很强的综合分析能力。同时也说明她对朝廷的政治以及政治人物、形势皆十分了解，因此她才能得出正确的判断。由此我们可以推测，管仲的部分事迹、功业、言行可能就是通过像这位婢女和像晋公子重耳的姜氏这样崇拜管仲的人物，一代一代地口耳相传下来的。他们可能就是最早的《管子》的传播者。

春秋中期以后，虽然齐国的霸业日益衰落，但管仲的思想学说与言行事迹却被管仲学派一代一代传授下来。据《晏子春秋》的记述来看，春秋末期齐景公便经常以恢复桓管霸业自诩。他要求晏婴"继管子之业、遂武功而立文德"。而晏婴则可以一一列举桓管霸业，以谏景公。由此可见，他们对管仲的思想、学说、言行都十分熟悉。不仅如此，春秋末年管仲的思想学说不仅在齐国广泛流传，而且在其他诸侯国也广为流传，如鲁国的孔子就和他的弟子多次谈到管仲，并对管仲的功业及其人品进行过品评。这说明，至春秋末期管仲学派已经整理、编辑有《管子》的文章流传于世。

第三节 《管子》与稷下学宫

一、《管子》与稷下学宫的密切关系

"稷下学宫"始建于战国田齐桓公时期，齐威王时兴盛起来，齐宣王时达到鼎盛。可以说，稷下学宫的建立与发展使管仲学派的发展达到了高潮。当时，稷下先生被"赐列第为上大夫"的有七十六人，稷下学士多达"数百千人"[1]。后经齐闵王、齐襄王，到齐王建，渐次衰落，最后随秦国灭齐而终结，前后历时一百三十余年。稷下学宫持续时间之久、规模之大，在先秦时期是无可比拟的。在稷下学宫中，著名的学者有淳于髡、孟轲、彭蒙、宋钘、尹文、慎到、接子、田骈、环渊、儿说、荀子、邹衍、邹奭、田巴、鲁仲连等。齐国对这些稷下学士设大夫之号，"开第康庄之衢，高门大屋尊宠之"[2]，给予优厚

---

[1] 〔汉〕司马迁：《史记》，中华书局1982年版，第1895页。
[2] 〔汉〕司马迁：《史记》，中华书局1982年版，第2347页。

的待遇。因此，稷下学宫在战国时期是各家各派学者荟萃的一个学术中心，对开展百家争鸣、繁荣学术研究、扩大学术交流起了重要的作用。

二、稷下学宫具有多重性质

首先，稷下学士直接为政治服务。田氏代齐之后，为了实现称雄诸侯和统一天下的雄心，田齐统治者设立稷下学宫，广招天下贤士，为他们的政治统治制造舆论，设计蓝图，拟定典章制度，并议论朝政的得失。因此，《盐铁论·论儒》说稷下先生"不任职而论国事"①。《史记·孟子荀卿列传》说："各著书言治乱之事，以干世主。"② 他们都是以善议政事而著称的，如孟子就曾多次与齐宣王议论朝政的得失。不仅议政，而且有些人还直接参与了朝政，他们为齐王出使各国，为齐国立下汗马功劳。据刘向《说苑·尊贤》记载，齐王"立淳于髡为上卿，赐之千金，革车百乘，与平诸侯之事"③。《吕氏春秋·报更》说："淳于髡为齐使于荆。"④ 据《史记》记载，淳于髡曾出使过楚国、赵国和魏国等，"数使诸侯，未尝屈辱"。再如稷下名士邹衍也曾多次出使他国。这说明稷下学士为政治服务的目的性是非常明确的。

其次，稷下学宫是讲学授业、著书立说之所。稷下先生大多收徒授业，著书立说。据《战国策·齐策》记载，仅田骈一人就"赀养千钟，徒百人"⑤。《孟子·滕文公下》记载，孟子出行"后车数十乘，从者数百人"。据《荀子·正论》记载，宋钘"聚人徒，立师学，成文典"，"率其群徒，辨其谈说"⑥。这都表明稷下各学派的代表人物在研究学术与议论政事的同时，担负着培养弟子的职责，弟子越多，资养越多，地位也越高。这些学者利用齐国提供的良好条件和环境，潜心研讨，互相争鸣，取长补短，丰富和发展了各自的学说，促进了当时文化的大交流与大融合。这一时期，在稷下学宫中产生了大量的不同学派的著作，有些著作在稷下得以丰富和完善。《汉书·艺文志》记述了部分稷下先生的著作和篇数。《管子》中的大部分篇章就是在稷下学宫中完成的。

最后，稷下学宫是一个自由论辩的场所。据《史记·田敬仲完世家》裴

---

① 〔汉〕桓宽撰，王利器校注：《盐铁论校注》，天津古籍出版社1983年版，第148页。
② 〔汉〕司马迁：《史记》，中华书局1982年版，第2346页。
③ 〔汉〕刘向撰，向宗鲁校正：《说苑校正》，中华书局1987年版，第203页。
④ 《吕氏春秋·慎大览》，见陈奇猷《吕氏春秋新校释》，上海古籍出版社2002年版，第902页。
⑤ 〔汉〕刘向集录，范祥雍笺证，范邦瑾协校：《战国策笺证》，上海古籍出版社2006年版，第660页。
⑥ 《荀子·正论》，见〔清〕王先谦《荀子集解》，香港中华书局1978年《诸子集成》本，第230页。

骃《集解》引刘向《别录》说:"齐有稷门,城门也。谈说之士期会于稷下也。"这里所说的"谈说之士期会于稷下"就是指各学派的著名学者定期聚会、辩论学术,开展"争鸣"。各学派之间的学术交流形式多样,自由论辩既可以是学派内部的,也可以是两个学派之间的,还可以是多个学派之间的。规模最大的乃是各学派都参加的这种定期举行的学术大辩论。在论辩会上各学派推出各自的代表人物,阐发他们的学术观点和政治主张,批判诘难与他们的政治观点和学术思想不一致的学派。这种学术大论辩实际上为各学派之间的相互交流提供了良好的机会,使各学派之间可以相互吸收,取长补短,从而增强了学术的大融合,为学术的大一统提供了有利的条件。从学术流派来看,稷下包容各个学派,道家便有几个学派共同在稷下讲学、发展;儒家既有孟子一派,又有荀子一派;除此以外,还有法家、名家、阴阳家、黄老学派等。当时黄老学派具有很高的地位,受到官方的有力支持。

三、管仲学派是稷下最主要的学派

管仲作为功业显赫的一代名相,一直为后人所追慕。管仲学派也必然在稷下学宫中占有十分重要的地位。因此,古今一些学者便认为,《管子》是"稷下丛书"或者是"稷下学报"。朱长春在《管子权序》中说:"(《管子》)半为稷下大夫坐议泛谈,而半乃韩非、李斯辈袭商君以当管氏,遂以借名行者也。"① 清人姚际恒在《古今伪书考》也说:"(《管子》)大抵参入者皆战国周末之人,如稷下游谈辈及韩非、李斯辈,袭商君之法,借管氏以行其说者也。"20世纪40年代之后,郭沫若、刘节、蒙文通等学者提出《管子》中的《心术》《内业》《白心》等篇为稷下学士宋钘、尹文的作品,或者为田骈、慎到的遗著。这一观点虽然被后人所否定,但这至少说明管仲学派与稷下学宫有着千丝万缕的联系。当时齐国人以有管仲、晏婴而自豪,几乎言必称管晏。孟子游齐时他的学生公孙丑问他:"夫子当路于齐,管仲、晏子之功,可复许乎?"孟子回答说:"子诚齐人也,知管仲、晏子而已矣。"② 其实,身居齐国那样的氛围中的孟子,他自己也是经常以管仲为话题的,甚至将管仲与舜、傅说等圣君贤相并称,说管仲和舜一样,都是属于"天将降大任于斯人也,必先苦其心志,劳其筋骨,饿其体肤,空乏其身"③。孟子的某些思想,尤其是他的经济思想与民本思想,同《管子》基本上是一致的,甚至连一些语句和

---

① 转引自徐汉昌《〈管子〉书作者》,载《管子学刊》1989年第1期,第26页。
② 《孟子·公孙丑上》,见杨伯峻《孟子译注》,中华书局1960年版,第56页。
③ 《孟子·告子下》,见杨伯峻《孟子译注》,中华书局1960年版,第298页。

用词也有相同之处，如"省刑罚、薄赋敛"。以至于清代学者毛大可在其《四书賸言补》中说《孟子》抄袭《管子》。是否抄袭，姑且不论，但这起码说明孟子对管仲的思想是非常熟悉的，而且深受管仲思想的影响。管仲及其思想的影响直到战国末期，仍不减当初，齐襄王时代，稷下学宫的后起之秀鲁仲连在他那封著名的致聊城燕将书中，还滔滔不绝地引述和发挥管仲"不羞小节，而耻功名不显于天下"的价值观，劝说燕将要以管仲的思想和功业为榜样，不要执迷不悟，死守孤城。

  由此可见，在稷下学宫中，从战国中期到后期管仲的思想和学说影响都是很大的，这也从一个侧面可以窥见管仲学派在继续活动并不断发展的踪迹。再从《管子》的传播情况来看，《韩非子·五蠹》说："今境内之民皆言治，藏商、管之法者家有之。"① 从这句话我们至少可以推论出：第一，所谓"管法"可能就是指《管子》一书，而"商法"则指《商君书》。第二，它说明"管法"在当时流传之广，已经达到了家喻户晓的程度。第三，它说明了"管法"被人们之重视，至少在齐国远远超过了其他各学派。第四，在当时《管子》被人们看成法律著作，而且家家有之，人人知晓。这说明《管子》是符合时代要求的，是不断得到充实与完善，不断得到补充与发展的。而这些补充与完善和不断发展，便可能是在稷下学宫内完成的。再从稷下学宫的情况来看，学宫历经六代君主，长达一百三十余年，人数最多时达数千人。像这样一个悠久庞大的教育、学术机构，没有一个稳定的核心是很难维持的。关于这个核心，日本学者金谷治认为就是管仲学派。② 管仲学派作为稷下学宫的中坚力量，为稷下学宫的发展繁荣做出了较大的贡献。而《管子》中的多数篇章大概也正是在稷下学宫时期完成的。这便是《管子》与稷下学宫的关系。因此，认为《管子》是稷下学宫的"学报"或者是"稷下丛书"，都是缺乏根据的，是不能成立的。

---

  ① 《韩非子·五蠹》，见〔清〕王先谦《韩非子集解》，香港中华书局1978年《诸子集成》本，第347页。

  ② ［日］金谷治，于时化译：《稷下学与〈管子〉》，载《管子学刊》1989年第3期，第71-78页。

第二章 《管子》人才思想的社会历史背景

春秋战国是中国历史发生重大转折，社会发生巨大变革的时期。铁制农具的广泛使用，使生产工具得到不断改进，生产力水平不断提高。随着周王朝势力的日益衰退、诸侯争霸局面的形成，宗法奴隶制度开始解体，社会结构发生了复杂重大的变化，土地由奴隶主所有制逐渐演变为地主所有制，生产力得到进一步解放，生产关系发生了巨大变化。此外，随着世族世官制被彻底打破，"三选制"的初步形成，士阶层的崛起，齐国以及当时重要的诸侯国，先后形成了尊贤重士、举贤尚功的社会风气。人才的作用在诸侯争霸中进一步凸显，人才得到各诸侯国空前的重视。

第一节 生产关系的巨大变革

在各种社会关系的巨大变革中，土地所有制关系的变革无疑是最重要，意义最为重大、深远的。西周实行的是土地分封制和井田制，形成了所谓"普天之下，莫非王土；率土之滨，莫非王臣"的现象。这样，在分封制和井田制下，从天子到庶人，依据权力大小对土地存在多层重叠所有的现象。到了春秋战国时期，随着周王室的衰落，周天子丧失了对诸侯的控制力。同时，随着生产力的发展，铁器的普遍使用以及牛耕的逐步推广，生产力有了巨大的飞跃，从而引起生产关系的巨大变革。而生产关系的巨大变革势必引起一系列重要的社会政治、经济、文化、农业、军事、意识形态等变革。

一、农业的巨大变革与发展

（一）铁制工具的广泛使用和牛耕技术的推广，极大地提高了生产力水平

根据文献资料和考古资料，我国是世界上最早发明和使用生铁冶铸技术的国家之一。杨宽先生认为："西周时代已发明了冶铁术，曾经长期的运用于农

具的制造……春秋战国间不是发明冶铁术的时期,而是冶铁术发展的时期。"①鱼易说:"中国用铁大概是在春秋初年,到春秋中叶的齐桓公时就较普遍了……铁生产工具的出现,必然会促使社会关系发生变化。"② 铁器的使用是推动当时社会生产力发展的一个重要因素,其出现和发展与当时社会历史的发展及变革有着密切的内在联系。由于这一时期铁器制造获得了相当大的发展,极大地推动了社会生产力的发展和社会历史的变革。铁器在社会生产中应用的越快、越广泛,对社会历史的推动作用就越大、越明显。铁制农具广泛使用的结果,一是增强了人们开荒的能力,使耕地的面积大幅度的增加;二是使深耕变为可能。《孟子》和《韩非子》中都有"深耕易耨""耕者且深,耨者熟耘"的说法。这说明战国中期农业生产的深耕技术已经得到普遍运用。由于深耕可以减轻草害和虫害,故而受到人们的普遍重视。土地的广泛开垦和产量的普遍提高,带来了粮食的极大丰收和生育人口的普遍增加。而这一切又必然推动旧的生产关系发生变革,促使新的生产关系的产生。因此,从社会变革的物质基础上来看,铁器的出现与广泛使用是引发社会历史变革的重要因素。

(二) 牛耕技术的推广进一步提高了社会生产力

西周到春秋初年土地的耕作方式多是"耦耕"法,也就是主要靠人力来完成耕种,生产力相当低下。由于农事的限制,加之这种耕作方法需要大量的劳动力集体协作才能完成,因此效率低下。春秋中叶以后,牛耕技术开始普遍使用,这就大大提高了生产力。据文献记载,晋国的范氏、中行氏的子孙逃到齐国后都使用牛耕技术。在《论语》《晏子春秋》中,都有记载牛耕以及人们重视耕牛的情况。到了战国,牛耕技术进一步得到推广,人们开始使用铁制的耕犁,不仅解放了生产力,而且使深耕细作成为可能,生产力不断提高,而且进一步开垦了大量的荒地。

(三) 战国时期肥水施灌等方面有很大的发展

《荀子》有云:"多粪肥田,是夫众庶之事。"这里的"粪"并非现在人们所普遍认为的"粪肥",而是指以水沤草或焚草为灰。当时的农民在夏末的时候锄去田间的杂草,等待其晒干之后再用火焚烧,之后经过大雨的冲刷,从而使田地既得到了充足营养的肥料,又可以避免杂草的生长。还有一种被称为"种肥"的方法。据《周礼》记载,当时的农业生产人员用不同种类的兽骨熬出的汁液浸泡农作物的种子,从而使农作物能够生长得更加茁壮。这一时期的人工灌溉同样得到了很大的发展。田间则普遍修建灌溉用的沟渠的水闸或者是

---

① 杨宽:《试论中国古代冶铁技术的发明和发展》,载《文史哲》1955年第2期,第28页。
② 鱼易:《东周考古上的一个问题》,载《文物》1959年第8期,第64页。

堤防，以保证蓄水和排水。另外，还有许多大规模的水利工程的修建，例如举世闻名的都江堰、郑国渠等。

由于战国时期井田制的瓦解，田地不再由各家共耕，魏国有"行田"之制，即将土地分成大小不等的小块，每家每户农民可以耕种百亩左右的田地，除了百亩田地，还有小块的所谓"宅圃之地"。其他各国也都有差不多的制度。小农对这些田地虽然只有使用权，但耕作却是其独立完成的。国家每年按其产量征收十一之税，故而耕作可以多劳多得，这样就大大地提高了农民对于耕种的积极性。

由于上述种种因素，战国时期农业相对比较发达，农作物的产量大幅度提高。据李悝统计，魏国每一百亩田通常可以收获一百五十石粮食，如果是遇到大丰收则可以达到三百石甚至六百石。这样就能为社会提供较过去更多的剩余产品，允许更多的人不从事农业生产，从而加强了农业和手工业、脑力劳动和体力劳动之间的分工。这成为战国时期经济繁荣、文化发达的重要物质条件。

二、手工业的快速发展

春秋战国时期的手工业一般分为官办和民营两种。官办手工业的历史可以追溯到殷商、西周时期。春秋时期的官办手工业就已经有了较大的规模。据《周礼》中的记载，当时的工种已经有"攻木""攻金""攻皮""刮磨"等许多项。战国时期，在经营的门类、规模以及技巧等方面都有了更大的发展。除了上述诸门类，与国计民生关系密切的盐、铁、铸币，以及漆器、陶器、纺织等门类都成为官办手工业不可缺少的部分。民营手工业大约开始于春秋末期，由于各种条件不是十分完备等缘故，当时的民营手工业并不是十分发达，一般为单一家庭的一种纺织副业。在进入战国时期之后，民营手工业获得了极大的发展。连盐、铁等关系到国家的重要门类和新兴门类中也都出现了不少民营作坊。其中，尤以经营冶铁者居多。例如魏国的孔氏，赵国的卓氏、郭纵等都以经营冶铁致富而闻名。

纺织业由于产生的时间比较早，到春秋战国时期已经十分发达。从一些出土的丝织品可以看出，当时已经有构造复杂的纺织机，例如一些珍贵的锦，显然是用提花机织出的。另外，从很多出土的刺绣品中，平绣、锁绣等技巧的运用，也可以看出当时的织匠大多掌握了难度较高的纺织技巧。可以说，战国时期在丝织品生产方面，无论是纺织、染色或者是提花、手绣，都已经达到了很高的技术水平。

伴随着冶铁技术的出现，冶铁业也成为当时手工业的一个重要门类。它大约开始于春秋末期，并且在进入战国之后发展极为迅速。从20世纪出土的一些战国铁器可以看出,当时的工人已经掌握了渗碳成钢的技艺。在战国短短的数百年中,从原始的块炼法发展为冶铸生铁进而又发展为炼铁为钢,技术进步之快,可谓罕见。可以说,当时中国的冶铁技术已经遥遥领先于世界其他国家和地区。虽然冶铁业发展非常迅速,但是冶铜业也在战国手工业中占有颇为重要的地位。不过,由于铁制农具和武器的大范围使用,冶铜业已经转向铸造一些其他用品,例如大量的乐器、礼器以及钱币、符节、玺印、量器等。因此,社会对铜的需求量并没有减少,这样就同时促进了冶铜业的进一步提高。当时为了更好地装饰铜器表面,工匠们在铜器的表面刻出细槽,然后再将金、银丝嵌入,形成了美观的花纹,从而使它们具有了更大的艺术魅力。当时官办手工作坊由政府直接经营,进行集中的大作坊生产,而民营则不然,它主要是用来交纳赋税和消费,只有一小部分剩余产品才拿去出售。因此,民营手工业的发达为市场提供了更多的商品,从而使商业的兴盛成为可能。

三、商业贸易的快速崛起

春秋时期,在一些比较大的城市之中就已经有了专门为交易所开设的"市"。当时民间交易仍然以物换物为主,布、帛之类的东西已经作为一般等价物起到货币的作用,而真正的金属货币则出现得比较晚。据记载,当时郑国因地理位置的缘故,商业比较发达,郑国商人的足迹几乎遍布天下。

农业和手工业的发展促进了商业的繁荣,手工业者不需从事农业生产就可以通过交换得到粮食,而农民同样可以得到一些生活必需品。由于交换的频繁使更多的物品成为人们可以用于交换的商品。《史记·货殖列传》开列出的当时市场上名目繁多的商品名称,从农产品、手工产品到矿产品、畜牧产品等几乎应有尽有。为了适应商业交换的需要,金属铸币开始大量使用,大约在春秋末年,周、晋等国的空首布开始流通于市场。之后又转变为小一点的平首布,后来战国的三晋(魏、赵、韩)和燕都使用过这种小布。不过燕、齐两国则以铜刀币为主。布和刀的发行量十分庞大,其中大多数都有铸地的名称。战国中后期三晋和周铸造圆孔圆钱,而此时的燕、齐则铸方孔圆钱。楚国的钱币比较特殊,是仿海贝型的铜贝,俗称"蚁鼻钱"。当时除了铜币,黄金也作为货币出现,其中尤其以楚国最为突出。

春秋时期,商人并没有自己独立的经济地位,例如在出售一些贵重物品的时候要获得官府的同意。在进入战国之后,由于商业的发展,商人开始具有独立的经济地位。这和以前商人隶属于官府有很大的不同。战国时期有名的大商人白圭根据"人弃我取,人取我与"的准则,在掌握了有利时机之后,靠贱买贵卖谋取暴利。从当时人们"言治生,祖白圭"这句话中也可以看出白圭在当时的商业活动中成为典型，在当时的商人中具有十分崇高的地位，他的话被商人们奉为信条。当时的商人已经开始经营高利贷，他们称高利贷资本为"子贷金钱"，又称"倍贷"。在商业和利润的影响下，社会上的人都逐利不休，有些人甚至为利而"不避刀锯之诛"。社会秩序和道德观念由此受到了不断的冲击。

总之，春秋战国时期由于铁器的使用以及牛耕的推广，劳动生产力得到极大的提高，农业、手工业获得极大的发展，从而促进了商业活动的进一步加强，社会生产力迅速提高，经济也很快繁荣起来。随着农业、手工业和商业活动的发展，推动了社会上层建筑的巨大变革。

第二节　世族世官制被打破

世族世官制度是西周到春秋初期实行的一种选官、任官制度，也被称为"世卿世禄制"。到了春秋战国时期，随着社会变革的加剧和诸侯之间的剧烈兼并，世族世官制这种封闭的选官制逐渐被彻底打破，代之而起的是尊贤尚能的选官制。

春秋战国是一个社会大分化、大变革的时代，王室衰微，礼崩乐坏，礼乐征伐自天子出变而为自诸侯出，进而自大夫出、陪臣执国命。西周以前的宗法血缘关系受到巨大的冲击，西周以来长期实行的"尊尊亲亲"的用人传统逐渐被打破，世卿世禄制衰落了。随着其经济地位的变化，一部分采用封建剥削方式的旧贵族、军功贵族和新官僚逐渐利用奴隶和平民的力量，向奴隶主展开了激烈的夺权斗争，士阶层成为社会政权的新兴中坚力量。各国新兴地主阶级在争霸战争和夺权斗争中，迫切需要改变世卿世禄制度，注重尚贤用贤，地主阶级的官吏选拔和考核制度因此逐步形成了。

一、王室衰微

春秋时期周王虽然也称天子、天王，但实际上徒具虚名而已，其地位和一个小国君主差不多。平王东迁之后，周王室的王畿面积比过去缩小了一半多，只拥有六百里的地方。其后由于不断地遭到犬戎的鲸吞、诸侯的蚕食，致使日减月削，"日蹙国百里"，最后只剩下成周方一二百里的弹丸之地了。祸不单行，诸侯对天子的朝贡几乎全废。因此，王室陷入经济危机，入不敷出，甚至连埋葬平王的费用都筹划不起。周天子不得不向诸侯"告饥""求车""求金"。经济的崩溃，自然也养不起维护王室尊严、控制四境平安的军队。于是周王朝不得不将原来的六军缩减为三军、二军，最后只好保有一军。军队的数量减少,战斗力也相应下降,往往每战必败。前707年周王率王师及蔡、陈、卫三国之师伐郑,战于繻葛,郑三军会攻王师,王师败绩,周王也被射中肩膀。经此一战,王室威信扫地殆尽。随着经济地位和军事地位的下降,王室的政治地位也发生了动摇。周襄王曾低声下气地向郑国"请盟",后来又接受晋侯的召唤,参加诸侯召开的会议。在这样的背景下,西周以来的许多制度逐渐被破坏。周天子不再巡狩天下,郑、鲁易许、祊之田;楚不贡苞茅,鲁不入贡赋,天子崩不再会葬;同姓亦可通婚。诸侯不朝觐天子,天子却反聘诸侯;晋楚争霸,周天子狩于河阳;王室内乱,天子"蒙尘于外";秦晋陈兵河上,延不勤王;自由扩军,僭称王号……周天子"天下共主"的地位此时已名存实亡,"礼乐征伐自天子出"的时代已经一去不返,社会进入了一个动乱无序的争霸称雄时代。

二、世族世官制向选贤任能制的转变

西周以前实行宗法分封制度,被分封的各级贵族同时又是王朝的官吏,世代承袭这种官职。这样就形成了王室大臣均为同姓或者异姓贵族担任,重要职位全部被少数贵族所垄断。各级官吏都由天子和诸侯按照亲属血缘关系的远近,相应地将土地、臣民分封给他们,作为食邑,让他们世代相传,这就是所谓的世卿世禄制。当时国君的用人标准就是"亲亲",而那些虽然身怀绝技但出身低贱的人是不可能跻身卿大夫之列的。《管子·五辅》曾概括等级社会的基本原则说:"下不倍上,臣不杀君,贱不逾贵,少不陵长,远不间亲,新不间旧,小不加大,淫不破义。凡此八者,礼之经也",春秋时期那些出身卑贱的家臣只能老老实实管好自己分内的事情。做超出自己等级名分之外的事情谓之"僭越",那是大逆不道、人神共诛的。因此,春秋时卫国大夫石碏说:"贱妨贵,少陵长,远间亲,新间旧,小加大,淫破义,所谓六逆也。"① 所谓"六逆",就是大逆不道的六种具体表现。

春秋时期由于土地以及姓氏世代相传,因此大夫的氏族世代相传之后就变为世族,他们拥有大量的土地和较强的政治势力,并且聚族而居,这样就形成了一股强大的政治势力。他们不仅可以在城中筑城,而且可以拥有自己的军队,俨然成为国中之国。这个时期的世家大族往往有几十邑甚至上百邑的封地,而且拥有的兵力在数千甚至上万人。各个诸侯国都有一批地位显赫的大贵族,他们拥有大量的土地和庶民,而且往往在朝中担任重要职务,形成一股强大的政治势力,甚至连国君的权力也要受他们的约束。国君只有取得这些世家

---

① 《左传·隐公三年》,见〔晋〕杜预《春秋经传集解》,上海古籍出版社1988年版,第23页。

大族的拥护，地位才能得到巩固。《左传·襄公三十年》曰："子产为政，有事伯石，赂与之邑。子大叔曰：'国皆其国也，奚独赂焉？'子产曰：'无欲实难。皆得其欲，以从其事，而要其成。非我有成，其在人乎？何爱于邑，邑将焉往？'子大叔曰：'若四国何？'子产曰：'非相违也，而相从也，四国何尤焉？《郑书》有之曰：'安定国家，必大焉先。'姑先安大，以待其所归。'既伯石惧而归邑，卒与之。伯有既死，使大夫命伯石为卿，辞。大史退，则请命焉。复命之，又辞。如是三，乃受策入拜。子产是以恶其为人也，使次己位。"[①] 这里所说的"安定国家，必大焉先"就是指由于世卿世禄制的存在，致使各诸侯国的重要官员也往往世袭罔替。

世卿世禄（世族世官）制与春秋战国之后的选官制度有着本质的区别。世卿世禄制不仅不能保证国家内部的统一与团结，而且严重地阻碍了优秀人才的脱颖而出与步入仕途。这正如《荀子·君子》所批评的："先祖当贤，后子孙必显，行虽如桀纣，列从必尊，此以世举贤也。以族论罪，以世举贤虽欲无乱，得乎哉？"[②]

春秋以降，随着井田制的瓦解、宗法等级制度和分封制被打破，社会制度和社会结构的巨大变革，列国之间的竞争日益加剧，促进了列国对于人才的激烈竞争，而各国的选才标准、选官制度发生了一系列的变化。随着世族世官制走向衰落，新的选贤任能的选官制度与标准逐步形成。由于王室衰微，土地占有关系发生了巨大变化，诸侯之间的争霸战争和贵族内部日益激烈的新旧斗争都对宗法家族势力造成了沉重打击，直接摧毁了许多宗族系统。这种兼并的结果使许多弱小国家被消灭，逐渐形成了几个势均力敌、能够相互抗衡的强国；各国国内的许多旧贵族也逐渐被消灭了，新的势力集团逐渐形成。

随着阶级分化的加剧，社会变革进一步步向深入与剧烈，这又反过来对宗族势力和血缘关系造成了更大的冲击。因此，从春秋后期开始，诸侯之间的战争越来越频繁，其规模也越来越大。随着战争规模的不断扩大，兵源成为各诸侯国的头等大事。以前各诸侯国主要依靠"国人"进行战争，随着战争规模急剧扩大，"国人"已经无法满足兵源的需求。于是，先前被视为地位低下的"野人"也被征召加入战争的行列。这样"国人""野人"之间的界限逐步被打破，"野人"有了执干戈以卫社稷的权利。因此，原来地位低下的"野人"的社会地位逐步得到提升。

---

① 〔晋〕杜预：《春秋经传集解》，上海古籍出版社1988年版，第1147页。
② 《荀子·君子》，见〔清〕王先谦《荀子集解》，香港中华书局1978年《诸子集成》本，第301－302页。

三、人才在兼并战争中重要作用的显现

随着王室的衰微、王权的衰落，春秋以前所谓"学在官府"的时代也逐渐成为过去。官人失守，王官逐渐下移，一部分王室知识分子流落到诸侯国和民间，这样就造成了知识的下移。"学在官府"的局面被打破，私人办学之风逐渐兴起，庶民阶层有了受教育的机会与权利。教育和知识逐渐打破了诸侯国之间的界限，四方民众可以自由地寻找学习的机会，并可以自由往来。由此，一些具有真才实学的饱学之士、具有真知灼见的有识之士和一批具有各种专长的人才脱颖而出，受到社会的普遍重视和尊重。

在诸侯剧烈兼并的时代，人才成为诸侯们争夺的重要资源之一。这样，春秋以前旨在维护血缘贵族统治的"任人唯亲""任人为贵"的世族世官制度也逐渐暴露出它的落后性。随着社会变革的日益加剧和诸侯之间争霸的日益剧烈，世族世官制这种封闭的选官制度与社会变革、大国争霸急需获得有用之才的形势极不适应，一些贤明君主破格重用人才的现象不断涌现。

到了战国时期，随着各诸侯国兼并斗争的进一步加剧，选官用人的标准已转变为"任人唯贤"，并且出现了所谓"人才为宝""为政在贤"的观念。大批有才能的中下层知识分子被重用，甚至出现了只要有一技之长的人，不论德行如何都能得到重用的现象。

世族世官制是一种带有封闭性、埋没浪费人才的制度，在春秋战国时期的社会变革中被废弃，是历史发展的必然结果。这个重大的变化使得广大知识阶层迅速崛起，成为一支新兴的能适应当时社会变化并具有强大生命力的群体。这也使人们的思想观念发生了急剧的变化。

第三节 "三选制"的初步形成

春秋战国时期，社会从奴隶制逐渐转变为封建制；人才任用上由"亲亲尊尊"的世族世官制逐渐转变为"举贤任能"制。由于诸侯之间的剧烈兼并战争以及社会的急剧变化，各诸侯国和君主都意识到在争霸与生存竞争中人才的重要作用。因此，各诸侯国都开始重视与争夺人才。齐国可以说是在各诸侯国当中最早重视人才的国家。

齐桓公在结束齐襄公内乱、登上齐国君主的宝座之后，充分意识到只有强大才能生存。而强大的关键在于改革弊政，改革弊政就必须有人才。齐桓公在管仲的辅助下，首先，确立了"三国五鄙"的政治体制改革，扩大与加强了君主的权力；其次，创立了宰相制度，加强了中央集权；再次，在宰相制的基

础上建立五官制，扩大中央的职能与权力；最后，实行"三选制"，建立了完善的选贤任能的官吏任用制度。"三选制"彻底打破了世族世官制度，为春秋战国的人才选拔任用机制开了先河，也彻底扭转和改变了人才任用上的"尊尊亲亲"的弊端，使大量优秀人才脱颖而出，得以重用，对社会的发展做出了重要贡献。

一、何谓"三选制"

"三选制"是春秋初期齐桓公时代创立的，通过"乡选""官选""君选"三个环节逐级选拔官吏的制度。根据《国语·齐语》的记载："正月之朝，乡长复事。君亲问焉，曰：'于子之乡，有居处好学、慈孝于父母、聪慧质仁、发闻于乡里者，有则以告。有而不以告，谓之蔽明，其罪五。'有司已于事而竣。桓公又问焉，曰：'于子之乡，有拳勇股肱之力秀出于众者，有而以告。有而不以告，谓之蔽贤，其罪五。'有司已于事而竣。桓公又问焉，曰：'于子之乡，有不慈孝于父母、不长悌于乡里、骄躁淫暴、不用上令者，有则以告。有而不以告，谓之下比，其罪五。'有司已于事而竣。是故乡长退而修德进贤，桓公亲见之，遂使役官。"这是第一选。"桓公令官长期而书伐，以告且选，选其官之贤者而复用之，曰：'有人居我官，有功休德，惟慎端悫以待时，使民以劝，绥谤言，足以补官之不善政。'桓公召而与之语，訾相其质，足以比成事，诚可立而授之。"这是第二选。"设之以国家之患而不疚，退问其乡，以观其所能而无大厉，升以为上卿之赞。"[①] 这是第三选。

二、"三选制"的具体实施

由《国语》的记述来看，"三选"有固定的时间、规范的程序、明确的职责和任用的办法等。对于人选的推荐分为两个层次：第一层是乡长向上级报告初步人选，第二层是官长向国君推荐可使用的人选。国家颁布法令，规定基层乡长每年朝见国君、汇报政事时，对本乡的贤能人才要进行报告。如果地方官吏不如实报告，埋没压抑人才，就要以"蔽贤""蔽才"的罪名而治"五刑之罪"。因此各级下层官吏都纷纷自觉"退而修德进贤"，而且能够做到"上贤不过等"（《立政》）、"是故匹夫有善，可得而举也"（《国语·齐语》）。只要有一技之长的人才，都能够通过层层推荐得到一定的任用，这无疑开辟了下层人士参与政治的渠道，使贫民出身的人有了晋身之阶和参政议政的机会。这必然会进一步打破世卿世禄制，对于人才的选拔和使用、改变社会结构等都具有

[①] 徐元诰撰，王树民、沈长云点校：《国语集解》，中华书局2002年版，第226－227页。

极大的进步意义。

"三选制"的第一个措施就是考察识辨人才。考察人才是使用人才的基础，据《管子·七法》中记载："论材审用，不知象不可"。那么什么是"象"呢？"义也，名也，时也，似也，类也，比也，状也，谓之象"（《管子·七法》）。如果"不明于象，而欲论材审用，犹绝长以为短，续短以为长"，以至于把人才的长短优劣搞颠倒了。在"三选"过程中，齐国规定各级官吏对于基层推荐的人选要进行严格认真的考核，每年都要推荐那些有功绩的人待选，"期而书伐，以告且选"。对于那些经过考察后认为可以使用的人选，还要进一步到基层群众中进行考察询问。《管子·小匡》中记载："公宣问其乡里，而有考验。"按照规定，对于初选人才通过询问乡里的事情考察其才能，"退问其乡，以观其所能而无大厉"之后，再向上推荐，晋升为上卿的助手。齐国对于采取其他方法选拔出来的官员也很重视考察。如《管子·权修》中记载："审其所好恶，则其长短可知也；观其交游，则其贤不肖可察也。二者不失，则民能可得而官也。"《管子·立政》篇中记载："君之所审者三：一曰德不当其位，二曰功不当其禄，三曰能不当其官。"《管子》认为"此三本者，治乱之原也"。

"三选"过程中第二个重要措施就是对人选的面试测验。根据《国语》和《管子·小匡》的记载，齐国的"三选"过程中面试是固定程序。面试一般分为两个步骤：一是对于基层各乡推荐上来的人选齐桓公要亲自接见、考察；二是对于各级部门长官推荐的人选齐桓公也要亲自考察，当面面试。《国语·齐语》记载，桓公对于各级官员推荐的人选，"召而与之语，訾相其质，足以比成事，诚可立而授之。设之以国家之患而不疚，退问其乡，以观其所能而无大厉，升以为上卿之赞"。《管子·小匡》也记载："乃召而与之坐，省相其质，以参其成功成事。可立而时。设问国家之患而不疚，退而察问其乡里，以观其所能，而无大过，登以为上卿之佐。"齐桓公竟然两次参与推荐人选的面试工作，足以看出齐桓公对人才选拔工作的重视程度。

"三选"过程中第三个重要的措施就是试用检验。对于基层推荐上来的人选"桓公亲见之"后"遂使役之官"，到有关衙门试用。对于那些使用后受到官长推荐的人选桓公"召而与之坐"，经过详细询问和实地调查证明确有能力和德行的，安排做上卿的助手。当然，齐国在通过其他方式选拔人才时，也建立了相应的试官制度。《管子·明法解》说："国之所以乱者，废事情而任非誉也。故明主之听也，言者责之以其实，誉人者试之以其官。言而无实者，诛；吏而乱官者，诛。是故虚言不敢进，不肖者不敢受官。"真正发挥了试官的作用。此外，"明主之择贤人也，言勇者试之以军，言智者试之以官。试于军而有功者则举之，试于官而事治者则用之。故以战功之事定勇怯，以官职之治定愚智；故勇怯愚智之见也，如白黑之分"。"言智能者，必有见功而后举之"。通过治军或行政的检验才决定任官与否。由此可见，对于人才的试用制已成为齐国官吏选拔的法定程序。

三、"三选制"促进有力政治集团的形成

齐国不仅实行了"三选"的人才选拔制度，而且创立了宰相制，建立了五官制。这就完全打破了西周以来的世禄世官制，为下层士人进入管理阶层提供了有利的条件。因此，在齐桓公周围形成了以管仲为首的一个足智多谋、团结奋进、坚强有力的政治集团。在这个集团中主要成员有管仲、鲍叔牙、隰朋、宁戚、王子成父、曹孙宿、宾胥无、季友、蒙孙等，还应该包括国子、高子。从《管子》等文献资料来看，以管仲为首的这个政治集团具有以下五个明显的政治特点。

第一，这个政治集团的成员来自不同的国家、阶级和阶层。例如，国子、高子乃齐国的世袭贵族，是周天子任命的辅政大臣，具有监国的作用。隰朋是齐庄公的曾孙，乃齐国公室后裔。而宁戚则是卫国的一介平民，社会地位很低。由于这个政治集团成员的出身不同，因此他们就有可能集中不同国家、不同阶级、不同阶层各自的优势和优点，使他们能了解更多的社会各阶级、各阶层的需求和要求，代表不同社会阶层的利益。此外，由这个政治集团的构成就可以看出，这一时期起码在齐国，人才使用已经打破了世卿世禄制的束缚，在人才任用上表现出多元化的特征。

第二，这个政治集团的所有成员各有其特长。鲍叔牙为人善良，正直；隰朋为人好上识而下问，聪明捷敏；宁戚为人机敏能事；曹孙宿善于言谈；宾胥无强以良；季友为人恭以精，博于礼，多小信；蒙孙博于教，而文巧于辞；等等。这样，各成员之间就可以取长补短，优势互补，从而有效地发挥群体优势。

第三，在这个政治集团中商人的势力占了主导地位。春秋时期随着农业和手工业的发展，商业也获得了极大的发展。以贱买贵卖而致富的商人，其经济实力足以比拟王公，甚至超过了王公贵族。由于经济地位的提升，他们的政治地位也得到了相应的提升。这样，这些大富大贵的商人也积极地要求参与政事活动，以进一步提升他们的政治地位。例如，子贡以贸易致富之后，便以商人的身份兼营政治活动。他每到一国"国君无不分庭与之抗礼"。而齐国在春秋时就是一个工商业高度发达的国家。其商人势力之大和商业活动的频繁与重要性是不言而喻的。商人是一个活跃的、能量很大的阶层。商人从政无疑会给传

统的贵族政治机体注入新鲜血液。我们知道在这个集团之中，管仲、鲍叔牙等都是大商人。由商入政，作为商人阶层的代表进入桓公政治集团并能占据核心主导地位，这自然改变了齐国传统政治的局面，打破了旧贵族垄断政治的格局，同时也使新兴地主阶级和下层士人看到了政治的曙光。

第四，齐桓公对这个政治集团的每位成员都能做到量才录用，察能授官。这就打破了世卿世禄制，为下层人士进入政治集团核心提供了机会。据《管子·小匡》记载，管仲曰："升降揖让，进退闲习，辨辞之刚柔，臣不如隰朋，请立为大行（主管外交使节）。垦草入邑，辟土聚粟多众，尽地之利，臣不如宁戚，请立为大司田（主管农业水利垦殖开发）。平原广牧，车不结辙，士不旋踵，鼓之而三军之士视死如归，臣不如王子成父，请立为大司马（主管军事）。决狱折中，不杀不辜，不诬无罪，臣不如宾胥无，请立为大司理（主管司法）。犯君颜色，进谏必忠，不辟死亡，不挠富贵，臣不如东郭牙，请立为大谏之官（谏官）。此五子者，夷吾（管仲自称名字）一不如。然而以易夷吾，夷吾不为也。君若欲治国强兵，则五子者存矣。若欲霸王，夷吾在此。"桓公曰："善。"由此可见，在这个政治集团之中，每位成员的政治潜能都能得到充分的发挥，桓公也能根据每位成员的才能任其职位，做到人尽其才，人尽其用，充分发挥每个成员的长处。此外，在这个政治集团之中，管仲无疑是核心，正如鲍叔牙所说"君且欲霸王，非管夷吾不可。夷吾所居国国重，不可失也"①。

第五，这个政治集团具有很强的凝聚力。就君臣关系而言，齐桓公和高傒自幼一起长大，有着很深的友谊。鲍叔牙则在齐桓公还是公子的时候就辅佐他，是他的良师益友。后来齐国内乱，桓公在鲍叔牙的辅佐下逃奔到莒地避难。在桓公回到齐国做了君主之后，为了更好地治理齐国，使齐国很快由内乱所导致的衰败中挣脱出来，鲍叔牙又主动荐贤让位。而管仲作为齐桓公的政敌和仇人，在齐桓公即位之后不但成为座上宾，而且被委以重任，成为一国之相，位列高子、国子之上，被桓公称为"仲父"，由此演绎了历史上著名的知遇佳话。宁戚是卫国人，学识渊博，才华出众，但不为卫国所用。他听说齐桓公是一位具有雄才大略的君主，而且正在招贤纳士，重用人才，因此他从卫国来到齐国。他出身低微，是以商人的车夫的身份来到齐国的。夜宿齐国临淄的东城门外，恰值桓公夜出城门，于是宁戚拍着牛角唱道："南山矸，白石烂，生不逢尧与舜禅。单布短衣适至骭，从昏饭牛薄夜半，长夜漫漫何时旦？康浪之水白石粲，中有鲤鱼长尺半。敝布单衣裁至骭，清朝饭牛薄夜半。黄犊上坂

---

① 〔汉〕司马迁：《史记》，中华书局1982年版，第1486页。

且休息,吾将舍汝相齐国。出东门兮厉石斑,上有松柏青且阑。粗布衣兮缊缕,时不遇兮尧舜主。牛兮努力食细草。大臣在尔侧,吾将与尔适楚国。"桓公奇之,载与之归,后任为大司田。

同僚之间,管仲和鲍叔牙的关系自不待言,与其他同僚的关系,也是琴瑟和谐,相得益彰。这些重要大臣大多是被管仲慧眼识英雄,推荐、提拔、任用的。这种君臣之间、同僚之间密切的关系,使得这个政治集体具有很强的凝聚力和向心力,因此工作效率更为突出。齐桓公时代以管仲为首的政治集团和人才使用机制,彻底打破了西周以来的世卿世禄制,使广大中下层士人有了晋身之阶梯和施展才华、从政参政的机会,这就为春秋战国时期"人才为宝"观念的提出提供了有益的借鉴。

第四节　士阶层的崛起

夏商西周时代的官吏制度基本上是在宗法原则指导下的世官制。这时的宗法制度支配着整个国家权力的配置。从政治层面来看,家国一体。在行政管理体制上,血缘关系和宗亲关系也决定了官吏的选拔与考核。这一时期从本质上来看,是一种"身份式"的官吏任命制的世卿世禄制占据主导地位。俞正燮在《癸巳类稿·乡兴贤能论》中指出,世官制的特点是"君所任者,与共开国之人及其子孙也……大夫以上皆世族,不在选举也"。当时,由乡大夫考察推荐的贤才,也只能担任伍长或者乡吏这样比较低级官职。即使那些被推荐给诸侯的杰出人才,也只能是"士"这一出身低级的阶层。这种世官制在当时被认为是一种合理合法的制度,也是选拔官员的唯一制度。

西周末年,随着王室衰微,诸侯坐大,大国之间的争霸斗争异常激烈。到了春秋战国,社会的政治制度、经济结构和文化价值取向都在激烈的大动荡、大分化中发生着广泛而深刻的变革。群雄并起,诸侯争霸,兼并剧烈。当时大大小小的方国各自建立起的政权,迫切需要与时代特点相适应的官僚机构和管理体制进行运作,社会对于各类人才的需求急剧上升。礼崩乐坏之后,世卿世禄制逐渐被打破。"学而优则仕""任人唯贤""任人唯才"的提出,为更多的下层民众以才能和智慧步入仕途开辟了道路。在这种文化背景之下,"士"这一为高级贵族服务的下层阶级跃跃欲试,逐渐登上历史舞台,开始受到诸侯们的尊重和大胆启用,各诸侯之间招贤、尊贤逐渐成为一种社会风气和现实需要。

一、现实政治对于人才的需求

"士"是中国古代"士农工商"四民之首,原为贵族之中最底层,介于贵族和平民之间,有一定数量的个人"食田",受过六艺教育,能文能武,平时可做卿大夫的家臣,战时可以充当下级军官。在西周森严的宗法制度下,社会流动性非常小,士的身份是相当稳定的。士拥有一定的权力,同时也有义务担任一些较低级的实际职务。一般而言,那些低级的官吏,如邑宰、府吏、下级军官之类的低级官职都是由士来担任的,如老子曾任周之守藏史,孔子曾任委吏,等等。

春秋战国之后,随着社会的剧烈动荡,士的命运、地位开始发生根本性的转变。士阶层开始分化,有的跻身统治阶层,有的既无田可食又失去了原来的职务。这种变化主要是由于西周以来的礼乐制度被彻底破坏造成的。西周以来政治上的宗法制虽然在理论上是凝固不变的,但春秋战国社会实际上处于不断地发展变化之中。各国内部激烈的政治斗争以及诸侯之间无休止的争夺战争都大大加速了阶级的流动与分化、升降与沉浮,这就使贵族下降为士和平民上升为士成为可能。"士"这个阶层抓住了这一千载难逢的历史机遇,得到了不断地发展壮大。

春秋战国又是一个礼崩乐坏的时代,周天子失去了往日的权威,诸侯们云合雾集,竞相争霸,兼并不断。礼崩乐坏的社会大裂变将原来属于贵族最底层的士阶层从沉重的宗法制和氏族血缘的羁绊中解脱出来,成为社会中一种独立的、具有鲜明时代特点的阶层。由社会大裂变而造成的空隙,士获得了流动的自由、职业选择的自由和思想言论的自由,从而获得了相对独立的自主的人格,在社会身份上也获得了独立的社会经济地位。那些汲汲于争霸事业的诸侯们对于人才的渴求,更大地助长了士阶层的声威与气势。随着宗法制的进一步动摇,"不事二主"的信条也逐渐被士所抛弃。士阶层开始自由辗转奔走于能为施展自己抱负和才能提供平台的诸侯之间,择君而事,形成了所谓"朝秦暮楚""士无定主"的局面和价值趋势。这样,随着世卿世禄制的解体,士阶层和庶民百姓长期被压抑的才智有了充分施展的环境和空间,民间潜在的优秀人才得以脱颖而出,即使那些"鸡鸣狗盗"之徒,只要有一技之长,都能得到充分发挥、大显身手的机会。另一方面,统治集团中那些无能之辈和败落后的贵族被历史的大浪所淘汰,不断下移,社会上出现了"降在皂隶""三后之姓,于今为庶"的状况。如晋国的范氏、中行氏的子孙就流落到齐国,成为自食其力之民。

二、各诸侯国对于人才的需求

春秋战国时期，在剧烈复杂的兼并战争中，各诸侯国、各集团都需要大量的能够为自己出谋划策的智能之士，以使自己能够在激烈的生存竞争中立住脚跟并寻求发展与扩张的机会。这样，亲士、争士、养士、用士成为时髦的社会风气。《管子·霸言》篇就明确提出了"夫争天下者，必先争人"的著名论断。《墨子·亲士》也说："入国而不存其士，则国亡矣。"当时不仅各诸侯国重金招贤纳士，许多公卿大臣也能做到礼贤下士、争先养士。这种社会风气进一步加剧了对人才的激烈争夺，如齐桓公、越王勾践、秦穆公、晋文公、魏文侯、秦孝公等都能做到重用人才、招贤纳士。

到了战国时期，随着兼并战争的日益残酷，人才对于一个国家的生死存亡和大臣们的个人荣辱兴衰均具有举足轻重的作用。不仅各国更加重视人才，大量收罗人才，而且一些具有权势的重要大臣们也争先养士，使养士成为当时的风尚。《史记·吕不韦列传》记载"当是时，魏有信陵君，楚有春申君，赵有平原君，齐有孟尝君，皆下士喜宾客以相倾"[1]。"方争下士，招致宾客，以相倾夺，辅国持权。"[2] 孟尝君田文与舍人共饮食，"倾天下之士，致食客数千人"[3]。春申君黄歇"客三千余人，其上客皆蹑珠履"[4]。信陵君魏无忌"为人仁而下士，士无贤不肖皆谦而礼交之，不敢以其富贵骄士。士以此方数千里争往归之，致食客三千人"[5]。平原君赵胜为安抚士人，手刃爱妾，"得敢死之士三千人"[6]。战国四公子以善于养士而名闻天下，成为后世重才、爱才、惜才的典范。当然，这些士人也为他们的国家或主人在争霸或者"辅国持权"的过程中发挥了重要作用。重士、养士与"士"发挥的作用两者是相辅相成的。由于社会重士、养士，因此，士的社会地位不断得到提升，数量也不断增加，这样就形成了一股不可忽视的"士"的势力；同时，随着"士"的地位提升，士的作用得以充分发挥，甚至出现了"得士者昌，失士者亡"的局面。春秋时期的管仲、晏婴，战国时期的商鞅、廉颇、蔺相如、张仪、苏秦就是明证。

---

[1] 〔汉〕司马迁：《史记》，中华书局1982年版，第2510页。
[2] 〔汉〕司马迁：《史记》，中华书局1982年版，第2395页。
[3] 〔汉〕司马迁：《史记》，中华书局1982年版，第2354页。
[4] 〔汉〕司马迁：《史记》，中华书局1982年版，第2395页。
[5] 〔汉〕司马迁：《史记》，中华书局1982年版，第2377页。
[6] 〔汉〕司马迁：《史记》，中华书局1982年版，第2369页。

三、官学的衰落与私学的兴起也是士兴起的重要原因

夏商西周是所谓"学在官府"的时代。知识文化、教育学术完全为官府和贵族所垄断，平民百姓根本不可能有掌握文化和受教育的机会。章学诚《校雠通义·原道》中说："有官斯有法，故法具于官；有法斯有书，故官守其书；有书斯有学，故师传其学；有学斯有业，故弟子习其业。官守学业，皆出于一，而天下以同文为治，故私门无著述文字。"① 当时执掌文化的是那些巫、祝、史之类的官员，他们是中国历史上第一批文化人和思想者。大凡卜筮、祭祀、书史、星历、教育、医药、音乐歌舞、婚庆丧葬等各种文化活动，都由他们掌握。可以说，夏商西周时代的巫、祝、史、卜等是中国最早的知识阶层的原初形态，他们对中国早期文化的发展做出了杰出的贡献。但是，早期的巫、祝、史、卜这些文化知识分子还处于等级森严的宗法制度之下，他们不过是天子的附庸和耳目而已。他们没有独立的人格，也没有独立的思想，只是一个传声筒。因而他们并不能算作真正的、成熟的、有自由意志的知识分子。而他们的知识与学问实际上和鬼神迷信等虚妄色彩交织在一起，缺乏独立的学术精神。

春秋战国之后，王室衰微，诸侯崛起。僭纲越礼的事经常发生，有"秦兴师临周而问九鼎"②，更有鲁国大夫季孙氏用天子才能用的"八佾"舞于庭，以至于孔子不得不感慨道："是可忍，孰不可忍也！"③ 随着周天子的权威旁落，王室衰微，国学及乡学难以为继，学在官府的局面被打破，原来在王室担任史官之类的文化人不得不离开周王室，另谋出路。这样，大量的知识分子流落到了诸侯国，甚至民间。正如孔子所说："大师挚适齐，亚饭干适楚，三饭缭适蔡，四饭缺适秦，鼓方叔入于河，播鼗武入于汉，少师阳、击磬襄入于海。"④ 私家办学应运而生，从而开始了中国历史上具有划时代意义的史官文化向诸子文化的转变。

"官学"的失守与知识文化和知识分子的下移，标志着奴隶主对教育文化垄断地位的彻底终结。私学的兴起和文化的下移开创了中国历史上教育与文化的新天地，培养和造就了一大批为时代所呼唤的智士能人，适应了社会变革对于人才的急切需求。

---

① 《校雠通义·原道》，见王重民《校雠通义通解》，上海古籍出版社 1987 年版，第 1 页。
② 《战国策·东周策》，上海书店 1987 年影印商务印书馆 1934 年版，第 1 页。
③ 《论语·八佾》，见〔清〕刘宝楠《论语正义》，香港中华书局 1978 年《诸子集成》本，第 41 页。
④ 《论语·微子》，见〔清〕刘宝楠《论语正义》，香港中华书局 1978 年《诸子集成》本，第 397 页。

众所周知，中国历史上第一个创办私学的是孔子。孔子在周游列国时，到处碰壁、政治理想破灭之后，回到鲁国聚徒讲学，创办教育，整理古代的文献典籍，从事学术与教育工作。多年的游历使他对社会有了广泛而深入的了解，他预感诸侯争霸势必会带来各国对于人才的广泛需求。因此，他广收门徒，有教无类，在学生中传播自己的政治学说与社会理想，以寄托自己"天下归仁"社会理想的实现。而孔子本人也是"士"这一阶层的典范，他的自学精神与对理想的执着追求，培养造就了一代士人。孔门弟子来自各诸侯国和社会各阶层，而且大多数来自社会最低层。他提出"学而优则仕"①的大胆呐喊，以"学也，禄在其中矣"②为号召，以文化知识立足社会、进入仕途为目的。私学的创办与文化的不断下移培养造就了社会急需的大批的士人。由于"士"受到上层社会的尊重，又得到庶民百姓的敬慕，于是各国先后兴起了"争当有义之贤才之风"。由于求学和掌握文化知识可以改变下层民众的命运与前途，提高他们的身份地位，使他们由下层跻身士人阶层，富而贵之，因此当时的社会底层人士对于赴学趋之若鹜。《韩非子·外储说左上》记载："中章、胥己任，而中牟之民弃田圃而随文学者邑之半。"③一个城里有一半的人放弃耕作而去就学，这自然不免带有夸张的成分，但其中所描写的就学热情和求学之广泛，必然是有现实根据的。钱穆在《先秦诸子系年》中论述这种情况说："游士渐得势，故宁越亦苦耕稼而从学问。其事虽微，足征世变。"④

春秋战国是中国历史上最为特殊的一个时期。错综复杂的军事斗争，瞬息万变的政治斗争以及波诡云谲的外交风云，不但为士的崛起准备了土壤，而且为他们的发展、纵横驰骋、大展宏图提供了社会舞台。当然，春秋战国时期的士已不是过去奴隶制中担任执事的低级贵族的士，而是代表新兴地主阶级具有相对独立人格的士；也不再是"食田"和"隶子弟"的宗法性的士，而是有知识技能、行动自由、从事政治与学术活动、奔走于诸侯之门、执掌外交风云的知识分子。在社会发生巨大变动时，他们中的大多数失去了安定的生活，为了生存，为了实现自身的政治理想和人生价值，他们常常挟剑携书，负笈担囊，奔走列国，浪迹四方，寻求可以依靠的诸侯、贵族，成为苏秦、张仪之流

---

① 《论语·子张》，见〔清〕刘宝楠《论语正义》，香港中华书局1978年《诸子集成》本，第405页。

② 《论语·卫灵公》，见〔清〕刘宝楠《论语正义》，香港中华书局1978年《诸子集成》本，第346页。

③ 《韩非子·外储说左上》，见〔清〕王先谦《韩非子集解》，香港中华书局1978年《诸子集成》本，第196页。

④ 钱穆：《先秦诸子系年·宁越考》，商务印书馆2002年版，第194页。

的所谓的"游士"。正如顾炎武在《日知录》中所讲的:"春秋以后,游士日多。《齐语》言桓公八十人,奉以车马衣裘,多其资币,使周游四方,以号召天下之贤士。而战国之君遂以士为轻重,文者为儒,武者为侠。呜呼!游士兴而先王之法坏矣!"①士成为春秋战国时期社会上最为活跃的一股新兴势力。他们中的大部分人专门从事政治文化活动,一般都具有相当丰富的知识或某一方面的专长,思想极为敏锐,善于思考,善于观察,敢作敢当,置生死于不顾。因此,与一般的民众相比,"士"更希望能最大限度地实现自身的价值、展现自己的才华、追求生命的本质意义。这种希望集中反映在他们的入世精神上,即积极地参与社会的各个领域,特别是政治领域、外交活动场所,表现出一种强烈的社会关怀和社会参与意识。他们为那些有雄心、有作为的君主和王公大臣,或出谋划策,或设计献策,或率军赴阵,或出使游说,或犯颜谏诤。大批的智能之士活跃于社会舞台的方方面面,如在政治、经济、军事、文化、外交等方面都发挥了重要的作用。人们越来越意识到"国有贤良之士众,则国家之治厚;贤良之士寡,则国家之治薄"②。春秋战国对于人才价值的推崇简直到了无以复加的程度。《吕氏春秋·赞能》载:"得地千里,不若得一圣人。"③在剧烈的社会大变革中,能否启用像苏秦、张仪、廉颇、蔺相如之流真正有价值的士人,起着决定或者改变一个国家命运的巨大历史作用,所谓"一言可以兴邦,一言可以丧邦","贤人在而天下服,一人用而天下从"。④士的流向成为各国君主关注和政治成败的焦点,对待士的态度成为显示诸侯和当权者声誉气度和雄才大略的一把标尺。正是因为春秋战国时期出现了这样一个前所未有的尊贤任能的社会环境,提供了这样一个诸子蜂起、风云际会的历史舞台,中国最早的一代知识分子才得以胸怀大志,纵横捭阖,演出了一幕幕经天纬地、治国安邦的壮举,有力地推动了春秋战国社会历史的前进步伐。

四、士阶层对春秋战国社会的推动作用

(一)士阶层对春秋战国社会政治经济发展的贡献

人类社会发展史告诉我们,一个新兴阶级诞生之后总会以一种全新的姿态出现在历史的舞台上。在新的社会实践与环境中,他们的才华、能力、气质受

---

① 〔清〕顾炎武著,黄汝成集释:《日知录集释》,上海古籍出版社2014年版,第172页。
② 《墨子·尚贤上》,见〔清〕孙诒让《墨子间诂》,香港中华书局1978年《诸子集成》本,第25页。
③ 《吕氏春秋·赞能》,见陈奇猷《吕氏春秋新校释》,上海古籍出版社2002年版,第1600页。
④ 〔汉〕刘向集录,范祥雍笺证,范邦瑾协校:《战国策笺证·秦策一》,上海古籍出版社2006年版,第143页。

到了多方面的培养与锻炼,这使得他们的思想更加活跃,气场更加强大,才华受到锻炼,有能力去接受新事物,管理新事物,解决新问题。因此,作为社会的新兴力量,全新的阶级必然要求登上政治舞台,要求权力,要求实现自身的价值,以自己的理念来影响历史,推动历史的发展与进步。

在春秋战国社会大变革、大动荡时期,士这一社会群体为改革政治、发展经济、富国强兵做出了巨大贡献,成为春秋战国社会历史的有力推动者。从春秋到战国,在各个诸侯国中,士人不但参与了众多的政治改革、经济改革,而且参与了土地制度、赋税制度、官僚体制、军事制度等方方面面的改革。这些改革,有的成功了,有的失败了,但无论成功与否,都有力地推动了社会历史的发展与进步。虽然他们各为其主,但是殊途同归,他们在完成奴隶制向封建制的伟大历史转变中,做出了巨大的历史性贡献。因此,这些有理想、有抱负、有才华的士人是春秋战国社会改革的倡导者、设计者和实际推动者。

我们以齐国为例,齐桓公不计前嫌,重用与自己有一箭之仇的政敌管仲。在管仲的辅助下,春秋初期的齐国率先进行了一系列的改革。在行政上推行"参其国而伍其鄙"的措施,以"安民之居,成民之事"(《管子·治国》);在经济上推行了"治国先富民"的方针,以奖励耕织,发展农业、商业和手工业;在用人上颁布"选其官之贤者而复用之"① 的政策,以"察能授官,班禄赐予";在军事上提出"作内政而寄军令"②,以寓兵于民,军政合一;在外交上打出了"尊王攘夷"的旗号,以正其封疆,以安抚四邻。由于这些具有深远历史意义政策的强有力的推行,在齐国引起了一场广泛而深刻的社会变革。经过四十多年的艰苦努力,"通货积财,富国强兵",使曾经衰败落后的齐国迅速崛起,成为经济实力雄厚、军事力量强大的东方强国。也使齐桓公实现了"九合诸侯,一匡天下",一跃而为诸侯中的霸主之首,推动了春秋时期强国、大国的相继称霸争雄。

(二)士阶层对春秋战国天下一统的贡献

春秋战国时期数百年的分裂与兼并战争,社会的动荡不安使百姓深受其苦。消灭战争,使天下重归统一,不仅是老百姓的希望,也是天下士人的理想与希望。广大士人看到天下统一是时代发展的潮流和历史前进不可阻挡的趋势。他们虽然殚思竭虑各为其主,但无不希望由自己辅佐的国家最终完成统一天下的大业,这也是他们择明主而栖的出发点和最终归宿。战国时期诸子百家就曾经对"王天下"的问题展开过热烈的讨论,这场声势浩大的讨论,实际

---

① 徐元诰撰,王树民、沈长云点校:《国语集解·齐语》,中华书局2002年版,第226页。
② 徐元诰撰,王树民、沈长云点校:《国语集解·齐语》,中华书局2002年版,第230页。

上是为全国走向大一统制造舆论。《管子·君臣》篇中提出："衡石一称，斗斛一量，丈尺一制，戈兵一度，书同名，车同轨。"这实际上是全国统一各种制度的最早建议，它最早描绘了天下一统的蓝图，是呼唤天下一统的先导者。孟子在回答梁襄王"天下恶乎定？"的提问时，他不假思索地回答："定于一。"也就是说，在孟子看来，天下只有重新归于统一，社会才能安定下来，百姓才能结束饱受战乱之苦。孟子已经看到天下的统一是不可阻挡的历史潮流，而他一生都致力于这一主张的自觉宣传和奔走呼吁。墨子也奔走游说，力倡天下一家的"尚同"思想，实际上也是要求结束天下分崩离析的混乱局面，重新归于一统。韩非子竭力为秦国谋划的"事在四方，要在中央"的大一统国家蓝图，莫不体现了他们对于四海归一的理想追求，阴阳学家邹衍的"五德终始""五德转移"以及"大九州"之说，从地理与历史的角度表达了全国统一的愿望。天下一统也是荀子一生的重要主张与不懈追求，他理想中的天下是"四海之内若一家"的天下。荀子认为"义立而王，信立而霸，权谋立而亡"①。他认为"义立"是国家统一的有效途径，几乎每到一个地方就宣传"天下为一"的观念。在齐国，他希望齐闵王能够为一统天下实行王道，在游说失败之后便愤然离开齐国。在秦国，他看到四世而强的秦国在各个方面都走在了山东六国的前列，就指出这样的国家"其法治，其佐良，其民愿，其俗美"，是可以完成统一大业的。他渴望这一天能够早日到来，希望天下能尽快结束分裂动荡的局面，重新归于统一。

（三）士阶层对春秋战国学术文化的贡献

春秋战国时期由于阶级关系变化和兼并战争所引起的社会剧烈动荡，各种势力集团，各个阶级、阶层的代表人物纷纷登上历史舞台，相互之间进行着各种形式的斗争。生长在这一动乱社会的"士"清醒客观地剖析社会历史的发展趋势，他们对现实社会也有较为深刻的洞察力。各诸侯国对于人才的期盼、智谋的渴求和自由意志的尊重，为文化的自由发展提供了较为宽松的环境，形成了良好的氛围，为学术的发展与繁荣造就了肥沃的土壤。因此，诸子蜂起，学派林立，相互辩驳，纵横议论，出现了中国学术史上第一次"百家争鸣"的蓬勃兴旺的景象。从孔子到孟子这一个世纪之中"士"阶层的发展最为迅猛。一方面，"士"已成为最具影响力的一个社会集团；另一方面，这一集团本身又发生了学派的分化。以孔子为代表的儒家就是其中最著名、最具影响力的一个学派，也是中国历史上第一个以庶人为核心的知识分子集团。孔子第一

---

① 《荀子·王霸》，见〔清〕王先谦《荀子集解》，香港中华书局1978年《诸子集成》本，第131页。

个创办私学，广收门徒，著书立说，创立了以礼乐和仁义为核心的儒家学说，构建了中国封建文化的主流意识形态。进入战国之后，各家各派聚徒讲学，著书立说，对夏商周三代以来的社会制度与社会弊病进行总结与批判，宣传自己的政治主张和学术观点，相互诘辩，开展大讨论。于是在这一特殊的历史时期，中国文化史上相继出现了墨家、道家、法家、兵家、农家、名家、纵横家之流。诸侯异政，百家异说，多元的政治造就了多元的文化。儒家主张"克己复礼""天下归仁"；墨家宣扬"尚同""非攻"；法家则鼓吹"变法""法制"；道家倡导"自然""无为"……那些著名的学派大师们，率其群徒，四处奔走，以学干政，轰轰烈烈，自信满满。各个学派之间既相互论辩，又相互吸收，融合渗透，促进了社会政治的空前活跃，文化学术得到前所未有的发展。这些学说不仅为当时各国提供了政治设计和理论依据，更极大地促进了中华学术文化的繁荣与进步。

（四）士阶层对春秋战国官僚政治和人才观念的影响

西周时期是宗法制社会，实行的是分封制与世族世官制，政治与文化由奴隶主贵族所垄断。春秋战国时期由于社会历史的发展与剧变，各国君主都需要集权才能掌控局面，这样分封制与世族世官制就成为制约君主集权的一大障碍。因此，废除世族世官制，实行官僚制度就成为统治者的当务之急。在君主集权和官僚制推行的过程中，士人无疑是积极的参与者，是最可靠的一股新兴力量。追求集权的君主与士人在反对世族贵族垄断权力这一点上找到了相互的契合点。春秋时期虽然实行的是"世官制"，但在"世官"的体制中也逐渐萌发了"以世举贤"的观念，并在社会治理与实践中逐步加以推行。譬如在齐国，管仲、鲍叔牙虽然比高子、国子等人的地位低，但在齐国政治生活中却发挥着更大的作用，在政治地位上远比国子、高子的要高，发挥的政治作用更大。到了春秋后期，各诸侯国已很少实行分封制与世族世官制，而大多是推行选贤任能制，并大量启用新兴的士人。这样就出现了大量的庶人理政的现象，如晋国的赵孟便举荐过县老人理政。而在理论上则出现了孔子的"举贤才"主张。《论语·子路》曰："仲弓为季氏宰，问政，子曰：'先有司，赦小过，举贤才'。"[①] 到了战国，孟子则进一步提出了"尊贤使能"的主张。《孟子·公孙丑》曰："仁则荣，不仁则辱。今恶辱而居不仁，是犹恶湿而居下也。如恶之，莫如贵德而尊士，贤者在位，能者在职。""尊贤使能，俊杰在位，则

---

① 《论语·子路》，见〔清〕刘宝楠《论语正义》，香港中华书局1978年《诸子集成》本，第280页。

天下之士皆悦而愿立于其朝矣。"① 《孟子·离娄上》说:"唯仁者宜在高位,不仁而在高位,是播其恶于众也。"②

战国时期随着阶级阶层的不断分化,等级秩序不断被打破,下层平民中的贤能之士被逐渐广泛选拔,并委以重任。加之李悝、吴起、商鞅等人所推行的改革变法,破除分封与世袭世官制度,为新兴士人阶层开辟了广阔的仕途。世族世官制度被彻底打破,官僚制在各国普遍推行,这无疑推动了中央集权的发展进程。在这一进程中,士人发挥了重要作用,是主要力量。

(五)春秋战国士人的价值追求

"士"这一群体从它诞生起,便有着极为强烈的政治参与意识和积极进取精神。这种士人心态不仅表现在春秋战国时期,更深深地积淀成为历朝历代乃至当今之世中国文人们最显著的特征和最执着的信念与精神价值追求。

众所周知,春秋战国的士人虽然主张各异,但他们都把"道"作为价值取向,从而超越他们个体和群体的利害得失,发展为对整个社会的深厚关怀。清人章学诚在《文史通义·原道中》说:"诸子纷纷,则已言道矣,……皆自以为至极,而思以其道易天下者也。"③ 尽管诸子对"道"的内涵领会千差万别,但他们都以弘道为务,都能以道自任。孔子倡导"士志于道"④。他认为,士应该"笃信善学,守死善道。危邦不入,乱邦不居。天下有道则见,无道则隐。邦有道,贫且贱焉,耻也;邦无道,富且贵焉,耻也"⑤。孔子不仅直言:"苟有用我者,期月而已也,三年有成"⑥,而且培养了一大批弟子,并鼓励他们直接参政。孔子认为,"士不可以不弘毅,任重而道远,仁以为己任,不亦重乎?"⑦ 他认为,知识分子要有道义精神,能够担当道义,要具有不屈不挠的奋斗精神和坚强的意志品质。他提倡并努力实践为崇高理想而不懈奋斗,鄙视饱食终日无所用心的人生态度。他一生奔波,幻想以周礼匡扶乱世,解民于倒悬,"明知其不可为而为之"⑧。为此,他"发愤忘食,乐以忘忧,不

---

① 《孟子·公孙丑上》,见〔清〕焦循《孟子正义》,香港中华书局1978年《诸子集成》本,第131－134页。
② 《孟子·离娄上》,见〔清〕焦循《孟子正义》,香港中华书局1978年《诸子集成》本,第286页。
③ 〔清〕章学诚著,叶瑛校注:《文史通义校注》,中华书局1985年版,第133页。
④ 《论语·里仁》,见〔清〕刘宝楠《论语正义》,香港中华书局1978年《诸子集成》本,第78页。
⑤ 《论语·泰伯》,见〔清〕刘宝楠《论语正义》,香港中华书局1978年《诸子集成》本,第163页。
⑥ 《论语·子路》,见〔清〕刘宝楠《论语正义》,香港中华书局1978年《诸子集成》本,第287页。
⑦ 《论语·泰伯》,见〔清〕刘宝楠《论语正义》,香港中华书局1978年《诸子集成》本,第159－160页。
⑧ 《论语·宪问》,见〔清〕刘宝楠《论语正义》,香港中华书局1978年《诸子集成》本,第325页。

知老之将至云尔"①，说："三军可夺帅也，匹夫不可夺志也。"② 孟子奔走于诸侯之间，推行自己的王道学说，目的就在于积极用世，要参政议政。他说："如欲平治天下，当今之世，舍我其谁也?"③ 墨家不仅提出了"兼爱""非攻""节用""节葬"等政治主张，而且直接参与政治斗争与军事斗争，甚至参加过宋国的自卫战争。老庄尽管以顺应自然、消极无为为旨归，但他们都不同程度地关注社会政治乃至军事斗争，设计了"应帝王"的种种权谋之术。至于法家与政治的关系则更为密切。战国各诸侯国先后兴起的变法运动，大多数都与法术之士有关。如李悝在魏国的改革、商鞅在秦国的变法等，都对各国产生了深远的影响，甚至影响了历史的进程。由此可见，诸子百家虽然在政治上的作用大小不一，主张各异，但他们对于政治的热情、参政议政的积极进取精神，却给后来的知识分子以直接而深远的影响。

士这个阶层有参与政治的强烈愿望，而春秋战国这个时代又恰好为这些士人提供了这样一个特别活跃的政治舞台。诸侯混战，争霸图强，各国政治、外交、军事上矛盾重重。在应对复杂多变的政治、外交之际，国家的实力固然起着决定性的作用，但人的作用，尤其是那些突出人才的作用，往往左右着局势的发展变化。因此，人的智能和才干受到特别的重视。《管子·霸言》记载："夫使国常无患，而各利并至者，神圣也；国在危之，而能寿者，明圣也。"这里的所谓"神圣""明圣"是对聪明才智的最高称谓。《管子·制分》记载："强未必胜也，必知胜之理，然后能胜。"意思是说，实力强未必胜，只有深知胜之理才能必胜。智谋把胜利的可能性转化为必然。当苏秦合纵之策得到重用时，不费一兵一卒使秦不敢出关东向。因此，秦王曾对寒泉子说："苏秦欺寡人，欲以一人之智，反覆山东之君，从以欺秦。"④ 可见，秦王忧心忡忡的不是山东六国的势力，而是苏秦的智谋。由此可见，人才的重要作用。《管子·霸言》记载："夫争强之国，必先争谋。"《论衡·效力》篇记载："六国之时，贤才之臣，入楚楚重，出齐齐轻，为赵赵完，畔魏魏伤。"⑤ 这就清楚地告诉我们，春秋战国之士在列国竞争中所起的关键性作用。这也表明，人才，尤其是那些特殊人才，对于历史发展的深远影响。

---

① 《论语·述而》，见〔清〕刘宝楠《论语正义》，香港中华书局1978年《诸子集成》本，第145页。
② 《论语·子罕》，见〔清〕刘宝楠《论语正义》，香港中华书局1978年《诸子集成》本，第191页。
③ 《孟子·公孙丑下》，见〔清〕刘宝楠《论语正义》，香港中华书局1978年《诸子集成》本，第184页。
④ 《战国策·秦策一》，见〔汉〕刘向集录，范祥雍笺证，范邦瑾协校《战国策笺证》，上海古籍出版社2006年版，第166页。
⑤ 刘盼遂：《论衡集解》，古籍出版社1957年版，第269页。

第三章 《管子》对人才的高度重视

齐国在春秋时期为五霸之首，战国时期为七雄之一。究其强大的原因，人才起了最为重要的作用。齐国的开国之君姜太公首先打破了"尊尊""亲亲"的用人传统，采取"尊贤智，赏有功"[①]作为基本国策，始终将人才作为治国的根本。到了齐桓公时代，随着"礼崩乐坏"，周天子地位的下降，各诸侯国争夺霸权愈演愈烈，各国对于人才的需求也急剧增加，具有尊贤重才传统的齐国对于人才更加渴求。齐桓公重用自己的仇人管仲，就充分证明了齐国对于人才的重视与渴求的程度。

在这种政治实践的经验中，作为记录管仲言论和发挥管仲学说的《管子》一书，更加突出地强调了人才的作用，将人才的得失提高到关乎国家存亡的高度。在治国过程中，齐国牢固树立了"争天下者，必先争人"的思想。《管子·霸言》篇记载："夫争天下者，必先争人。明大数者，得人；审小计者，失人。得天下之众者王，得其半者霸。是故圣王卑礼以天下之贤而任之，均分以钓天下之众而臣之。故贵为天子，富有天下，而伐不谓之贪者，其大计存也。"《管子》认为，要想在战乱频起的年代保证国家的安宁，没有人才不行；要想争天下、使国家长治久安，没有人才更不行。争天下必先争人，这是国家的大事，是治国的重要手段，绝不可轻视，更不能忽视。对此，《管子·五辅》篇说得更为明确："古之圣王，所以取明名广誉，厚功大业，显于天下，不忘于后世，非得人者，未之尝闻。暴王之所以失国家，危社稷，覆宗庙，灭于天下，非失人者，未之尝闻。"这就揭示了得人者昌、失人者亡的历史规律。《管子·权修》篇明确提出："一年之计，莫如树谷；十年之计，莫如树木；终身之计，莫如树人。"把人才的培养视为百年大计、一本万利的事情，表现了《管子》的深谋远虑。《管子·幼官》篇也认为，治理国家的关键在于"求天下之精材"，"收天下之豪杰，有天下之称材"，这是国家富强兴旺的保证。正是基于这样的认识，因此管仲在回答齐桓公如何治国时提出的方针就是

[①] 班固：《汉书·地理志下》，中华书局1962年版，第1661页。

"远举贤人"(《管子·中匡》)。《说苑·尊贤》记载:"桓公问于管仲曰:'吾欲使酒腐于爵,肉腐于俎,得毋害霸乎?'管仲曰:'此极非其贵者耳,然而无害霸也。'桓公曰:'何如而害霸乎?'管仲曰:'不知贤害霸也。知而不用,害霸也;用而不任,害霸也;任而不信,害霸也;信而复使小人参之,害霸也。'"① 由此可见,《管子》对于人才是何等重视的。

人为万物之灵,才为人中之英。各种人才对社会的发展、历史的前进都有着不容忽视的作用。一般而言,先秦时期的人才大致可以分为四类:第一类,即最高层次的理想人才,包括庄子所讲的真人、神人、圣人;老子所说的圣人;儒、墨所说的圣贤、先王、圣人、仁人等。第二类,即现实社会中的天子、国君、王者。第三类,即贤人、君子、士,也就是《管子》所说的"中央之人"。第四类,就是具有各种特长的人,如《管子》所讲的"天下之精材""天下之豪杰""天下之称材"等等。《管子》对于第一类型的人才,也就是超现实的人才,论述并不多,也不是《管子》着眼的重点,我们这里不展开论述。本章主要论述《管子》对于君主和贤人君子,也就是第二、三类型人才的论述。

第一节 "一国之存亡在其主"

一、能否重用人才是君主贤明与否的标志

《管子》认为,一个国家能不能尊重人才、重用人才,关键在于君主。《管子·七臣七主》说:"一国之存亡在其主。天下得失,道一人出。主好本,则民好垦草莱;主好货,则人贾市;主好宫室,则工匠巧;主好文采,则女工靡。夫楚王好细腰,而美人食省;吴王好剑,而国士轻死。死与不食者,天下之所恶也。然而为之者何也?从主之所欲也。"意思是说,一国之君喜欢什么,厌恶什么,对全国自然具有重大而深远的影响。如果一国之君尊重人才、重用人才,那么全国上下就会形成尊重人才的风气;相反就会造成人才埋没甚至人才外流的现象。《管子·法法》篇又说:"世无公国之君,则无直进之士;无论能之主,则无成功之臣。"即国君如果在用人政策上不讲究才能,那么就不会有为国为民建功立业的臣子。《管子·牧民》说:"御民之辔,在上之所贵;道民之门,在上之所先;召民之路,在上之所好恶。故君求之,则臣得之;君嗜之,则臣食之,君好之,则臣服之;君恶之,则臣匿之。"因此,

---

① 〔汉〕刘向撰,向宗鲁校正:《说苑校正》,中华书局1987年版,第198-199页。

《管子》认为，国君能否重用人才、尊重人才，是君主治理国家、成就霸业的当务之急。《管子·五辅》说："明王之务，在于……论贤人，用有能，而民可使治。"《管子·霸言》说："是故圣王卑礼以天下之贤而任之，均分以钓天下之众而臣之。"此外，《管子》也将能否尊重人才、重用人才作为评价君主贤明与历史地位的重要标准。

二、齐桓公的个性特点及其成功秘诀

从《管子》一书来看，齐桓公本人一生事功就典型地体现了用人是否得当的经验与教训。齐桓公一生之所以能建立"九合诸侯，一匡天下"的赫赫功业，其成功的秘诀就在于用人得当；而桓公最终身败名裂、为天下笑，也在于其用人不当。即所谓其得在于用人，其失也在于用人。

（一）齐桓公及其个性特点

齐桓公是齐僖公的儿子，名小白。齐僖公生公子诸儿、公子纠、公子小白。齐僖公死后，公子诸儿即位，是为齐襄公。齐襄公是一个昏庸残暴的君主，不守礼法，诛杀无度。在此情况下齐国面临一场内乱，公子纠和公子小白都离开了齐国，分别到鲁国和莒国避乱。后来齐国果然发生内乱，齐襄公被杀，继位的公孙无知又被杀，这样齐国就出现了无君的现象。于是公子纠和公子小白展开了争夺君位的斗争。在鲍叔牙的辅助下公子小白最终夺取君位，获得成功。

就齐桓公本人的个性特点和身份地位来看，他并不是没有弱点，而且本身也不具备继承君位的条件。齐桓公曾自称："寡人有大邪三。"其一是"寡人不幸而好田，晦夜而至禽侧，田莫不见禽而后反。诸侯使者无所致，百官有司无所复"。其二是"寡人不幸而好酒，日夜相继，诸侯使者无所致，百官有司无所复"。其三是"寡人有污行，不幸而好色，而姑姊又不嫁者。"而齐桓公是齐僖公的第三个儿子，他本来是没有机会继承君位的。可是齐国的内乱以及鲍叔牙的辅佐却为他意外地提供了继承大位的机会。从他的弱点来看，他不仅"好田""好酒"还"好色"，是一个典型的酒色之徒。此外，他的个性特点是"惕"，也就是急性子，这容易产生独断专行的弊端。然而，就是这样一个内外条件都不十分突出的人，不仅意外地继承了君位，而且建立了赫赫功业，其原因为何呢？

（二）齐桓公善于用人

齐桓公成功的原因自然是多方面的，但其中最主要的原因就在于他重用了管仲，并充分发挥了管仲的作用。

第一，齐桓公不仅能够听取鲍叔牙的意见重用自己的仇敌管仲，而且对管仲言听计从，甚至称管仲为"仲父"，以身下之，并给予管仲充分的信任。管仲相桓公之初，"以贱不可以治贵，故请高国之上；以贫为不可以治富，故请三归；以疏为不可以治亲，故处仲父"①。管仲要名、要利、要地位，齐桓公完全满足他的愿望与要求，放手让他大胆改革。正是在管仲的竭力辅佐下，齐桓公才能建立王霸之业，成为春秋五霸之首；不仅在历史上留下了千古美名，而且为齐国创立了数百年的基业，成为齐国历史上最杰出的君主。

第二，重用大量的有能之士。齐桓公不仅重用管仲，而且在他身边集中了一大批杰出的人才。管仲之所以能发挥作用，能建功立业，关键就在于齐桓公对他的信任与支持，在于齐桓公能够礼贤下士，知人善任。齐桓公曾总结齐襄公治国的经验教训说："昔先君齐襄公，高台广池，湛乐饮酒，田猎毕弋，不听国政，卑圣侮士，唯女是崇，九妃六嫔，陈妾数千。食必粱肉，衣必文绣，而戎士冻饥。戎马待游车之弊，戎士待陈妾之余。倡优侏儒在前，而贤大夫在后。是以国家不日益，不月长。"② 齐襄公"卑圣侮士""倡优侏儒在前，而贤大夫在后"正是导致其国内乱的主要原因。齐桓公从中吸取教训，在任用人才上不拘一格，礼贤下士，广纳人才，信任人才，并能放手使用人才。除了重用管仲，齐桓公还重用地位低下的宁戚。对此《吕氏春秋·离俗览·举难》《淮南子·道应训》和《新序·杂事》都有记载。卫国人宁戚得知齐桓公招贤纳士，但自己穷困不堪，无力求见，于是他假扮成商人来到齐国临淄。傍晚宿于临淄城外，恰巧齐桓公到城外迎客，夜间开了城门，随从要商贾车辆回避。此时，正在车旁喂牛的宁戚看到了齐桓公，感慨之下敲牛角而歌："南山矸，白石烂。生不逢尧与舜禅，短布单衣适至骭。从昏饭牛薄夜半，长夜漫漫何时旦？"还有的记载说宁戚还唱了："康浪之水白石粲，中有鲤鱼长尺半。敝布单衣裁至骭，清朝饭牛至夜半。黄犊上坂且休息，吾将舍汝相齐国。"也有的记载曰宁戚接着唱："出东门兮厉石斑，上有松柏青且阑。粗布衣兮缊缕，时不遇兮尧舜主。牛兮努力食细草，大臣在尔侧，吾当与汝适楚国。"齐桓公从歌声中听出了宁戚的鲲鹏之志和不凡才华，于是将宁戚带回宫中。经过一番交谈后，齐桓公发现宁戚确实是位贤能之士，遂欲委以重任。当时有大臣提出异议，认为对于这样一个半路遇到的人，不知底细，应该调查一番后再予以重用也不迟。可是齐桓公却认为不能这样做。其原因是，如果派人去卫国了解，难免会发现他的一些小毛病，"以其小恶，忘人之大美，此人主之所以失天下之士也。且人固难全，权用其长者"。于是任命宁戚为上卿，任田官，终以能事

---

① 《韩非子·难一》，见陈奇猷《韩非子集释》，上海人民出版社1974年版，第814页。
② 《管子·小匡》，《国语·齐语》也有类似的记载。

见称，是齐桓公的人才团队中的重要成员，在成就齐桓公霸业中起了重要作用。在齐桓公看来，人无完人，不能因小恶而掩其大美，否则，人才就会流失。

第三，齐桓公对人才不仅能做到"不以小恶掩大美"，而且能做到真正的"礼贤下士"。《韩非子·难一》记载，齐国有个处士名叫小臣稷，他的名声传到齐桓公耳中，于是齐桓公亲自登门拜访。谁知一连去了三次都被小臣稷拒之门外，随从们早已不耐烦了，桓公却说，纵使贤士傲慢君主，但我无权傲视齐国的霸主地位。直到第五次拜访才得以相见。齐桓公五求小臣稷，可见其求贤之切，其心之诚，远胜过刘备拜访诸葛亮的"三顾茅庐"，而且齐桓公不以君主高高在上之地位傲视他人，而是以国家利益为重，这种远见和胸襟是齐桓公能成就霸业的内在因素。

第四，齐桓公能做到知人善任，用人不疑。齐桓公重用管仲之后，对管仲的意见可以说是言听计从，不打折扣的。管仲为相之后，给齐桓公推荐了一系列人才，齐桓公都予以重用。有能宽惠柔民，治国家不失其柄，忠信可结于百姓，制礼义可法于四方，介胄执枹立于军门，使百姓皆加勇的管仲；有刚愎而上悍的鲍叔牙；有升降揖让，进退闲习，辨辞之刚柔的隰朋；有垦草入邑，辟土聚粟多众，尽地之利的宁戚；有平原广牧，车不结辙，士不旋踵，鼓之而三军之士视死如归的王子成父；有决狱折中，不杀无辜，不诬无罪的宾胥无；有犯君颜色，进谏必忠，不辟死亡，不挠富贵的东郭牙；等等。于是隰朋为大行，宁戚为大司田，王子成父为大司马，宾胥无为大司理，东郭牙为大谏。这样在齐桓公周围就形成了以管仲为首，鲍叔牙、王子成父、宾胥无、宁戚、隰朋为核心的一个杰出人才团队。这些人才对振兴齐国、协助齐桓公成就霸业起了重要的作用。《国语·齐语》记载："（齐桓公）唯能用管夷吾、宁戚、隰朋、宾胥无、鲍叔牙之属而霸功立。"① 《管子·小匡》记载："桓公能假其群臣之谋，以益其智也。其相曰夷吾，大夫曰宁戚、隰朋、宾胥无、鲍叔牙。用此五子者何功？度义光德，继法绍终，以遗后嗣，贻孝昭穆，大霸天下，名声广裕，不可掩也。则唯有明君在上，察相在下也。"桓公依靠管仲以及"五官"之谋"大霸天下"，建立了不可磨灭的不朽功业，其原因正是上有明君，下有察相，能够知人善任，用人不疑。

第五，对于其他人才的任用，齐桓公也能做到人尽其才。根据《管子·小匡》记载，齐国要委派使者结交诸侯，管仲向齐桓公推荐说："公子举为人博闻而知礼，好学而辞逊，请使游于鲁，以结交焉。卫公子开方为人巧转而兑

---

① 徐元诰撰，王树民、沈长云点校：《国语集解》，中华书局2002年版，第241页。

利，请使游于卫，以结交焉。曹孙宿其为人也小廉而苛忕，足恭而辞结，正荆之则也，请使往游，以结交焉。"公子举等三人的性格特点分别近于鲁人、卫人、楚人，于是分别让他们出使鲁国、卫国和楚国，以便于结交诸侯。对于管仲的推荐，齐桓公完全赞成并分别予以任命。这说明齐桓公能够因事而择人，即根据事情的需要选择那些最合适的人选去完成，因此可以做到人尽其才，人尽其用，发挥各自的特点和优势，顺利完成使命。

第六，齐桓公在人才使用方面能够做到择善而从，从谏如流。如前所述，齐桓公的个性特点是"惕而有大虑"，即急性子，但富有智慧和谋略。他和一般君主也有相似之处，刚愎自用，急于求成。在桓公即位后的最初几年中，他急功近利，刚愎自用，对管仲的劝谏根本听不进去。根据《管子·大匡》的记载，在桓公四年之前，管仲实际上并没有发挥什么作用。齐桓公急于求成，多次讨伐邻国，都以失败而告终。特别是他不听管仲的劝阻公然发动了侵略鲁国的长勺之战。鲁庄公以曹刿为军师，因势利导，一举打败齐国，迫使齐桓公归还汶阳之田。危难之际齐桓公听取了管仲的意见，和鲁国订立了盟约，从而在诸侯中树立了诚信和威望。之后宋人伐杞，齐桓公欲救杞，管仲劝阻。为此齐桓公又问鲍叔牙，鲍叔牙曰"行夷吾之言"，这样齐桓公才听取了管仲的意见。经过无数次的失败与碰壁之后，齐桓公逐渐冷静下来，尤其是经过曹刿劫盟之后，他不但受到羞辱，而且差点送了性命，这才"归而修于政，不修于兵革，自圉，辟人，以过，弭师"（《管子·大匡》）。开始进行内政改革，也从此对管仲的建议由"不听"，到逐渐采纳，君臣之间也逐渐达到彼此信任，相互支持。《吕氏春秋·审分览·任数》篇记载："有司请事于桓公，桓公曰：'以告仲父。'有司又请，公曰：'告仲父。'若是三。习者曰：'一则仲父，二则仲父，易哉为君！'桓公曰：'吾未得仲父则难，已得仲父之后，曷为其不易也？'"①

有一次齐桓公正在读书，有一个木匠见后问他读什么书，齐桓公回答是圣人之书。这个木匠却说他所读的是糟粕。齐桓公听后十分生气，但听木匠的解释后却感到木匠说得很有道理，不但不怪罪木匠，反而以之为师。

据《韩非子·外储说右下》记载，有一次桓公微服私访，察看民情。他看到有一位老人孤苦无依，询问其缘故。老人回答说他有三个儿子，但家中太贫穷没有办法娶妻，都在外面替人做活。齐桓公回宫后将此事告知管仲。管仲说上有积财就会下有贫民；宫中有怨女就会贫民无妻。齐桓公听取了管仲的劝

---

① 《吕氏春秋·审分览·任数》，见陈奇猷《吕氏春秋新校释》，上海古籍出版社 2002 年版，第 1076 页。

谏，下令让宫女出宫嫁人。又据《韩非子·外储说左上》记载，齐桓公喜欢穿紫色衣服，致使齐国上下都穿紫色衣服。当时紫色丝绸的价格远远超过其他颜色，是白色丝绸的五倍。齐桓公为此非常忧虑，他对管仲说寡人好穿紫衣，而紫色又太贵，现在一国百姓都爱穿紫衣，寡人怎么办呢？管仲说要想改变这种现状，您为什么不带头改穿其他颜色的衣服呢？如果遇上穿紫衣的人便远远躲开他，就说讨厌紫衣的气味。桓公听取了管仲的劝谏，当天大臣们便不穿紫衣了，第二天国都的百姓就不穿紫衣了，不出三天整个齐国境内就没人穿紫衣了。

《管子·中匡》记载，齐桓公要请管仲宴饮："管仲至，公执爵，夫人执尊，觞三行，管仲趋出。公怒曰：'寡人斋戒十日，而饮仲父，寡人自以为修矣。仲父不告寡人而出，其故何也？'鲍叔、隰朋趋而出，及管仲于途曰：'公怒。'管仲反，入，倍屏而立，公不与言。少进中庭，公不与言。少进傅堂，公曰：'寡人斋戒十日而饮仲父，自以为脱于罪矣。仲父不告寡人而出，未知其故也。'对曰：'臣闻之，沉于乐者洽于忧，厚于味者薄于行，慢于朝者缓于政，害于国家者危于社稷，臣是以敢出也。'公遽下堂曰：'寡人非敢自为修也。仲父年长，虽寡人亦衰矣，吾愿一朝安仲父也。'对曰：'臣闻壮者无怠，老者无偷，顺天之道，必以善终者也。三王失之也，非一朝之萃。君奈何其偷乎？'管仲走出，君以宾客之礼再拜送之。"由此可见，齐桓公对于劝谏能够言听计从，从善如流。

齐桓公知人善任、礼贤下士、从善如流，在他身边集中了一大批各种各样的比较稳固的人才队伍和领导集体。这些人才对于振兴齐国、为齐桓公创立王霸之业奠定了坚实的人才基础。

三、从齐桓公晚年的不幸遭遇看人才的作用

管仲于桓公四十一年（前645）去世。在管仲病重之时齐桓公曾多次前往探视，并就管仲身后的相国人选问题进行过深入的探讨。对此《管子》《韩非子》《吕氏春秋》《史记》《说苑》等典籍都有记载。《韩非子·十过》说："昔者齐桓公九合诸侯，一匡天下，为五伯长，管仲佐之。管仲老不能用事，休居于家，桓公从而问之曰：'仲父家居有病，即不幸而不起，政安迁之？'管仲曰：'臣老矣，不可问也。虽然，臣闻之，知臣莫若君，知子莫若父。君其试以心决之。'君曰：'鲍叔牙何如？'管仲曰：'不可。鲍叔牙为人刚愎而上悍，刚则犯民以暴，愎则不得民心，悍则下不为用，其心不惧，非霸者之佐也。'公曰：'然则竖刁何如？'管仲曰：'不可。夫人之情，莫不爱其身。公妒而好内，竖刁自獖以为治内，其身不爱，又安能爱君？'曰：'然则卫公子

开方何如？'管仲曰：'不可。齐卫之间，不过十日之行，开方为事君，欲适君之故，十五年不归见其父母，此非人情也。其父母之不亲也，又能亲君乎？'公曰：'然则易牙何如？'管仲曰：'不可。夫易牙为君主味，君之所未尝食，唯人肉耳。易牙蒸其子首而进之，君所知也。人之情莫不爱其子，今蒸其子以为膳于君，其子弗爱，又安能爱君乎？'公曰：'然则孰可？'管仲曰：'隰朋可。'……"①

易牙、竖刁、卫公子开方是齐桓公晚年身边的三个近臣。易牙为了讨齐桓公的欢心，极其残忍地杀死了亲生儿子，烹后献给桓公品尝。齐桓公非常感动，认为"易牙烹其子，以适寡人之口，是爱寡人胜于爱子，尚可疑耶？"但是，管仲认为易牙不可信任。因为这样做违背常情，人情莫爱于子，其子且忍之，对君王如何就不言而喻了。

竖刁为了取得齐桓公重用，甘心情愿地阉割自身进宫侍奉桓公，且事事遂齐桓公心愿。齐桓公认为竖刁对自己忠心耿耿，可以重用。可是，管仲却认为像竖刁这样的人根本不能重用。

卫公子开方舍弃了在卫国当公子、继承君主之位的机会，来到齐桓公身边侍奉，十五年未曾回国探望父母。尽管齐、卫相距并不遥远，但为了讨好齐桓公，就连父母去世他都没有回去送葬。齐桓公以为卫公子开方爱自己胜过了爱其父母，自然可以信赖，可以委以重任。然而，管仲却认为"人情莫亲于父母，其父母且忍之，又有何于君？且千乘之封，人之大欲也。弃千乘而就君，其所望有过千乘者矣。"并进一步断言："君必去之勿近，近必乱国！"

齐桓公对于易牙、竖刁、卫公子开方三人是信赖的、有感情的，他将此三人视为不可多得的忠臣，甚至想让他们来接替管仲为相。但管仲告诉桓公此三人坚决不能重用，而且必须把他们清除。齐桓公感到管仲过于敏感，难免有偏颇，他对管仲之言将信将疑。于是，齐桓公就问管仲为何过去没有讲此三人的问题呢？管仲认为，齐桓公平时离不开这三人，而这三个人又一切以齐桓公的意愿而行事，体贴入微，只要他们不干预国家大事，不参与齐桓公决策，就会相安无事。因此才没有向桓公提出远离这三位佞人的建议。现在情况不同了，自己将不久于人世，故而严肃地回答齐桓公："臣之不言，将以适君之意也。譬之于水，臣为之堤防焉，勿令泛滥。今堤防去矣，将有横流之患，君必远去。"

管仲去世后，齐桓公按照管仲临终的遗言撤销了竖刁、易牙、卫公子开方

---

① 《韩非子·十过》，见〔清〕王先谦《韩非子集解》，香港中华书局1978年《诸子集成》本，第51—52页。

三人的职务。但不久即因身边缺少这三人而食不甘味，宫内不治，上朝懒散，心中极为不畅。在管仲去世后的第二年，齐桓公又重新召回此三人，并委以重任，三人遂专齐国之政。

齐桓公有十余子，这十几位公子中除了立公子昭为太子外，无诡等五公子都在谋求君位。其中，无诡结交竖刁，竖刁为之献厚礼给桓公，因此无诡也得到桓公的宠爱，齐桓公口头答应日后立其为齐君。第二年，也就是桓公四十三年（前643），齐桓公病重，五公子各树党羽，展开了王位争夺战。借混乱之机，竖刁、易牙、卫公子开方等人联合作乱。他们建筑高墙，堵塞宫门，把重病中的齐桓公禁闭在寿宫之中，任何人不得随意出入。他们在外则假传齐桓公命令，以号令群臣。可怜齐桓公在病榻之上又饥又渴，却不见一个人影。

有一天一个宫女偷偷来到寿宫，齐桓公对宫女说："吾欲食。"宫女曰："吾无所得！"齐桓公又说："吾欲饮。"宫女又说："吾无所得！"齐桓公问其中缘故，宫女告诉他是竖刁等人作乱，围堵了宫门，任何人不能进来。齐桓公听后，老泪纵横，喟然长叹曰："嗟乎！圣人之所见，岂不远哉？若死者有知，我将何面目以见仲父乎！"一代雄才大略的明主就这样孤独、悲惨地死了。齐桓公去世后，五公子为争夺君位，各率其党羽互相攻打。竖刁、易牙靠桓公内宠，杀死与他们相对抗的官员，立无诡为齐君。太子昭奔宋。在这期间，宫中无主，齐桓公尸体一直停放了六十七天无人过问，蛆虫一直爬到了门外，直到无诡被立为齐君后才得以收殓。

齐桓公一生功绩显赫，威震四方，没想到结局却如此悲惨。一代霸主竟困于宠臣；一生奢华竟身死不葬。这不禁使人掩卷而思，慨叹不已！《说苑·尊贤》总结其中的经验教训说："或曰：将谓桓公仁矣乎？杀兄而立，非仁义也。将谓桓公恭俭乎？与妇同舆，驰于邑中，非恭俭也。将谓桓公清洁乎？闺门之内无可嫁者，非清洁也。此三者亡国失君之行也，然而桓公兼而有之。以得管仲、隰朋，九合诸侯，一匡天下，毕朝周室，为五霸长，以其得贤佐也。失管仲、隰朋，任竖刁、易牙，身死不葬，虫流出户。一人之身，荣辱俱施者，何者？其所任异也。由此观之，则士佐急矣。"①《韩非子·十过》也总结说："故桓公之兵，横行天下，为五伯长。卒见弑于其臣，而灭高名，为天下笑者，何也？不用管仲之过也。"②《管子·小称》也说："桓公所以身死十一日，虫出户而不收者，以不终用贤也。"由此可见，齐桓公的成功在于人才，

---

① 〔汉〕刘向撰，向宗鲁校正：《说苑校正》，中华书局1987年版，第182－183页。
② 《韩非子·十过》，见〔清〕王先谦《韩非子集解》，香港中华书局1978年《诸子集成》本，第52页。

失败则在于用人不当。由此可见，人才的作用可见一斑，难怪乎《管子》曰："一国之存亡在其主。"

第二节　中央之人的选择

春秋时期随着政治体制的变革，各国在用人方面也发生了一系列的变化。随着宗法等级制度的逐渐解体，各诸侯国在争霸斗争中，都程度不同地在用人方面进行了一系列的改革，由世卿世禄制、世族世官制逐渐地向中央集权制过渡。这样，随着中央权力机构的系统分工和不断完善，各诸侯国不断地强化各种人才的选人和配置，在用人指导思想上提出了"中央之人"的用人观念。

一、何谓"中央之人"

在中国历史上，最早重视"中央之人"的是齐桓公。《管子·君臣下》记载："为人上者，制群臣百姓，通中央之人。是以中央之人，臣主之参。制令之布于民也，必由中央之人。中央之人，以缓为急，急可以取威；以急为缓，缓可以惠民。威惠迁于下，则为人上者危矣。贤不肖之知于上，必由中央之人。财力之贡于上，必由中央之人。能易贤不肖而可威党于下，有能以民之财力上咳其主，而可以为劳于下。兼上下以环其私，爵制而不可加，则为人上者危矣。先其君以善者，侵其赏而夺之实者也；先其君以恶者，侵其刑而夺之威者也；讹言于外者，胁其君者也；郁令而不出者，幽其君者也。四者一作，而上下不知也，则国之危，可坐而待也。"这段话的意思是说，做君主的统治群臣百姓是通过左右的近臣来进行的，近臣是君主和大臣之间沟通的桥梁。君主要制定法令向百姓颁布，一定会通过近臣。近臣将缓办的命令改为急办就可以对百姓取得权威；将急办的命令改为缓办就可以对百姓显示恩惠。如果君主的权威和恩泽都转移到了近臣手中，这样的话做君主的就危险了。君主要了解臣下的贤能或不肖一定会通过近臣；地方的财赋、民力要贡献给君主也一定会通过近臣。近臣能够颠倒臣下的贤能或不肖，从而与下面结为私党；又能用百姓的财力诱惑君主，从而为自己邀功。这样在上下之间谋取私利，爵禄的限制对于近臣不起作用，这样，做君主的就危险了。比君主先施行奖赏，是侵夺君主的赏赐权和恩惠；比君主先实行惩罚，是侵夺君主的刑罚之权和权威；在外面制造谣言是威胁君主；扣压命令不颁布是禁闭君主。如果这四种情况同时发生而君主竟然不知不觉，那么国家的危亡马上就会到来。

由此可以看出，《管子》认为，"中央之人"是大政方针的决策者，掌握着制定政策和实施法令的实际权力，而且施政的轻重缓急亦取决于"中央之人"。反之，若此权利不出于中央，那么君权必然会发生动摇和削弱。此外，"中央之人"又控制着人事权和财权，如果掌控人事和财政大权的"中央之人"用人不当，那么必将出现用人失控、财政失控、吏治败坏、朋党宗派风气盛行的严重后果。综上所述，对于"中央之人"的任用是国家用人的关键所在。

同时，《管子》还认为，"中央之人"最关键的就是相国的人选问题，这关乎全局。《管子·版法解》说："凡人君之所尊安者，贤佐也。佐贤则君尊、国安、民治，无佐则君卑、国危、民乱。故曰：'备长在乎任贤。'"相国为君主的辅佐，在群臣中处于领袖地位，总揽全局。因此，相国的人选是关乎全局以及国家安危的大事。君主本人未必处处、时时高明，有关国家根本利益、长期目标、战略决策等全局的战略性问题，都需要在相国的辅佐下制定与完成。《管子·形势解》说："明主与圣人谋，故其谋得；与之举事，故其事成。乱主与不肖者谋，故其事失；与之举事，故其事败。夫计失而事败，此与不可之罪。故曰：'毋与不可'。"圣明的君主并不在于自己有多么高的智慧与能力，而在于他会利用群臣的智慧与能力，善于驾驭群臣，发挥群臣的聪明才智。尤其是像相国这样重要的职位，用人是否得当关乎国家安危与事业成败。因此，对于相国的人选，君主务必严格把关。正因为有这样的认识，所以《管子·形势解》说："明主不用其智，而任圣人之智"，"明主之治天下也，必用圣人而后天下治"，"治天下而不用圣人，则天下乖乱而民不亲也"。

二、齐桓公的"中央之人"团队

从《管子》的记述与齐国的政治实践来看，齐桓公霸业得成的关键就在于重用管仲等一大批有杰出才能的所谓"中央之人"。

（一）"中央之人"的核心——管仲

管仲无疑是齐桓公朝中"中央之人"的核心和领军人物。对于管仲的才华与能力，鲍叔推荐说："臣之所不如管夷吾者五：宽惠爱民，臣不如也；治国不失秉，臣不如也；忠信可结于诸侯，臣不如也；制礼义可法于四方，臣不如也；介胄执枹立于军门，使百姓皆加勇，臣不如也。夫管仲，民之父母也，将欲治其子，不可弃其父母。"（《管子·小匡》）"君且欲霸王，非管夷吾不可。夷吾所居国国重，不可失也。"[①] 而管仲对自己的才能也极为自负，他曾经对齐桓公说："君免臣于死，臣之幸也。然臣不死纠也，为欲定社稷也。"可见，他认为，只有自己才能使齐桓公建立王霸之业。齐桓公曾说："吾得仲

---

① 〔汉〕司马迁：《史记》，中华书局1982年版，第1486页。

父已难矣,得仲父之后,何为不易乎哉?"① 齐桓公之所以不记一箭之仇将管仲由囚徒任为丞相,委以国政,言听计从,就在于对管仲才能的充分信任。为了能让管仲不受歧视以及更好地发挥作用,齐桓公给予管仲三归之富、上卿之贵、仲父之尊,以树立管仲的权威,为管仲充分施展治国才能提供了最为优越、最为有利的空间和各种条件。而管仲亦不计个人荣辱,以国家利益为重,专心辅佐齐桓公,为齐国的富强贡献了自己的全部聪明才智,在齐桓公称霸过程中发挥了不可替代的作用。

(二) 以管仲为核心的人才群体和团队的作用

管仲为相,统领百官,能够用人所长,从而形成了一个以管仲为核心的、团结协作、高效有力的政治集团。他们共同辅佐齐桓公,为振兴齐国、成就霸业,发挥了举足轻重的作用。《国语·齐语》载,齐桓公"唯能用管夷吾、宁戚、隰朋、宾胥无、鲍叔牙之属而伯功立"②。

鲍叔牙,姒姓,鲍敬叔之子,是齐桓公身边的主要谋士。他在齐桓公还是公子时就辅佐他,在管仲相齐的过程中起了决定性的作用。如果说没有管仲就没有齐桓公的霸业,那么同样可以说,没有鲍叔牙就没有管仲的赫赫功业。

襄公之乱前,鲍叔牙辅佐公子小白投奔莒国,后来又辅佐小白与公子纠争夺王位并取得成功。可以说,他在齐桓公成功继承王位上功不可没。鲍叔牙和管仲又是莫逆之交,关系极为深厚。管仲"少时常与鲍叔游,鲍叔知其贤。管仲贫困,常欺鲍叔,鲍叔终善遇之,不以为言"③。管、鲍二人年轻时长期相处,合伙经商,在经历种种艰难困苦后成为患难之交。管仲曾感慨道:"生我者父母,知我者鲍子也。"④ 此外,从政治上来看,早在齐僖公之时,管仲、鲍叔牙和召忽就成为政治上一个小集团,⑤ 召忽曾说:"吾三人(召忽、鲍叔牙、管仲)之于齐国也,譬之犹鼎之有足也,去一焉则必不立矣。"(《管子·大匡》)起初,鲍叔牙认为公子小白难以成大事,当齐僖公任命他辅佐小白时他坚辞不受。经过管仲的极力相劝,他才答应。于是,管、鲍二人约定,无论将来公子纠与公子小白谁来继承王位,都互相援引,共同治理齐国。齐桓公即位后,打算任用鲍叔为相国,他坚辞不受,极力推荐管仲主持国政,并说服齐桓公任命管仲为相国。

---

① 《韩非子·难二》,见〔清〕王先谦《韩非子集解》,香港中华书局1978年《诸子集成》本,第277页。
② 徐元诰撰,王树民、沈长云点校:《国语集解》,中华书局2002年版,第241页。
③ 〔汉〕司马迁:《史记》,中华书局1982年版,第2131页。
④ 〔汉〕司马迁:《史记》,中华书局1982年版,第2132页。
⑤ 池万兴:《管子研究》,高等教育出版社2004年版,第30页。

管仲相齐后与鲍叔牙密切配合，共同辅佐齐桓公。据《管子·大匡》记载，齐桓公即位之初急欲对外用兵，对内以勇授禄。管仲力谏不听，齐国内乱不已。鲍叔对此十分忧虑，极力劝谏齐桓公"必用夷吾之言"。当齐桓公对管仲之言将信将疑、犹豫不决之时，鲍叔牙总是说"听夷吾之言"，"用夷吾之策"。由此可以看出，在齐桓公尚未对管仲完全信任与了解之时，鲍叔牙对于管仲起了极大的扶持作用。后来即使管仲专政，鲍叔牙也时时暗中支持管仲。管仲为取信于天下诸侯，先后封杞、封邢、封卫。隰朋、宾胥无等大臣由于不理解管仲的"以予为取"的策略纷纷向齐桓公谏曰："不可。三国所以亡者，绝以小。今君薪封亡国，国尽若何？"（《管子·大匡》）也就是说，杞、邢、卫三国灭亡是由于国土狭小无抵御能力，若分割国土以存亡继绝，齐国国力将会受到削弱。当时齐桓公犹豫不决，鲍叔牙则果断地说："君行夷吾之言。"可见，鲍叔牙始终对管仲的政策与策略予以坚决的支持。

鲍叔牙性格刚直，疾恶如仇，敢于犯颜直谏。管仲曾说鲍叔牙是"犯君颜色，进谏必忠，不辟死亡，不挠富贵"（《管子》《吕氏春秋·审分览》）。正因为鲍叔牙有这样的品格，所以他被任命为大司谏（大谏之官）。对此《吕氏春秋·贵直论·直谏》载："齐桓公、管仲、鲍叔、宁戚相与饮酒，酣，桓公问鲍叔牙曰：'何不起为寿？'鲍叔牙奉杯而进曰：'使公毋忘出奔在于莒也，使管仲毋忘束缚而在于鲁也，使宁戚毋忘其饭牛而居于车下。"[①] 由此可见，无论对君主还是同僚，鲍叔牙都能做到直言相谏，毫无隐瞒。这充分显示了他刚直不阿的品格。

隰朋出身于齐国贵族。《国语·齐语》韦昭注："隰朋，齐庄公之曾孙、戴仲之子成子也。"[②] 隰朋在公子小白即位之前就与鲍叔牙一起辅佐公子小白。据《史记·楚世家》记载，晋国的叔向在分析当年齐桓公流亡在外而最终即位的原因时说："齐桓，卫姬之子也，有宠于釐公，有鲍叔牙、宾胥无、隰朋以为辅，有莒、卫以为外主，有高、国以为内主，从善如流，施惠不倦，有国，不亦宜乎？"[③] 由此可见，隰朋曾与鲍叔牙、宾胥无共同辅佐公子小白，并跟随公子小白一起流亡。隰朋与齐桓公、鲍叔牙等人长期同属于一个政治小集团，曾同甘共苦、共患难多年，有着非同一般的密切关系。

齐桓公即位之后，隰朋与管仲等人一起成为齐桓公的得力助手。隰朋长于辞令和外交礼仪，管仲极力推荐隰朋任"大行"（外交官）。管仲说："升降揖

---

① 《吕氏春秋·贵直论·直谏》，见陈奇猷《吕氏春秋新校释》，上海古籍出版社 2002 年版，第 1555 页。

② 徐元诰撰，王树民、沈长云点校：《国语集解》，中华书局 2002 年版，第 241 页。

③ 〔汉〕司马迁：《史记》，中华书局 1982 年版，第 1710 页。

让，进退闲习，辨辞之刚柔，臣不如隰朋"（《管子·小匡》）。管仲对隰朋的外交才能极为赏识，于是齐桓公接受管仲的建议，任命隰朋为"大行"，主持齐国的外交事务。作为外交官，隰朋常跟随在齐桓公左右，代替齐桓公应对外交辞令。《晏子春秋·内篇·问上》记载晏婴对齐景公说："昔吾先君身体惰懈，辞令不给，则隰朋昵侍。"① 由此可见，隰朋深得齐桓公的信任，为齐桓公身边的重要谋臣。

隰朋作为杰出的外交人才在齐桓公称霸过程中充当了重要的角色，在外交方面做出了突出的贡献，为齐桓公争霸诸侯起了重要作用。桓公三十五年（前651），晋国出现弑君之乱。这年冬天，隰朋奉命率师与秦国一道立晋惠公，帮助平定了晋国之乱。第二年四月又协助周王室为晋惠公举行了赐命之礼。这期间隰朋作为霸主齐桓公的代表，先与秦国一道立晋惠公，后与周王室的代表周公忌父、王子党一道举行赐命之礼，历时数月，对稳定晋国局势发挥了重要作用，凸显了齐桓公作为霸主对于稳定社会秩序的职责和不可动摇的权威。桓公三十八年（前648），管仲奉命平戎于周，隰朋奉命平戎于晋，为晋国解除了戎狄之患，进一步巩固了齐国的霸主地位。

在齐桓公"中央之人"的人才团队中，隰朋的地位和作用仅次于管仲。《史记·齐太公世家》说："桓公既得管仲，与鲍叔、隰朋、高傒修齐国政，连五家之兵，设轻重鱼盐之利，以赡贫穷，禄贤能，齐人皆说。"② 可见，隰朋是桓管集团中的重要成员，具有举足轻重的作用。尤其是在思想见解上，他的贡献更大一些。也就是说，他是比较有思想、有见解的主要谋士。《新序·杂事》在列举"圣人之所学"时说："齐桓公学管夷吾、隰朋。"③ 《韩诗外传》卷七记载晋文公的话也说："昔者齐桓公得管仲、隰朋，南面而立。桓公曰：'吾得二子也，吾目加明，吾耳加聪，不敢独擅，进之先祖。'此闻至道而恐不能行者也。"④ 隰朋对于齐桓公的霸业献计献策、鞠躬尽瘁，做出了重要贡献，也赢得了齐桓公的充分信任与尊重。

宁戚也是桓管集团中的重要一员。他是卫国人，在齐桓公即位之初来到齐国。据《吕氏春秋·离俗览·举难》记载："宁戚欲干齐桓公，穷困无以自进，于是为商旅将任车以至齐，暮宿于郭门之外。桓公郊迎客，夜开门，辟任车，爝火甚盛，从者甚众。宁戚饭牛居车下，望桓公而悲，击牛角疾歌。桓公闻之，抚其仆之手曰：'异哉！之歌者非常人也。'命后车载之。桓公反，至，

---

① 吴则虞编：《晏子春秋》，中华书局1962年版，第183页。
② 〔汉〕司马迁：《史记》，中华书局1959年版，第1487页。
③ 〔汉〕刘向撰，石光英校释：《新序校释》，中华书局2001年版，第656页。
④ 〔汉〕韩婴撰，许维遹校释：《韩诗外传集释》，中华书局1980年版，第255页。

从者以请。桓公赐之衣冠，将见之。宁戚见，说桓公以治境内。明日复见，说桓公以为天下。桓公大说，将任之。群臣争之曰：'客，卫人也。卫之去齐不远，君不若使人问之。而固贤者也，用之未晚也。'桓公曰：'不然。问之，患其有小恶。以人之小恶，亡人之大美，此人主之所以失天下之士也已。'凡听必有以矣，今听而不复问，合其所以也。且人固难全，权而用其长者，当举也。桓公得之矣。"① 由此可见，齐桓公是偶然之中得到宁戚的。他对于宁戚也是信任的，放心大胆任用的。

宁戚擅长管理农业生产。《管子·小匡》记载，管仲向齐桓公推荐五官时说："垦草入邑，辟土聚粟多众，尽地之力，臣不如宁戚，请立为大司田。"由此，宁戚在管仲的推荐下担任大司田职务，为发展齐国农业生产做出了突出的贡献。可见，他也是桓管集团中的重要成员之一。

宾胥无早在公子小白时代就是他的重要谋臣与辅佐。管仲为相之后，宾胥无被任命为大司理。管仲曾说："决狱折中，不杀不辜，不诬无罪，臣不如宾胥无"（《管子·小匡》）。宾胥无善于审狱断案，明辨是非，宽厚仁慈，不滥杀无辜，不冤屈无罪，所以管仲推荐并任命他为大司理。据《管子·小问》记载，齐桓公称霸后想进一步成就王业，他就此询问管仲该如何做。管仲不正面回答而是让他去问鲍叔牙。齐桓公问鲍叔牙，鲍叔牙也不答，而是让他去询问宾胥无。宾胥无对齐桓公说："古之王者，其君丰，其臣杀。今君之臣丰。"也就是说，古代成就王业的人，其君主德高望重，其臣德望很低，而齐桓公却正好相反。在管仲和鲍叔牙都不愿意直言的情况下，只有宾胥无直截了当地指出了桓公难以称王的原因，这正反映了宾胥无知无不言、言无不尽、坦荡敢言、直言不讳的性格特点。

宾胥无作为桓管集团中的重要成员，为齐桓公的霸业建立了不朽的功勋，也赢得了齐桓公的尊重和信任。《国语·齐语》记载，齐桓公"唯能用管夷吾、宁戚、隰朋、宾胥无、鲍叔牙之属而伯功立"。《说苑·尊贤》也记载："春秋之时，天子微弱，诸侯力政，皆叛不朝；众暴寡，强劫弱；南夷与北狄交侵，中国之不绝若线。桓公于是用管仲、鲍叔、隰朋、宾胥无、宁戚，三存亡国，一继绝世，救中国，攘戎狄，卒胁荆蛮，以尊周室，霸诸侯。"②

王子成父也是桓管集团中的重要成员和"中央之人"之一。王子成父又名王子成甫，是王室后裔，属于贵族。管仲为相之后推荐他为大司马。管仲对

---

① 《吕氏春秋·离俗览·举难》，见陈奇猷《吕氏春秋新校释》，上海古籍出版社2002年版，第1320页。

② 〔汉〕刘向撰，向宗鲁校正：《说苑校正》，中华书局1987年版，第174－175页。

齐桓公推荐说："平原广牧，车不结辙，士不旋踵，鼓之而三军之士视死如归，臣不如王子成父，请立为大司马"（《管子·小匡》）。于是，齐桓公任命王子成父为齐国的最高军事长官。王子成父在担任大司马期间成功地反击了狄人的入侵。据《左传·文公十一年》记载："鄋瞒伐齐，继而伐鲁，鲁获长狄侨如，杀之。宋武公之世，鄋瞒伐宋，宋获长狄缘斯，晋获侨如之弟焚如。"此外，《左传》又载："齐襄公之二年，鄋瞒伐齐，齐王子成父获其弟荣如。埋其首于周首之北门。卫人获其季弟简如。鄋瞒于是遂亡。"①《史记》的《齐太公世家》《鲁周公世家》都记载了这件事情。只不过《史记》所载的时间与《左传》不合。《史记·律书》说："晋用咎犯，而齐用王子，吴用孙武，申明军约，赏罚必信，卒伯诸侯，兼列邦土，虽不及三代之诰誓，然身宠君尊，当世显扬，可不谓荣焉？"② 由此可见，王子成父在齐桓公时代在军事方面对齐国的贡献重大。

在桓管人才集团中还有另外两个重要的成员，这就是国子和高子。这两位都是姜姓，是齐国的公室成员，是贵族。他们是周王朝任命的监国上卿，在诸侯国中具有特殊的地位。他们代表的是周天子，执行周天子的权利。虽然他们代表的是周天子，但在齐桓公即位方面他们起了决定性的作用。据《史记·齐太公世家》记载："小白自少好善大夫高傒。及雍林人杀无知，议立君，高、国先阴召小白于莒。鲁闻无知死，亦发兵送公子纠，而使管仲别将兵遮莒道，射中小白带钩。小白详死，管仲使人驰报鲁。鲁送纠者行益迟，六日至齐，则小白已入，高傒立之，是为桓公。"③ 又载，齐桓公"亦有高、国内应，故得先入立"。可见，在公子小白与公子纠争夺君位的过程中，国子、高子暗中支持与帮助公子小白，为公子小白通风报信，并作为内应。这样公子小白对于国内的情况不仅了如指掌，而且完全掌握对手——公子纠的行动。这就为公子小白抢先回国、获得王位提供了极为有利的条件。

齐桓公即位后，管仲尊重国子、高子的地位与特殊身份，并注重发挥他们的特殊作用。这样，就成功地团结了这两位在齐国具有举足轻重作用的重要成员。《国语·齐语》记载："管子于是制国以为二十一乡"④，其中"士乡十五"。在这十五乡中，桓公率五乡，国子、高子各率五乡，并在十五士乡的基础上组建军队，每五乡组成一军，共建立三军。齐桓公帅中军，高子、国子分别率左、右军。他们不仅是军队的最高行政长官，而且也是士乡的最高行政

---

① 《春秋左传集释》，上海人民出版社1977年版，第477页。
② 〔汉〕司马迁：《史记》，中华书局1982年版，第1241页。
③ 〔汉〕司马迁：《史记》，中华书局1982年版，第1485–1486页。
④ 《国语》，上海古籍出版社1998年版，第229页。

长官。

高子，即高傒，谥敬仲，因为他是齐国世袭上卿所以尊称为"子"。《左传·庄公九年》记载，鲍叔牙向齐桓公推荐管仲时说："管夷吾治于高傒，使相可也。"① 这说明高傒当时已经以善于治国而闻名于世。《左传·庄公二十二年》记载："秋七月丙申，及高傒盟于防。"② 高傒代表齐桓公和鲁庄公会盟，这就说明高傒在齐国具有举足轻重的重要地位。《左传·闵公二年》记载："冬，齐高子来盟。"《公羊传》解释说："庄公死，子般弑，闵公弑，此三君死，旷年无君。设以齐取鲁，曾不兴师，徒以言而已矣。桓公使高子将南阳之甲，立僖公而城鲁。或曰自鹿门至于争门者是也，或曰自争门至于吏门者是也。鲁人至今以为美谈，曰：犹望高子也。"③ 鲁国的庆父之乱接连弑子般、闵公，齐桓公派高子率领驻扎在南阳的军队平定了鲁国内乱。《国语·齐语》记载："鲁有夫人、庆父之乱，二君弑死，国绝无嗣。齐桓公闻之，使高子存之。"韦昭注释曰："高子，齐卿，高傒敬仲也。"④

高傒在齐桓公争霸过程中建立了不朽的功勋，从而赢得齐桓公的充分尊重和后人的崇高评价。《左传·襄公二十九年》说："为高氏之难，故高竖以卢叛。十月庚寅，闾丘婴帅师围卢。高竖曰：'苟使高氏有后，请致邑。'齐人立敬仲之曾孙酀，良敬仲也。"⑤ 鲁襄公二十九年（前544）距齐桓公时已有百年，而百年之后高傒的功业仍然荫庇子孙，可见，他在齐国的影响有多么深远。

总之，尽管高子、国子具有特殊的身份与地位，但由于管仲注意发挥他们的作用，从而得到了他们的大力支持。他们共同构成了一个坚强有力的"中央之人"的领导核心和政治集团，共同为齐桓公的霸业与齐国的繁荣富强做出了重要的贡献，显示了人才群体的巨大作用，为后世树立了良好的典范。

---

① 《春秋左传集释》，上海人民出版社1977年版，第147页。
② 《春秋左传集释》，上海人民出版社1977年版，第292页。
③ 傅棣朴：《春秋三传比义》（上），中国友谊出版公司1984年版，第362页。
④ 《春秋左传集释》，上海人民出版社1977年版，第246页。
⑤ 《春秋左传集释》，上海人民出版社1977年版，第1130页。

第四章 《管子》的人才选拔思想

人才的选拔关系事业的成败，关系国家的兴废存亡，每个有作为的政治家都把人才选拔作为治国理政的头等大事，注重广泛地招纳人才、延揽人才、扩大人才队伍。在先秦诸子中，《管子》将人才选拔提升到人才强国的战略高度来看待。《管子·权修》篇记载："一年之计，莫如树谷；十年之计，莫如树木；终身之计，莫如树人。"《管子·霸言》篇记载："夫争天下者，必先争人。明大数者，得人；审小计者，失人。得天下之众者王，得其半者霸。"《管子·五辅》篇记载："古之圣王，所以取明名广誉，厚功大业，显于天下，不忘于后世，非得人者，未之尝闻。暴王之所以失国家，危社稷，覆宗庙，灭于天下，非失人者，未之尝闻。"选拔人才，首先需要确定正确的人才选拔的标准，分清贤与不肖的界限；其次需要创造人才选拔的条件，使广大人才乐于被选，乐于报效国家；最后还需要一套人才选拔的科学具体的措施。《管子》对于人才选拔的标准、方法、原则都有详细的论述，在人才选拔方面形成了一套完整的规章制度，使人才选拔不仅常态化，而且法制化。这在当时的诸侯国中是最为先进的。

第一节 《管子》的人才选拔标准

人才是第一生产力和第一资源，是民族振兴与国家长治久安的基础，是社会的宝贵财富。那么，什么样的人才算人才，其衡量的标准有哪些？对于这一问题，先秦诸子各有各的看法和观点，总的来看有以下三种观点：一是认为有才能的人就是人才；二是认为有德行的人就是人才；三是认为人才是德才兼备的人物。在齐国实现由奴隶制向封建制转变的社会大变革时期，管仲看到了社会发展变化的必然趋势，意识到凡是不墨守古法，敢于突破成规，顺应时代变化，勇于创新的人都是人才。《管子》人才选拔的标准可以称之为"大人才观"，也就是说，《管子》人才选拔的标准与其他诸子相较是比较宽泛的。

一、有一技之长者都是人才

根据《管子·小匡》和《国语·齐语》的记载，管仲在齐国实行"四民分业定居"，使"士、农、工、商"四民按照职业的不同来划分居住区域。《管子·小匡》说："士农工商四民者，国之石民也，不可使杂处。杂处则其言咙，其事乱。是故圣王之处士必于闲燕，处农必就田野，处工必就官府，处商必就市井。今夫士群萃而州处，闲燕则父与父言义，子与子言孝，其事君者言敬，长者言爱，幼者言弟。旦昔从事于此，以教其子弟。少而习焉，其心安焉，不见异物而迁焉。是故其父兄之教，不肃而成；其子弟之学，不劳而能。夫是故士之子常为士。""士、农、工、商"四民按照职业划分固定的居住区域，使其各从其业，以业定居，从而实现"定民之居，成民之事"。这样就会使相同职业之间长辈言传身教，各种职业的思想、技艺自然而然地传给下一代，职业世代相传，不使变更，从而实现职业的固定化、职业化，有利于各种职业技艺的传承与发展。从事各种不同职业人的子弟，他们子承父业，技艺代代相传，有利于培养各具专长的职业人才，各种职业中的优秀者可入仕为官。这样，齐国将四民中各种职业的长者都看作专门人才，让他们通过言传身教和熏陶渲染培养下一代职业人才。这就扩大了各行各业的人才队伍，不仅有利于各行各业人才的专门化、职业化，而且有利于人才技能的不断提升。

齐国的"四民分业定居"，实际上是对各行各业人才实行职业教育的有效尝试。也就是对于不同的受教育者施行不同的知识教育和培养，向受教育者传授相应的知识与技能。正因为《管子》认识到"士农工商"四民在社会政治经济中各自的重要地位以及他们杂处的社会危害，所以主张四民应分业而居，分业而教。"今夫农群萃而州处，审其四时，权其节用，备其械器，比耒耜枷芟。""今夫工群萃而州处，相良才，审其四时，辨其功苦，权节其用，论比计制断，器尚完利。相语以事，相示以功，相陈以巧，相高以知事。""今夫商群萃而州处，观凶饥，审国变，察其四时而监其乡之货，以知其市之贾。负任担荷，服牛辂马，以周四方。料多少，计贵贱，以其所有，易其所无，买贱鬻贵"（《管子·小匡》）。从以上要求来看，《管子》的职业人才培养主要包括以下五个方面。

（一）军士人才的培养与教育

《管子》四民中的"士"最初指的是军士。齐国对"士"这一类人才的培养教育以伦理道德和军事知识为主，主要是对士兵或者士官进行以"孝悌敬爱"和军事技术方面的专业教育与培养，如"三官五教九章"等方面的教育。军事技能的教育培养自然是十分重要的。在争霸称雄的剧烈兼并时代，所谓大国、强国无疑是指军事上的大国强国。经验丰富的、具有很强战斗力的军队，是保卫国家、争霸称雄的基础。齐国对军事人才的培养与教育主要在于培养训练有素的士兵及将领，使之不但能征善战，驰骋沙场，进退得当，赢得战争的胜利，而且能够保卫国家的安全和人民生命财产，使国家在列国争霸中处于不败地位。

（二）农业技术人才的培养与教育

农业是立国之本、民生之本，是国民经济的命脉与基础。齐国的"四民分业定居"有利于对农业人员进行职业化教育。《管子》认为，百姓要想尽快富裕起来就必须从事自己所熟悉的职业，发挥自己的长处，这样取得成功的机会就会大大增加。反之，见异思迁，好高骛远，学无所长，只能沦为平庸之辈。因此，《管子》高度重视对于农业人员的职业技术教育与培养。《管子·五辅》篇记载："务五谷，则食足；养桑麻，育六畜，则民富。""庶人耕农树艺，则财用足。"《管子·立政》篇记载："君之所务者五：……山泽救于火，草木殖成，国之富也；沟渎遂于隘，障水安其藏，国之富也；桑麻殖于野，五谷宜其地，国之富也；……工事无刻镂，女事无文章，国之富也。"《管子》认为，不仅劳动产品是社会的宝贵财富，是人类生存和建设大国、强国的基石，自然资源也是社会的巨大财富。对此《管子·地数》篇有专门的论述。齐桓公问管仲曰："请问天财所出，地利所在？"管仲对曰："山上有赭者，其下有铁；上有铅者，其下有银。一曰：'上有铅者，其下有鈆银；上有丹砂者，其下有鈆金；上有慈石者，其下有铜金。'此山之见荣者也。苟山之见荣者，谨封而为禁。……此天财地利之所在也。"这就形象地说明了矿藏资源也是社会的巨大财富，而且社会越发展，这种财富资源越具有决定性的意义。

对于社会财富的创造，《管子》认为，土地和劳动力是生产力的基本要素，是获取社会财富的保障。从事农业生产人员只要依据农时季节劳作于土地就会产生社会财富。《管子·小问》篇记载："力地而动于时，则国必富矣。"《管子》意识到土地是最重要的生产资料，是获取社会财富的基础。有了这个基础，通过劳动者的辛勤劳动，财富就会源源不断而来。因此，《管子》重视对农民的职业教育。《管子·水地》篇记载："地者，万物之本原、诸生之根菀也。"《管子·霸言》篇记载："无土而欲富者，忧。"《管子·乘马》篇记载："地者，政事之本也，是故地可以正政也。地不平均和调，则政不可正也。政不正，则事不可理也。"当然，这里所说的"地者政之本"，并不是说作为自然资源的土地本身可以左右政治、具有根本性的决定作用，而是意在阐明合理分配土地、正确使用土地可以使土地最大限度地为国家带来财富，在这层意义上才具有"政之本"的作用。

农业是国民经济的命脉，农业的发展要靠农民的辛勤劳动和科学化生产。因此，对于农民进行职业化教育，使其"群萃而州处"，这样就容易营造职业气氛，便于他们相互之间切磋技艺和交流经验，不断提高农业生产技术水平，提高劳动生产率和产品质量。这些农业人员的后代，由于他们从小耳濡目染生活在这种专业氛围中，自然会增长对农业生产技术知识的认知和掌握，这为他们今后从事农业生产奠定了良好的基础。

（三）对于手工业人才的教育与培养

齐国四民中的"工"指的是手工业者。和其他诸侯国不同，齐国自姜太公建国以来就对手工业者特别重视，齐国的手工业不但历史悠久，而且十分发达，出现了各种各样的手工业，像制陶业、冶铁业、采矿业、纺织业等。手工业的出现与发展不仅为生产和生活带来了极大的方便，为社会的文明与进步做出了巨大的贡献，而且为积累各行各业的手工业知识技能提供了基础，这使得对其中的一部分人进行专门的手工业工艺教育与培训成为可能。通过"四民分业定居"的方式，齐国手工业方面的人才不仅职业化的程度很高，而且在相互影响、相互促进中不断提高手工工艺和产品质量，使这方面的人才更加职业化、专门化。这不仅有利于整个行业技术水平的提高，而且有利于人才的发现与培养，对于促进产业化水平具有重要意义。

（四）商业人才的教育与培养

和其他诸子相比，《管子》虽然重农但并不抑商。齐国在姜太公时代就有重视商业的优良传统。齐国不是内陆国家，它面临大海，具有鱼盐之利。这样优越的海洋文化的环境就决定了齐国具有重视商业往来的传统。加之管仲和鲍叔牙等都曾经具有从商的经历，齐国在大力发展农业的同时，也重视商业的发展。发展商业一方面重视商业活动，另一方面就是要重视对于商业人员的教育与培训，人才是行业发展的基础。从《管子》等文献来看，齐国对于商业人才的教育与培训，主要是使商业人才学会观察年景的凶与饥，了解国内市场行情，掌握本乡货物并具有预知市场价格的本领。同时要求商业人才不但要善于经营，而且必须能够吃苦耐劳，身体力行，奔走以求利，以实现扩大商业流通、繁荣商品经济，达到通货积财、促进社会发展的目的。

（五）齐国对各行各业具有一技之长的人才给予一定的奖励

据《管子·山权数》记载，齐国对各行各业中凡有一技之长的人才都给予一定的奖励。"民之能明于农事者，置之黄金一斤，直食八石。民之能蓄育六畜者，置之黄金一斤，直食八石。民之能树艺者，置之黄金一斤，直食八石。民之能树瓜瓠、荤菜、百果，使蕃育者，置之黄金一斤，直食八石。民之能已民疾病者，置之黄金一斤，直食八石。民之知时：曰'岁且厄'，曰'某谷不登'曰'某谷丰'者，置之黄金一斤，直食八石。民之通于蚕桑，使蚕不疾病者，皆置之黄金一斤，直食八石。谨听其言而藏之官，使师旅之事无所与，此国策之大者也。"由此可知，百姓之中无论是精通农业的，畜牧业的，精通园艺树木的、善种瓜果蔬菜的，还是通晓天时能预知天灾人祸的，或预测某种农作物丰歉的、善于治病的，都要设立黄金一斤的奖赏，值粮八石。官府中的相关人员不但要认真听取他们的讲授，将其记录保存在官府，还要免除他们的兵役，使他们可以充分发挥各自的专长，为农业生产服务。《山权数》篇又说："诗者所以记物也，时者所以记岁也，春秋者所以记成败也，行者道民之利害也，易者所以守凶吉成败也，卜者卜凶吉利害也。民之能此者皆一马之田，一金之衣。此使君不迷妄之数也。六家者，即见：其时，使豫先蚤闲之日受之，故君无失时，无失策，万物兴丰；无失利，远占得失，以为末教；诗，记人无失辞；行，殚道无失义；易，守祸福凶吉不相乱。此谓君棟。"也就是说，凡是具有诗者、时者、春秋者、行者、易者、卜者等六种才能的人，齐国都给予"一马之田，一金之衣"的奖励，使其衣食无忧，更好地发挥自己的专长，以丰富日常社会生活，为国家服务，为社会做贡献。此外，《管子·轻重乙》篇说："请以令为诸侯之商贾立客舍，一乘者有食，三乘者有刍菽，五乘者有伍养。天下之商贾归齐若流水。"可见，齐国不仅给予本国的商业活动与商业人员以奖励，而且对于其他诸侯国中具有特长的商人也要给予一定的奖励，使他们为齐国服务。综上可以看出，齐国统治者对于有一技之长的人才的重视程度。

《管子》"大人才观"的先进理念与推广实施，为齐国培养了一大批来自各行各业、各个领域的优秀人才。这为齐国的发展、称雄天下奠定了雄厚的人才基础。

二、有德者即为人才

在先秦诸子中儒家向来以"重德"而闻名于世。《管子》也重视"德"，所以《管子》具有浓厚的儒家思想。[①] 据统计，"儒家思想中的仁、义、礼、智、信、德等范畴在《管子》中都有丰富的表现：在《管子》中，'仁'出现58次；'义'出现198次；'礼'出现132次；'智'出现85次；'信'出现149次；'德'出现250次。"[②] 由此可见，在《管子》中，"德"出现的频率是非常高的，也表明"德"具有重要的地位。

---

① 参见池万兴《管子研究》，高等教育出版社2004年版，第205－222页。
② 参见池万兴《管子研究》，高等教育出版社2004年版，第205页。

管仲的人才选拔标准特别推崇德行，《管子》认为有德者即是人才，主张从君主到一般人才都要有"德"。《管子·宙合》说："千里之路，不可扶以绳；万家之都，不可平以准。言大人之行不必以先常，义立之谓贤。"这就是说，大人之行没有先例常规，合乎义者即为贤。"义"有七体，这就是《管子·五辅》所说的"孝悌慈惠，以养亲戚；恭敬忠信，以事君上；中正比宜，以行礼节；整齐撙诎，以辟刑僇；纤啬省用，以备饥馑；敦懞纯固，以备祸乱；和协辑睦，以备寇戎。凡此七者，义之体也"。这些内容显然都是在道德方面的要求。《管子·重令》又说："察身能而授官，不诬于上；谨于法令以治，不阿党；竭能尽力而不尚得，犯难离患而不辞死；受禄不过其功，服位不侈其能；不以毋实虚受者，朝之经臣也。"这些主要是在行为方面的要求。从这两项标准来看，前者注重贤臣的主观道德方面，后者侧重于贤臣的主观行为，但二者都偏重于对人才的道德要求。《管子·宙合》又认为，凡大德至于仁爱、见贤肯于让位的人为"德"，而行罚不避亲贵、好本业、务地利而不轻易搜刮民财民力的人为"能"。

春秋战国是所谓的"礼崩乐坏"的时代，但大体而言，对于人才的要求，春秋仍然重礼、重德；而战国重能。加之齐国有重德的传统，因此在春秋桓管时期，《管子》依然把人才的道德品行放在第一位。当然，对于不同层次的人才，在道德品质方面有不同的要求。《管子》要求君主要有良好的道德规范，对人民起表率作用。《管子·五辅》记载："凡人君之所以内失百姓，外失诸侯，兵挫而地削，名卑而国亏，社稷灭覆，身体危殆，非生于淫诡者，未之尝闻也。何以知其然也？曰：淫声诡耳，淫观诡目。耳目之所好诡心。心之所好，伤民。民伤而身不危者，未之尝闻也。"国君身败名裂的根本原因在于其纵情享乐而不顾百姓的死活，要治理好国家，君主首先必须是品德高尚的人，要给人民起表率作用。《管子·牧民》记载："御民之辔，在上之所贵；道民之门，在上之所先；召民之路，在上之所好恶。故君求之则臣得之，君嗜之则臣食之，君好之则臣服之，君恶之则臣匿之。毋蔽汝恶，毋异汝度，贤者将不汝助。"这说明国君的道德品质对人民具有表率作用，君主的好恶对于全国上下具有巨大的引导作用。《管子·七臣七主》记载："一人之治乱在其心，一国之存亡在其主。天下得失，道一人出。主好本则民好垦草莱，主好货则人贾市，主好宫室则工匠巧，主好文采则女工靡。夫楚王好小腰而美人省食，吴王好剑而国士轻死。死与不食者，天下之所共恶也，然而为之者何也？从主之所欲也。"这说明君主是国家的象征，是一国的表率。君主的德行、好恶都对一国具有示范与导向作用，因此君主的德行好坏对于社会风气和国家兴衰产生直接的影响。《管子·君臣下》记载："古者未有君臣上下之别，未有夫妇妃匹之和，兽处群居，以力相征。于是智者诈愚，强者凌弱，老幼孤独不得其所。故智者假众力以禁强虐，而暴人止。为民兴利除害，正民之德，而民师之。"这显然是从国家的起源方面来认识和要求统治者应该是有德有才者，应该是百官和万民的表率。

从《管子》和其他传世文献来看，管仲本人非常重视礼义道德。但站在今天的角度来看，管仲本人的品行并不一定完美。据《左传·僖公七年》记载，在公元前653年的"宁母之会"上，管仲要齐桓公"修礼于诸侯"。他说："臣闻之，招携以礼，怀远以德。德礼不易，无人不怀。"郑国的太子华曾经请求齐桓公帮助他干掉政敌，桓公有允诺之意。管仲知道此事后告诫齐桓公说："君以礼与信属诸侯，而以奸终之，无乃不可乎！子父不奸谓之礼，守命共时谓之信，违此二者，奸莫大焉。"① 在管仲看来，太子华的行为是"奸父之命"，也就是违背了自己父亲的意愿，这是不孝的行为，也是不道德的。据《管子·小匡》记载，在公元前651年的"葵丘之会"上，周天子使宰孔致胙于齐桓公，并且明确表示不要齐桓公行下拜之礼。齐桓公感到这不符合礼仪，于是就请教管仲。管仲回答说："为君不君，为臣不臣"，意思是这样做就违背了周礼的基本原则，而违背了周礼的基本原则就等于破坏了社会赖以维持的基础，祸乱必然由此而生，这是"乱之本也"。僖公十二年，管仲"平戎于王"，周王"以上卿之礼飨管仲"，管仲推辞说："臣，贱有司也。有天子之二守国、高在。若节春秋来承王命，何以礼焉，陪臣敢辞。"② 管仲虽然贵为齐国的"上卿"，是齐桓公的"仲父"，在齐国具有非常特殊的地位，但他认为，这些都是齐桓公赋予的，并不是周天子的赐命，从周王室的角度来看，自己仍然不过是"贱有司"而已。而齐国的国、高二卿则是由周王室任命的上卿，因此管仲拒绝接受上卿之礼。这说明管仲对礼仪道德规范还是坚持的，反映了他还是将礼仪道德视为其做人的基本准则。

管仲认为，对政治方面的杰出人才，也必须要有礼仪道德方面的基本要求。《管子·牧民》强调指出："守国之度，在饰四维。"所谓"四维"就是礼、义、廉、耻这些道德方面的基本要求。他主张"礼不逾节，义不自进，廉不蔽恶，耻不从枉"。管仲认为，"有礼"，人们的行为就不会超越应该遵守的规范；"有义"，人们就会遵礼而行，不会狂妄自大，为所欲为；"有廉"，人们就会知耻而止，不会掩饰自己的过错；"有耻"，人们就会有道德感，不会趋从坏人。因此，"不逾节则上位安，不自进则民无巧诈，不蔽恶则行自

---

① 《春秋左传集释》，上海人民出版社1977年版，第262－263页。
② 《春秋左传集释》，上海人民出版社1977年版，第281页。

全，不从枉则邪事不生"。正因为道德规范具有如此重要的意义，所以管仲把礼、义、廉、耻这些道德规范看作治理国家的基本准则。

《管子》认为，对于各级官员的道德要求必须从小处入手。《管子·权修》篇说："凡牧民者，欲民之有礼也。欲民之有礼，则小礼不可不谨也；小礼不谨于国，而求百姓之行大礼，不可得也。凡牧民者，欲民之有义也。欲民之有义，则小义不可不行；小义不行于国，而求百姓之行大义，不可得也。凡牧民者，欲民之有廉也，欲民之有廉，则小廉不可不修也；小廉不修于国，而求百姓之行大廉，不可得也。凡牧民者，欲民之有耻也。欲民之有耻，则小耻不可不饰也；小耻不饰于国，而求百姓之行大耻，不可得也。""民之谨小礼，行小义，修小廉、饰小耻，禁微邪，治之本也。"由此可见，管仲对于各级官员和各类人才的伦理道德要求还是很高的。他认为，应该把那些"好学""慈孝""聪惠质仁"具有良好道德品质的人才选拔到各级管理岗位上来。因为"仁从中出，义从外作。仁故不以天下为利，义故不以天下为名"（《管子·戒》）。"仁"是指人才的内心道德修养，"义"是强调各级官员的外在行为规范，两者共同的思想基础都是主张不受物欲、名利的干扰，思想和行为都要公正无私，也就是都具有良好的品德修养。各级各类官员不能为了追名逐利而执掌政权，而要以国家社稷利益为重，行仁义之政。各级各类人才都应该是才德兼具的人物，这集中体现了《管子》对于人才的道德品质要求。

三、"中央之人"的标准要求

《管子》并没有专门论述过"相"的条件和要求，但对于"中央之人"却有较为集中的明确论述。《管子·君臣下》记载："制令之布于民也，必由中央之人。中央之人以缓为急，急可以取威；以急为缓，缓可以惠民。威惠迁于下，则为人上者危矣。"正如上章所述，人才之关键在于"中央之人"。因为"中央之人"是国家大政方针和政策法令的制定者，他们掌握着制定政策和实施法令的实际权力，拥有巨大的社会资源。每一项国家法律政令的实施取决于"中央之人"。相反，如果制定政策和实施法令的实际权力不出于中央，那么，君权则必然会发生动摇，君主就会被架空，国家的安全就会受到严重的威胁。当然"中央之人"实际上也掌控着全国的人事大权和财政大权。对于这些掌控实际权力的人才如果任用不当，自然就会出现用人失控、财政失控、吏治败坏、朋党宗派盛行的严重后果，就会动摇国家的基本根基，所以"中央之人"是一切人才选用的重中之重。

除国君外，"中央之人"的最关键人物无疑是"相"的选拔。在管仲任齐国相国之前，齐国的周王命卿有国氏、高氏，他们是周王直接任命的监国上卿，代表周王朝执行权力，地位仅次于国君，并且在特殊情况下具有任免国君、代国君执政的权力。管仲任相之后，实际上齐国的"相"权又居于国氏、高氏之上，在群臣中职位最高，为君主的辅弼，总揽全局。这样，"相"就成为关乎整个国家全局的最为关键的人选。荀子在总结"相"的职责时说："相者，论列百官之长，要百事之听，以饬朝廷臣下百吏之分，度其功劳，论其庆赏，岁终奉其成功一效于君：当则可，不当则废。故君人劳于索之，而休于使之。"① "相"的职责当然是对国家的全方位管理，但其中最重要的一点就是对于各级官员的使用与管理：选择关键部门的最高行政长官；规定朝廷各级官吏的职责；考察百官政绩，将考察结果上报国君，作为官吏废留、升降的凭证。《史记·陈丞相世家》说："宰相者，上佐天子理阴阳，顺四时，下遂万物之宜，外镇抚四夷诸侯，内亲附百姓，使卿大夫各得任其职焉。"② 在人才任用方面，相国对各级官吏的选拔与任用、考核与升降具有决定性的作用。

在齐国，"相"的地位和作用仅次于国君，"相"的选拔标准最高、要求最严，与一般人才的标准要求自然不同。那么什么样的人符合"相"的标准，具有"相"的任职资格呢？尽管《管子》对此并没有专门的论述，但我们从管仲对于那些"中央之人"的分析中可以看出一些端倪。当齐桓公任命鲍叔牙为相时，鲍叔牙自认为不具备"相"的任职条件，并竭力推荐管仲担任相国。鲍叔牙从五个方面说明自己的才华及意志品质不如管仲："宽惠柔民，弗若也；治国家不失其柄，弗若也；忠信可结于百姓，弗若也；制礼义可法于四方，弗若也；执枹鼓立于军门，使百姓皆加勇焉，弗若也。"③ 在鲍叔牙看来，"相"不仅要具备政治、经济、外交和军事方面的杰出才华和能力，还要有坚强的意志品质和仁民惠物的仁爱情怀，能够做到爱民如子。管仲也认为鲍叔牙不具备"相"的条件："鲍叔，君子也，千乘之国，不以其道予之，不受也。虽然，不可以为政。其为人也，好善而恶恶已甚，见一恶终身不忘。""鲍叔之为人好直，而不能以国诎"（《管子·戒》）。在管仲看来，鲍叔牙虽然是个好人，善良、正直，嫉恶如仇，廉洁奉公，但他的个性具有许多弱点，不具备"相"的意志品质。此外，从管仲对于其他朝廷重要大臣的才能、人品的分析中，我们也可以看出，管仲对于"相"的要求是十分严格的。"宾胥无之为人也好善，而不能以国诎；宁戚之为人也能事，而不能以足息；孙在之为人善言，而不能以信默。臣闻之，消息盈虚，与百姓诎信，然后能以国宁勿己者"

---

① 《荀子·王霸》，见〔清〕王先谦《荀子集解》，香港中华书局1978年《诸子集成》本，第146页。
② 〔汉〕司马迁：《史记》，中华书局1982年版，第2061–2062页。
③ 《国语·齐语》，上海古籍出版社1998年版，第221页。

(《管子·戒》)。管仲认为，鲍叔牙为人个性耿直，但不能为国家利益而牺牲自己的好直品性。宾胥无个性善良，也不能为国家利益而牺牲自己的好善品性。宁戚才华横溢，十分能干，但不能做到适可而止。曹孙宿善于言谈，口若悬河，但不能适可而止，及时保持沉默。这些人虽然都具有杰出的才华与能力，但都不能做到为了国家社稷的利益而在一定程度上放弃自己的美德。也就是说，这些杰出人物在某种程度上都有以自己的美德、个性特点而苛求别人的缺陷。国家治理是一个综合体系。从治理国家的角度来看，治国需要各种各样的人才，有些人有德不一定有才，有些人有才却不一定品德高尚。但只要将他们放在合适的岗位，做适当的工作，同样能为社会做出贡献。当然，这些人只能做"相"之外的各级官吏，但无疑他们都不具备"相"的充分和必要条件。

再从反面来看，管仲在临终之前要求齐桓公驱逐易牙、竖刁等五人。这五人都是齐桓公身边近臣、干练之才，都是能人。但他们都有致命的弱点，有污德污行，道德品质不好。他们本身并不具备"相"的任职条件，但因为得到齐桓公的宠爱，管仲担心自己死后齐桓公会任他们为相，所以希望齐桓公驱逐此五人。在管仲看来，只有像隰朋这样的人才方可以担当相的重任。那么，隰朋有哪些个性品质呢？管仲说："朋之为人，好上识而下问。臣闻之，以德予人者为之仁，以财予人者谓之良。以善胜人者，未有能服人者也，以善养人者，未有不服人者也。于国有所不知政，于家有所不知事，必则朋乎！且朋之为人也，居其家不忘公门，居公门不忘其家，事君不二其心，亦不忘其身。举齐国之币，握路家五十室，其人不知也。大仁也哉，其朋乎！""消息盈虚，与百姓诎信，然后能以国宁勿己者，朋其可乎？朋之为人也，动必量力，举必量技"(《管子·戒》)。管仲认为，隰朋不仅具有杰出的道德品质，而且才华横溢，具有驾驭全局的掌控能力，也具有很强的亲和力与感召力。他善于宏观思维、宏观把控，又不失从细微处做起，能屈能伸，收放自由，灵活变通，能够很好地处理国君及各位大臣之间的关系。最难能可贵的是他可以为了国家、百姓的利益，对臣下或者百姓都比较宽容，能够做到宽民爱物，具有仁爱包容之心。既不固守陈规，又能顺应时势，勇于创新，敢于担当，宽容大度，善于开拓，这样的人才才是任"相"的最佳人选。

第二节　《管子》的人才选拔方法

齐国在桓管时代继承了姜太公"举贤尚功"的用人方针和路线，不仅注意广泛选拔各级各类人才，而且使人才选拔制度化、常态化，甚至达到了法制化的国家高度，从而在国家制度层面上保证了人才选拔的科学性、时效性与进步性。对于人才而言，无论是什么样的人才，只要有"贤德"，有"功绩"，都可以被推举。只要是为国建立了功劳就可以被任用，没有国家、地区、种族、地位的限制。这在当时的历史条件下，其用人思想无疑是先进的。

如前所述，西周以前的社会是建立在血缘氏族基础之上的宗族、种族奴隶制。在血缘氏族关系的基础上，统治者为了维护自身的统治与权力制定了一套严格的宗法等级制度与礼乐制度。按照这种宗法等级制度，国家犹如一个庞大的家族，其成员完全以远近亲疏的血缘关系为纽带。周天子是天下共主，犹如家长，其所分封的诸侯国，除了不得不承认的极少数异姓国，如姜太公的齐国，其他都是周王的兄弟之国或者甥舅之国。周王室和各诸侯国，不仅天子、国君是世袭的，即使卿大夫各级也都是实行嫡长子继承制与世袭制，并实行"食邑制"，即分封给各级大夫一定的地域为其封地，卿大夫在自己的封地内享有一切政治权力、经济权力和军事权力。这就是西周实行的所谓的"世卿世禄"制度，实际上就是"任人唯亲"的用人原则。在这种制度下平民百姓不仅不可能进入仕途，而且没有掌握文化的机会，也就没有参政议政的机会与权力。而王室成员与贵族，无论能力大小，甚至毫无才能，都可以通过继承制获得政治权力。

春秋之后是所谓的"礼崩乐坏"的社会大变革、大转型时代。各诸侯国之间围绕称王称霸展开了激烈的兼并战争。在这种情况下，那些英明的君主充分意识到人才的重要作用，于是纷纷开始改革用人方针与政策。齐桓公是一个"惕而有大虑"的英明的君主，他曾经总结齐襄公治国的经验教训说："优笑在前，贤才在后，是以国家不日引，不月长。"① 齐襄公"卑圣侮士"正是导致齐国动乱的主要根源。因此，齐桓公在任用人才上不拘一格。

从《管子》来看，桓管集团人才选拔的方法主要有以下五种。

一、不记恩仇，唯才是举

根据《国语·齐语》和《管子·大匡》的记载，鲍叔牙是齐桓公的父亲齐僖公为他选择的师父。鲍叔牙起初因为齐桓公是齐僖公的媵妾所生而不愿辅佐，在管仲的说服劝导下他才勉强答应。从辅佐之后，他对公子小白一直忠心耿耿。特别是在和公子纠争夺君位的过程中，鲍叔不惜舍弃自己的性命掩护公子小白。可以说如果没有鲍叔牙，齐桓公就不可能、至少不会顺利地争得君位。而管仲是齐桓公的仇人，是齐僖公为公子小白的兄长，也是公子小白的政敌——公子纠选择的师父。

---

① 《国语·齐语》，上海古籍出版社1998年版，第223页。

对于鲍叔牙和管仲这一恩一仇的两人，齐桓公自然首先重用鲍叔牙，这是人之常情，也是合乎情理的选择。但是经过鲍叔牙极力推荐之后，齐桓公能做到不计前嫌，并拜管仲为相国，委以重任，尊为上卿，给予三归之富和仲父之尊。这充分反映了齐桓公用人不计恩仇的个性特点。

二、开设庭燎，引士自荐

为广泛选拔贤能之士，齐桓公和管仲吸取历史上设室待士的经验，开设庭燎，让那些自认为有能力的贤士到庭燎自荐。对此《说苑·尊贤》说："齐桓公设庭燎，为士之欲造见者，期年而士不至。于是，东野鄙人有以九九之术见者。齐桓公曰：'九九何足以见乎？'鄙人对曰：'臣非以九九为足以见也。臣闻主君设庭燎以待士，期年而士不至。夫士之所以不至者，君，天下贤君也，四方之士皆自以论而不及君，故不至也。夫九九薄能耳，而君犹礼之，况贤于九九者乎？夫泰山不辞壤石，江海不逆小流，所以成大也。诗云：'先民有言，询于刍荛'，言博谋也。'桓公曰：'善。'乃因礼之。期月，四方之士相携而并至矣。"① 由此可见，这种"庭燎"自荐的方法更简单、更自由，在一个月的时间里就吸引了大量的四方之士相携而至。这无疑是一种自我推荐的最为简便的方法。

三、不分国别，他国选士

为了使更多的人才为齐国所用，齐桓公还将选拔人才的范围扩大到了其他诸侯国。根据《管子·小匡》记载，齐桓公曾经派出"游士八十人，奉之以车马衣裘，多其资粮，财币足之，使出周游于四方，以号召收求天下之贤士"。当然，齐桓公派出的这八十人所带的"财币"绝不可能仅仅是自己用的，自然会有用高价吸引各国人才的用意。这种跨国招徕贤士的做法本身就具有开创性的意义，在各诸侯国中是空前的。齐桓公派出的这些人员，并不一定完全是为了求贤，也可能具有刺探他国情报的性质。因为《管子·小匡》接着说，还要给他们"饰玩好，使出周游于四方，鬻之诸侯，以观其上下之所贵好，择其沉乱者而先征之"。

齐桓公派出的这八十人在别国搜求到多少贤士，我们不得而知，但在齐桓公的人才团队中，我们知道宁戚是卫国人，而且曾经是身份低贱的牛贩子。齐桓公根据他的才能，任命为掌管农业的大司田却是不争的事实。除了宁戚等著

---

① 〔汉〕刘向撰，向宗鲁校正：《说苑校正》，中华书局1987年版，第187-188页。

名人物，齐国还吸纳了各诸侯国的众多人才。"四方之士相导而至"①，致使齐国"国用，三分之二在宾客，其一在国"（《管子·中匡》），即使这样，齐桓公并不在乎，而是认为这是值得的。齐桓公说："四邻宾客，入者说，出者誉，光名满天下。入者不说，出者不誉，污名满天下。壤可以为粟，木可以为货。粟尽则有生，货散则有聚。君人者，名之为贵，财安可有？"（《管子·中匡》）

四、深入基层，选拔贤士

人才并不会像油那样完全浮在水的上面，基层与民间也会有大量的各种各样的人才，齐国从桓管时代起就注重从基层选拔人才。《管子·君臣下》说："上稽之以数，下什伍以征，近其撰升，以固其意；乡树之师以遂其学。官之以其能，及年而举，则士反行矣。称德度功，劝其所能，若稽之以众风，若任以社稷之任。"从这段记述可以看出，当时齐国的上层官员只确定一定数量的人才数目，下达给基层的什伍组织去搜集人才。这样就会大大缩短晋升的期限，用来稳固士人的心志。除此以外，官府还在乡里开学设教，延请名师认真教育培养他们，根据他们的才能大小任官授职，到了年限及时举荐，那么士人们就会忠心耿耿为朝廷和国家效力了。认真考察和衡量他们的德行和功劳，鼓励那些有杰出才能的人，再根据众人的舆论加以查考，然后再根据其才能和特长委以重任。《管子·立政》篇记载："凡孝悌、忠信、贤良、俊材，若在长家子弟、臣妾、属役、宾客，则什伍以复于游宗，游宗以复于里尉，里尉以复于州长，州长以计于乡师，乡师以著于士师。"由此可见，齐桓公时代的人才选拔是从基层做起的。这一做法无疑扩大了人才选拔的范围，也使广大中下层人士看到了从政治国的希望。

五、不计出身，三选贤士

人才选拔的关键在于建立行之有效的机制。管仲为了使人才选拔制度化、规范化、法制化，建立了比较先进的"三选制"。如前所述，所谓"三选制"就是通过乡选、官选、君选三个环节进行官吏选拔的制度。"三选制"有固定的时间、规范的程序、明确的职责和任用的办法等。

"三选"之第一选是"乡选"，即各乡乡长，各属大夫将本乡、本属内符合任官条件的人才选出，上报国君。第二选是"官选"，即将各乡属选拔出来的贤才俊士分配到有关的衙门实习做事，实习期满后，由衙门长官选择其中的

---

① 〔汉〕韩婴撰，许维遹校释：《韩诗外传集释》，中华书局1980年版，第101页。

优秀者，并写出鉴定书上报国君。第三选是"君选"，即国君亲自选拔人才。官选出来的人有衙门长官的鉴定书，又到原籍查验了历史根基，皆可信无疑的情况下，国君便将其召入宫中进行面试策问。一般是当场提出一些治国理政的疑难问题，让人选回答解决的办法。如果国君满意他的回答，便可直接任命为高一级的官吏，有的还可以任命为上卿的助手。

《国语·齐语》对于"三选制"有明确的记述："正月之朝，乡长复事。君亲闻焉，曰：'于子之乡，有居处好学、慈孝于父母、聪慧质仁、发闻于乡里者，有则以告。有而不以告，谓之蔽明，其罪五。'有司已于事而竣。桓公又问焉，曰：'于子之乡，有拳勇股肱之力秀出于众者，有则以告。有而不以告，谓之蔽贤，其罪五。'……是故乡长退而修德进贤。"按照人才选拔的程序"凡上贤不过等"（《管子·立政》），而且"是故匹夫有善，可得而举也"。此为一选。另一种推荐则是官长在"期而书伐"之后上报国君。《国语·齐语》说："桓公令官长期而书伐，以告且选，选其官之贤者复而用之，曰：'有人居我官，有功休德，惟慎端悫以待时，使民以劝，绥谤言，足以补官之不善政。'"此为二选。又说："桓公召而与之语，訾相其质，足以比成事，诚可立而授。设之以国家之患而不疚。退问之其乡以观其所能而无大厉，升以为上卿之赞。谓之三选。"①

对于"三选制"的具体操作，《管子·大匡》篇有具体的描述："桓公使鲍叔识君臣之有善者，晏子识不仕与耕者之有善者，高子识工贾之有善者……令鲍叔进大夫，劝国家，得成而不悔，为上举。从政，治为次；野为原，又多不发；起讼不骄，次之。劝国家，得成而不悔；从政虽治而不能，野原又多发，起讼骄，行此三者为下。令晏子进贵人之子，出不狂，处不华，而友有少长，为上举。得二，为次；得一，为下。耕者，农农用力，应于父兄，事贤多，行此三者，为上举；得二，为次；得一，为下。令高子进工贾，应于父兄，事长养老，承事敬，行此三者为上举；得二者，为次；得一者，为下。……三大夫既已选举，使县行之。管仲进而举言，上而见之于君，以卒年君举。"这段话的大意是说，齐桓公委派鲍叔牙具体负责大夫的选拔工作，考察官吏当中表现好的人。对于劝勉国事，有功无过的，举为上等。从政，治绩属第二位；田野土地又多不荒废，办案严肃不骄横的，属于其次。劝勉国事，有功也有过的；从政，虽有治绩而无能力；野原又多荒废，办案骄傲轻忽，行此三者，属于下等。委派晏子负责贵人之子的选拔工作，考察非官吏和种田者中表现好的人。对于外出不邪僻，居处不奢华，能友爱青年人、孝敬长辈的，

---

① 《国语·齐语》，上海古籍出版社1998年版，第233－234页。

举为上等；具备上述两个条件的，属于次等。只居其一的，属于下等。士立身恭敬，敬重老人、官长，交游不失礼节，行此三者，举为上等；具其二者，属其次；具其一者，为下等。种田者非常出力，顺于父兄，而且多服其劳，有此三者为上，有其二者为中，有其一者为下。委派高子负责工匠、商人的选拔工作，考察工匠和商人当中表现好的人。顺于父兄，事长养老，接受任务能认真对待的，有其三者举为上等，有其二者举为中等，有其一者列为下等。三位大夫的选拔举荐工作做完之后命令县去执行。管仲要进一步与被选拔举荐的人谈话，然后上报安排与国君见面，一年之后，由国君举用。

由上可见，"三选制"将推荐与选拔相结合，政绩与策问相结合，再经过自下而上、由上而下的往复考察过程，就会将那些既有治国牧民理论，又有实际工作能力的文人武士选拔出来，任以为官。这种选拔方式使姜太公确立的"尊贤尚功"的用人之道有了制度上的保证。《国语·齐语》记载："国子、高子退而修乡，乡退而修连，连退而修里，里退而修轨，轨退而修伍，伍退而修家。是故匹夫有善，可得而举也；匹夫有不善，可得而诛也。政既成，乡不越长，朝不越爵，罢士无伍，罢女无家。夫是，故民皆勉为善，与其为善于乡也，不如为善于里；与其为善于里也，不如为善于家。是故，士莫敢言一朝之便，皆有终岁之计；莫敢以终岁之议，皆有终身之功。"[①]

齐国的"三选制"具有重要的现实意义与历史价值。首先，"三选制"确立了进贤责任制。各乡每年进贤，有贤才而不举荐便以蔽贤治罪。这无疑有利于督促各级官吏培养人才、发现人才、推荐人才。这样，选拔人才就不仅仅是一种道德上的感召与要求，而是一种严格的制度要求和法律性的约束，各级官吏必须这样做，否则就有"蔽贤"之罪，要受到惩处。其次，管仲开创的"三选制"与惩治恶人相结合。每年乡长举贤的同时，还要举报那些不善之人。如果不举报就会以"下比"治罪，而且罪有五种。完全做到的"是故匹夫有善，可得而举也；匹夫有不善，可得而诛也"[②]。再次，管仲的选贤方法有利于社会教化和人才培养。官府重视人才，层层培养人才，这自然有利于形成全社会尊重人才、重视人才的良好社会风气。这对于引导社会风气健康向上具有重要作用。当然，对于一个国家核心价值观的形成，对于全社会形成良好的社会风气，无疑都具有重要的作用。这正如管仲所说的："陈力尚贤，以劝民智"（《管子·小匡》）。在这种社会风气之下，再加上惩治措施，这样就会使民众努力上进，其结果必然会出现"民皆勉为善。与其为善于乡也，不如

---

① 《国语·齐语》，上海古籍出版社1998年版，第234—235页。
② 《国语·齐语》，上海古籍出版社1998年版，第234—235页。

为善于里；与其为善于里也，不如为善于家。是故士莫敢言一朝之便，皆有终岁之计；莫敢以终岁之议，皆有终身之功"①。最后，管仲所实行的"三选制"有力地扩大了选贤的范围。无论出身贵贱、地位高低、才能大小，只要有一技之长，都可能被推荐、被选拔。这就完全打破了西周以血缘关系为纽带的任人唯亲的用人制度，为中下层人士进入仕途敞开了大门，从而也使社会的用人制度有了活力。

第三节 《管子》的人才选拔原则

为了使人才选拔制度化、法制化、规范化，《管子》提出的人才选拔原则是"论才、量能、谋德而举之"（《管子·君臣上》）。

国家的长治久安在于任贤，国家的治理有赖人才，国家的兴盛昌达需要能人管理。那么能人在哪里？从哪里去寻贤人？管仲指出，社会上贤德之士大有人在，问题在于执政者能否发现和任用。"天下不患无臣，患无君以使之。"（《管子·牧民》）"国未尝乏于胜任之士，上之明达不足以知之"（《管子·君臣上》）。管仲认为，要想获得大批的人才，就必须冲破商周以来一直流行的"亲亲"世袭用人制度的旧框框，"论材（才）、量能、谋德而举之"，依法举人，"选贤论才，而待之以法"（《管子·君臣上》），并力图通过建立人才制度和法规，使人才选拔工作制度化、经常化。

在管仲用人思想的指导下，齐国建立并推行了一整套自下而上、逐级选拔人才的制度。据《管子·立政》篇记载，管仲曾明令荐举人才，并把它作为各级官员的一项任务，要求按照政府举荐孝悌、忠信、贤良、俊才等人才的规定及办法，由地方官吏逐级上报，再由朝中主管官吏进行登记，汇编成册。人才选拔过程必须坚持"贤""才"两个标准。所谓"贤"者，即"为义好学，聪明质仁，慈孝于父母，长弟（悌）闻于乡里"；所谓"才"者，即"有拳勇股肱之力，筋骨秀出以众者"。他要求各级官吏，"有则以告。有而不以告，谓之蔽才，其罪五。"即有贤才不向上级部门推荐的，按五等定罪。管仲认为，对荐举出来人才的考核要注意两个方面：一是注意听取民众意见。"公宣问其乡里，而有考验"。二是要看其实际表现。"乃召而与之坐，省相其质，以考其成功成事"，即把听取民意的调查结果作为参考，进行面试。然后"设问国家之患"，以此考察其智谋及应变能力。如果这些都合格了才可以录用，但录用以后并非所有的工作就算做完了。三是要"退而察问其乡里，以观其

---

① 《国语·齐语》，上海古籍出版社1998年版，第234-235页。

所能"。就是说，在被举荐者录用授职以后，还要向民众调查，了解他的实际工作能力及表现，使信息能得到及时的反馈。这样，管仲不仅为齐国建立起了一整套人才选拔的制度和办法，同时也建立起一整套考核识别人才的制度和办法。

　　针对荐举人才过程中容易出现的问题，管仲提出了相应的对策。第一，针对任人唯亲、官衔职位世代相袭的世官制，提出了举荐贤才不能戴有色眼镜、挟带私人感情，必须大公无私。一个国家能否贤者如云，能人济济，关键是国君是否有博大的胸怀、超人的胆略和无私的品质。他说："世无公国之君，则无直进之士；无贤能之主，则无成功之臣。"（《管子·法法》）他还说："无私者容众"，"废私立公能举人"（《管子·正》）。要求荐举和考核人员时绝对禁止"废公法而行私曲"，切忌以"亲亲"举人。第二，针对长期以来存在的"尊尊"世官制，提出了不论出身门第的贫富贵贱，唯贤德是举，唯德才是用。管仲强调选才的标准是贤能，而不是地位的高低、前人的官衔、家庭的门第，反对"上智下愚""上尊下卑""位贱能小"的习俗。"匹夫有善，故可得而举之"。"求有功劳力者得以举之"（《管子·四时》）。要求优先选拔"不必以先常"，即具有改革能力、不沿旧俗、不墨守成规的进取者。同时还注意优先选拔"进实言之士"，即敢于讲真话、办实事的人。第三，注重大节，不求全责备，反对过分苛求贤能者。对人要全面考察，具体分析分清大节与小节，不能求全责备，要求人才十全十美，不能因小缺点或过失就弃而不用。"苟得大意，不以小缺为商。"第四，打破资历辈分，注重选拔年轻人，把年富力强的贤德之士放到重要位置上。年轻人身强力壮，精力旺盛，但资历较浅，选拔时要注意做到"不以年份"，即不能因其年轻资历浅而舍弃不用。

　　为了招揽网罗人才，充分发挥人才在治国、安民、发展经济、巩固政权中的作用，管仲吸收了各诸侯国选才用人、招引贤能的经验，提出了招贤纳士的方法：一是以诚待人、以诚感人。国君不仅要任贤使能，而且要以德服人，以德揽人，以德动人。"慎使能而听信之。使能谓之明，听信谓之圣"（《管子·四时》），即要与贤能诚信相交，做知心朋友，认真听取他们的意见和建议。管仲还进一步说明了诚、信与交的关系，"至贞（诚）生至信，至信生至交"（《管子·侈靡》）。只有诚心相待才能相互信任，达到君臣亲密无间，创造充分发挥人才才智的条件和环境。二是以利相诱、高薪高俸。管仲在回答齐桓公招揽天下英雄豪杰、能工巧匠的策略原则时说："假而礼之，厚而勿欺，则天下之士至矣！"（《管子·小问》）即答应给贤士丰厚的礼遇，而且言而有信，那么天下的贤士就肯归附了。因此，要"五而六之，九而十之，不可为数"（《管子·小问》），即值五给六，能卖到九就掏十的价钱，什么东西就都好买，

"三倍，不远千里"（《管子·小问》），即我们只要付给人才的报酬比别处多三倍，那么各地的优秀人才就会不远千里、源源不断地向我们靠拢。三是礼贤下士、充分尊重。管仲说："衰王卑礼以天下之贤。"这就是说，有道的君主要尊重天下的贤能之士。管仲把尊贤的方法进一步具体化："亲之以仁，养之以义，报之以德，结之以信，接之以礼。"（《管子·幼官》）这里说的仁、义、德、礼、信五个方面，都是对国君提出的对待人才的具体要求，认为只要国君做到了这几个方面，那么贤士就会死心塌地地为君主所用。

具体来说，《管子》的人才选拔原则有以下八个方面。

一、德居首位的原则

尽管不同时代、不同阶级"德"的标准不一，但有一点是共同的，即都指的政治态度、政治立场、思想品德。管仲说："君之所慎者四：一曰大德不至仁，不可以授国柄；二曰见贤不能让，不可与尊位；三曰罚避亲贵，不可使主兵；四曰不好本事，不务地利，而轻赋敛，不可与都邑。此四务者，安危之本也"（《管子·立政》）。这里讲的"四务"，就是用人时应注意的四个问题。前三个讲的是"德"，即德达不到仁的境界不能掌握国家生杀大权，达不到主动让贤的境界不能担任高官，对亲戚、权贵不能依法惩罚的人不能掌握兵权。第四个讲的是，不学无术、无能又不安心种地的人连都邑小官也不能当。他的授官原则是："君之所审者三：一曰德不当其位，二曰功不当其禄，三曰能不当其官。此三本者，治乱之原也。故国有德义未明于朝者，则不可加于尊位。……故德厚而位卑者，谓之过；德薄而位尊者，谓之失"（《管子·立政》）。管仲把品德、功绩、才能当作加官授爵的三个主要因素，同时又特别强调了德居首位，主张按德授爵位，认为品德高尚而爵位低下是用人不当，品德低劣而窃居尊位则是用人的严重失误。

二、察能授官的原则

能，即能力，主要是指解决问题、完成任务的才能和办法，是才、学、识在实际工作中的表现。管仲认为，人的才能各不相同，任用时必须"察能授官""量能而授官。"他从五个方面（即"五务"）说明了任用贤能、察能授官的重要性："君择臣而授官，则事不烦乱；大夫任官办事，则举措时；官长任事守职，则动作和；士修身功材，则贤良发；庶人耕农树艺，则财用足"《管子·五辅》。他强调选拔官吏要"任力"，即根据一个人的实际能力分配相应的任务，授予其相应的职权，使其承担相应的责任。他说："授事以能，则人上功"（《管子·问》），要求量才任使。他还提出："毋与不可，毋强不能，毋告不知。与不可，强不能，告不知，谓之劳而无功"（《管子·形势解》）。管仲坚决反对让不能担任某种工作的人去干某种工作，到没有智慧的人那里去求取智慧，这样做的结果是徒劳而无功的。这就从反面证明了必须坚持"量能授官"。管仲从这一认识原则出发，进一步提出了自己的主张："临事不信于民者，则不可使任大官"（《管子·立政》）。"辨于一言，察于一治，攻于一事者，可以曲说，而不可以应举"（《管子·宙合》）。可以根据特长，让他们担任相应的官职。只有这样人的才智才可以得到充分的发挥，办事的效率才高。

三、扬长避短的原则

这一原则后来被广泛使用，对于人的才能各不相同、各有长短的特点，管仲有清楚的认识："明主之官物也，任其所长，不任其所短，故事无不成，而功无不立。乱主不知物之各有所长所短也，而责必备。夫虑事定物，辨明礼义，人之所长而猱猿之所短也。缘高出险，猱猿之所长而人之所短也。以猱猿之所长责人，故其令废而责不塞"（《管子·形势解》）。要求任其所长，扬长避短，不能求全责备。否则就会浪费人才，有损国事。"明君之举其下也，尽知其短长，故其所不能益，若任之以事，贤人之臣其主也，尽知短长与身力之所不至，若量能而授官。上以此畜下，下以此事上，上下交期于正，则百姓男女，背与治焉"（《管子·君臣上》）。正是基于这些深刻的认识，他明确提出了自己用人的指导思想，即用人的特长，避开短处，要求被任用者有自知之明，根据自己的才能和特长接受官位。如果确属自己的特长要愉快地接受职务；否则，对胜任不了的工作就要坚决拒绝。管仲在用人过程中也努力实践着这些原则，如让善于升降揖让、言辞礼义的隰朋负责外交；让擅长开荒种粮、植树的宁戚分管农业；让训练兵士、指挥打仗有特长的王子成父掌管军队；让擅长断案诉讼的宾胥无当审判长；让敢于犯颜直谏的东郭牙做大谏官。

四、拒用訾訾之人的原则

什么是訾訾之人？管仲解释说："毁誉贤者为之訾，推举不肖谓之訾。訾訾之人得用，则人主之明蔽，而毁誉之言起。任之事大，则事不成而祸至矣。故曰，訾訾之人，勿与任大"（《管子·形势解》）。也就是说，"訾"即恶意诽谤贤能的人，"訾"即无耻颂扬不肖的人。这两种人如果被重用，那么作为领导者就要受蒙蔽。让他们干大事，事不成会反遭祸端，所以"訾訾之人"不能被重用。管仲还列举了与这两种相似的人，"毋访于佞，言毋用佞人，用佞人则私多行。毋蓄于谄，言毋听谗，听谗则失士"（《管子·宙合》）。对这些用花言巧语谄媚、不向君主反映真实情况、对人民凶狠残暴以及在君主面前说别人坏话的人要特别警惕，坚决不予重用，否则将会祸国殃民。

五、反对划圈拉派的原则

中国传统的"亲亲"原则及"立山头，划圈圈，人身依附找靠山"的传统观念，在传统的用人中表现得淋漓尽致。管仲看到了这种利用权势以我为标准、以小集团利益为核心，顺我者昌，同派者升，同宗者用，逆我者废，搞小宗派，拉帮结伙，排斥异己的危害，他认为这些是用人的大忌。为了纠正这种弊端，提出并强调要在用人上做到"四不"："不独举，不擅功，不约束，不结纽"，以排除同乡地域观念和同宗亲族观念的干扰和影响。"毋曰不同生，远者不听；毋曰不同乡，远者不行；毋曰不同国，远者不从"（《管子·牧民》）。倡导打破地域亲族观念，量能授官，公正地选拔和使用官吏。

六、实行试用制的原则

这是管仲在用人方面的一个大胆创新。在官吏选拔问题上，管仲提出了荐举制。对于由基层推荐出来的人才，经过考核，确定录用后，为避免有名无实的弊端，管仲主张让荐举的人员先担任役使之官，进行试用。一年之后根据其表现及乡里百姓的反馈，对其中优秀者进行面试，面试合格者，方能正式提拔任用，封为"上卿之佐"；如不能胜任其工作者，仍退归乡里，还本为民。

七、赏功罚过的原则

管仲主张建立严格的赏罚制度："有功必赏，有罪必诛""爵授有德，禄授有功""功力未见于国者，则不可授以重禄"，"其绩多者其食多，其绩寡者其食寡，不绩者不食"（《管子·权修》）。坚持赏有功、诛有罪，按德授爵，使爵位和品德相当。品德不好的人不授爵位。按功劳的大小确定享受的俸禄，把功劳业绩与薪俸结合起来，功劳业绩大的人得的薪俸多，业绩功劳小的人得到的报酬少，没功绩的人没有报酬。这一提法颇有一点按劳付酬的意味。但事实上，他所提的并非按劳分配，而是强调功绩和报酬相称、品德与爵位相称。在他看来，爵授有德、禄与有功（绩），可使"贤者食于能，斗士食于功"，这是激励人臣效力的有效措施。他提倡"赏罚有则"，对"赏罚之数，必先明之"。如对于在职在位的官吏进行惩罚的标准，一是"三年不闻善"，二是"士庶人有善，官不为进者"。他还提出重奖专业技术人员，对在发展农业、畜牧业方面有突出贡献的技术人员进行奖励："民之能明于农事者，置之黄金一斤，直食八石；蕃育六畜者，置之黄金一斤，直食八石；民之能树艺者，置之黄金一斤，直食八石；民之能树瓜瓠、荤菜、百果，使蕃育者，置之黄金一斤，直食八石；民之能已民之疾病者，置之黄金一斤，直食八石；民之知时曰'岁且厄'、且'某谷不登'、曰'某谷丰'者，置黄金一斤，直食八石；民之通于蚕桑，使蚕不疾病者，皆置之黄金一斤，直食八石。"（《管子·山权数》）这里提到的涉及农业专家、林业专家、牧业专家、医学家、天文学家、蔬菜专家、昆虫专家等专业技术人员，要求对他们施以"黄金一斤，直食八石"的奖励。这无疑反映了管仲对科学技术的高度重视。这对当时以农业为主经济的发展和以医学、天文学为主的科学研究，都有积极的促进作用。

八、废除官吏终身制的原则

废除官吏终身制是管仲改革人事制度的一项非常重要的主张。管仲说"爵贵有名以休之"（《管子·七法》），即对国家有卓越贡献，德高望重、享誉国内且俸禄丰厚的官员，功大位高，要让他们功成身退，还政退休。既给这些人一个少操闲心、颐养天年的机会，也给后来者的进步让开一条路。因此，他主张"是故有事则用，无事则归于民"，这是他对官吏终身制的否定。在致政退休的年龄上，他主张"七十而致政"（《管子·乘马》）。他的这一主张有利于促进国家官吏队伍的新陈代谢，对打破终身制造成的弊端，使国家各级机构的权力掌握在年富力强的贤能者手里，使事业充满生机，蒸蒸日上，无疑会起到重大作用。尽管在那个时代管仲的这一思想极难实现，但在中国用人思想史上，留下了极为闪光的一页。

管仲重用贤人、选才用能的人才思想，集中反映了处在由奴隶制向封建制转变时期我国人才思想的发展趋势，也突出地反映了管仲大胆改革传统用人制度的思想。他提出来的重贤育才思想、"论才量能谋德"的用人方法及任贤用能的原则，不仅在当时是积极的、进步的，对于我们今天的选拔、任用干部，以及干部人事制度改革，也是具有积极的现实意义和较高参考价值的。

第五章 《管子》的人才任用制度

人才是第一生产力。重视人才、培养人才、选拔人才的目的是使用。对此，《管子》有十分精到的见解与论述。《管子》认为，首先，人才能否得到正确使用，人才的作用能否得到充分发挥，从某种程度上来说取决于君主的贤明与否，取决于君主的个人素质。"天下不患无臣，患无君以使之"。其次，人才使用要做到"察能授官"（《管子·权修》）。再次，在人才任用上要做到"任其所长，不任其所短"（《管子·形势解》），对于人才看其主流，不求全责备。最后，要做到疑人不用，用人不疑，充分信任人才。这些用人原则至今仍具有现实意义和借鉴作用。

第一节 用人之要在于君

"天下不患无臣，患无君以使之；天下不患无财，患无人以分之"（《管子·牧民》）。这句话的意思是，天下不怕无才就怕君主不识才，不会用才。人才能否得到重用，用贤人还是用佞臣，完全取决于君主的个人素质及其好恶。然而人才是有层次的，君主不可能管理到下层的官吏和各级各类人才，他只能选好、用好"中央之人"，因此选好、用好大臣才是君主的重要任务。

一、君主对如何用人具有决定性作用

在君主专制的时代，君主是天下的主宰，具有至高无上的权力。国家的治乱兴衰，国家的安危存亡，国家能否重用人才，使人才发挥作用，君主起决定性的作用。《管子·七主七臣》记载："一人之治乱在其心，一国之存亡在其主。天下得失，道一人出。"如果将国家比作人体，那么君主就是人的心脏。君主的贤明与否，决定一个国家的生死存亡。《管子·君臣下》记载："君之在国都也，若心之在身体也。"《管子·心术上》也记载："心之在体，君之位也。"治国的关键，不仅在于君主是否贤明，而且在于君主能否重用人才、发挥人才的积极作用。当然，在宗法社会，在分封制的前提下，君主并非通过选

举而产生，因此君主难免就会有贤愚明暗之别。《管子·七主七臣》将君主分为七类，即申主、惠主、侵主、芒主、劳主、振主、亡主。在这七类之中，"申主"即为明君，其他六类非昏即暗。"申主"能够顺应天下大势，遵循事物规律，建立常规常法；遍知远近情况，明察国家大事，掌握国家收支。法制健全，赏罚得当，臣民依法行动；德被苍生，亲和百姓，民风淳朴。这样的话，君主欢悦而安定，官吏敬肃而严谨，人民淳厚而和睦。百官没有邪吏，朝廷没有奸臣，民间没有侵夺之事，社会上没有受刑之人。《管子》实际上推崇的就是像"申主"这样的明君。

国君是一国的表率，是国家的象征符号。"主好本则民好垦草莱，主好货则人贾市，主好宫室则工匠巧，主好文采则女工靡。夫楚王好细腰而美人省食，吴王好剑而国士轻死"（《管子·七主七臣》）。这就形象地说明，国君不仅对国家的兴衰治乱具有决定性的作用，而且对国家的风俗习惯也具有很大的影响力。同时，君主对于人才的选拔与使用也起到关键作用。君主好道德，品行端正的大臣就会得到重用；君主好私利，诽谤吹捧的小人就会在君王身边。君主昏聩无能，那些有德有能的贤明之士就不愿为这样昏聩的君主效力。君主目无法纪，杀罚无度，滥施淫威，必然会导致天下混乱。《管子》主张明君要有"六务""四禁"。所谓"六务"，一曰节约用财，二曰任用贤士，三曰重视法度，四曰刑罚得当，五曰注重天时，六曰注重地利。"四禁"，春天不要杀伐，……。夏天不要拦塞水入大川，……。秋天不要赦过、免罪和缓刑。冬天不要封官赐禄，伤害五谷的埋藏。因此，能否重用贤能之士是区分国君贤明与否的标志之一。

二、齐桓公善于用人

如前所述，从齐国的政治实践和《管子》的记述来看，齐桓公本人虽然有不少缺点和弱点，而且他自己也说："寡人三邪"（《管子·小匡》），就是好田、好酒、好色。但在管仲看来这些都不是君主的最大弱点，他认为，"人君唯优与不敏不可。优则亡众，不敏不及事。"也就是说，如果君主不善于用人，这才是最大的弱点。正因为有此认识，所以管仲趁机给齐桓公推荐了公子举、卫公子开方、曹孙宿等杰出人才。虽然齐桓公有不少缺点，但他最主要的优点和长处就是善于用人。除管仲外，在齐桓公身边聚集了一大批像鲍叔牙、宁戚等杰出人才。

三、君主用人之道

《管子》中"天下不患无臣，患无君以使之"的人才思想对后世有深远而巨大的影响。唐代的陆贽在其《兴元请抚循李楚琳状》中就曾说："自昔能建奇功，或拯危厄，未必皆是洁矩之士，温良之徒，驱驾扰驯，唯在所驭。朝称凶悖，夕谓忠纯，始为冠雠，终作卿相。知陈平无行而不弃，忿韩信自王而遂封，蒯通以折理获全，雍齿以积恨先赏，此汉祖所以恢复帝业也。置射钩之贼而任其才，释斩袪之怨以免于难，此桓文所以弘霸功也。然则当事之要，虽罪恶不得不容，适时之宜，虽仇雠不得不用。"① 这就是说君主对于人才的使用不必"精求素行"，不必计较恩怨，而要看其主流，合理使用。对于人才，君主只要用得适当，人才就会建功立业，成就功勋。这实际上就将人才归之于用人者能否善于发现人才、使用人才的问题。

宋代的程颢、程颐也具有相同的观点。他们认为，人才能否得到合理任用取决于用人者的德行。如果用人者有德而且能够合理使用人才，那么，被用者即使无德也不敢露其不善；如果用人者无德又不善于使用人才，那么，被用者即使有德也终将变为无德。因为人的气质性情是不断变化的。例如，尧不诛共工等四凶，这是因为尧圣明在上，四凶虽然不善但不敢露其不善之心。尧也并不是不知道他们的邪心，而是知道他们不敢为恶，才不加以诛杀。而且四凶有才，使用他们可以建功。及尧举舜于匹夫之中而禅之位，四凶始怀怨愤之心而逞其恶，所以舜才加以诛杀。同样，对于竖刁、易牙、卫公子开方等人，管仲临终时建议齐桓公驱除这些小人。《韩非子·难一》记载："管仲有病，桓公往问之，曰：'仲父病，不幸卒于大命，将奚以告寡人？'管仲曰：'微君言，臣故将谒之。愿君去竖刁，除易牙，远公子开方。……臣闻之，矜伪不长，盖虚不久，愿君去此三子者也。'"②

那么，管仲为相时既然知道这三人都是小人，为什么又会重用他们，使他们长期在齐桓公的身边而不加以罢免、驱逐呢？这是因为，一方面这三位确实具有某些方面的能力和才华。所以，从某种程度上来说，他们也是人才。用得好他们自然会发挥自己的长处，为国所用，建功立业。要使用这些人，就要知道他们的优缺点，充分发挥他们的长处，而且要控制他们的短处。也就是说，用人者必须有驾驭人才的能力和谋略。管仲为相时，尚能够驾驭他们，不至于使他们为害，不至于使其野心得逞。另一方面，管仲在世时，齐桓公对管仲言听计从，管仲不仅能够约束竖刁等小人的活动与权力，而且对齐桓公也同样具有影响力和约束力。因此，管仲临终时建议齐桓公必须驱逐这三人。此外，从

---

① 〔清〕董诰等编：《全唐文》，中华书局1983年版，第4809－4810页。
② 《韩非子·难一》，见〔清〕王先谦《韩非子集解》，香港中华书局1978年《诸子集成》本，第266页。

最后的结果来看,管仲去世后齐桓公虽然遵从其意见驱逐了竖刁等三人,但不久之后,即因身边缺少这三个人而食不甘味,宫内不治,上朝慵懒,心中极不舒畅,感觉生活无味。这样,在管仲去世的第二年,齐桓公又将这三人官复原职,用为近臣。此后,这三人结党营私,专权乱政,导致齐桓公身死国乱。这一结果充分说明了两点:第一,这三人确实具有某方面的能力,致使齐桓公不但离不开他们,而且还重用他们。第二,管仲不仅具有识人之明,而且具有驾驭、控制这些小人的能力。管仲在世时他们不敢为非作歹,管仲去世后,他们缺少了约束,便原形毕露,祸国殃民,为害君主。

由此可见,用人者不但要有识人之明,还要有驾驭人才的能力。因此,人才如何,也要看用人者的识人之明和用人之能:用之为君子则为君子,用之为小人则为小人。当然,对于小人,关键看如何使用和约束。王夫之《读通鉴论·高宗》说:"上有明君,下有贤大夫,佞者可忠,柔者可强,天下岂患无人材哉!匪上知与下愚,未有不待奖而成者也。"这和《管子》的"天下不患无臣,患无君以使之"道理完全相同。可见,天下不患无士,而患人主用士无道。

第二节　察能授官　班禄赐予

在人才使用上,《管子·权修》主张"察能授官,班禄赐予",认为这是治理国家和百姓的关键。"能"主要指人才的实际工作能力以及处理日常事务的本领。

一、因才授官

在列国争霸的社会实践中,管仲深切地意识到必须根据人才的才华和实际工作能力授予相应的官职。《管子·问》记载:"爵授有德,则大臣兴义;禄予有功,则士轻死节;上帅士以人之所戴,则上下和;授事以能,则人上功。"意思是说,爵位授给有德之人,大臣们就会倡导德义;禄赏赐予有功之人,战士们就会不惜牺牲;君主任用人们拥戴的将领带兵,上下关系就会和睦团结;职事授予能人,人们就崇尚功绩。《管子·法法》记载:"贤人不至谓之蔽,忠臣不用谓之塞,令而不行谓之障,禁而不止谓之逆。""明君公国一民以听于世,忠臣直进以论其能。明君不以禄爵私所爱,忠臣不诬能以干爵禄。君不私国,君不诬能,行此道者,虽未大治,正民之经也。今以诬能之臣事私国之君,而能济功名者,古今无之。诬能之人易知也。臣度之先王者,舜之有天下也,禹为司空,契为司徒,皋陶为李,后稷为田。此四士者,天下之贤人也，犹尚精一德以事其君；今诬能之人，服事任官，皆兼四贤之能。自此观之，功名之不立，亦易知也。故列尊禄重，无以不受也；势利官大，无以不从也。以此事君，此所谓诬能篡利之臣者也。世无公国之君，则无直进之士；无论能之主，则无成功之臣。"只有根据人才的实际工作能力授予相应的官职，才能做到人尽其才，方能使其在岗位上建功立业。如果交给一个人不能胜任的工作，那叫勉为其难，自然是做不好的。强不能为能，强不知为知，结果只能是劳而无功。臣子能否建功立业，关键在于君主能否合理使用人才，能否根据人才的能力授予其相应的官职。《管子》的这一用人思想，在当时的历史条件下，不仅是进步的，而且对后世产生了深远的影响。

二、因能任职

《晏子春秋·内篇问上》记载："地不同生，而任之以一种，责其俱生不可得；人不同能，而任之以一事，不可责偏成。责焉无已，智者有不能给；求焉无厌，天地有不能赡也。故明王之任人，谄谀不迩乎左右，阿党不治乎本朝，任人之长，不强其短，任人之工，不强其拙。此任人之大略也。"晏子和管仲一样，认为人才的"能"并不是万能的，任何人有其长必有其短，有其工必有其拙。因此，对于人才的试用必须根据人才的实际能力，做到"察能授官，班禄赐予"。同时，还要充分发挥人才的长处，这样人才才能发挥其应有的作用。如果求全责备，强人所难，或者用非所长，或用非所学，那么，天下再大也不会有理想的人才可用。与《晏子春秋》相似，《墨子》也有同样的主张。《墨子·尚贤中》记载："圣人听其言，迹其行，察其所能而慎予官。此谓事能。故可使治国者使治国，可使长官者使长官，可使治邑者使治邑。"这里所谓的"听其言"即考察一个人的学识与思想水平；"迹其行"也就是"观其行"，即考察一个人的实际表现，看是否言行一致，表里如一。"察其所能"也就是了解一个人有什么特长、有多大能力，然后才授以相应的官职。官职的大小要与能力大小相当。能力大的做国家级官员，能力中等的做地方官，能力小的做基层官员。墨子认为，如果一个人本来能力不强，"不能治百人者，使处乎千人之官；不能治千人者，使处乎万人之官"，人为地加官十倍，结果只能是有其位而无其能；有其职而无其才，既害己又害人。他认为人的才能有高低，"尚贤使能为政而治"，"以下贤为政而乱"。也就是说，有能者为政自然得治，无能者为政自然会搞乱社会，所以他认为应该"量能予官"。[①]

[①]《墨子·尚贤中》，见〔清〕孙诒让《墨子间诂》，香港中华书局1978年《诸子集成》本，第29页。

曾经三为稷下学宫"祭酒"的荀子也和管子有一样的主张——"无能不官","尚贤使能而等位不遗"。① 荀子认为，没有能力的人不能任命为官吏，对于贤能者所给的等级地位要与他们的贤能程度相当。"量能而授官，皆使其人载其事而各得其所宜。上贤使之为三公，次贤使之为诸侯，下贤使之为士大夫。"② 他主张根据能力授官，使大家能担负各自的任务，各得其所，根据贤能程度的高低，分别任命为三公、诸侯、士大夫等。并认为整个用人制度都应根据这个原则确立。"使贤不肖皆得其位，能不能皆得其官，万物得其宜，事变得其应"（《荀子·儒教》），就能收到"言必当理，事必当务"的效果。假如不这样做，"能小而事大，辟之是犹力之少而任重也，舍粹折无适也。""忠臣诚能，然后敢受职，所以为不穷也"。（《荀子·儒效》）能力小而任重要职务的人，除了粹骨折腰再没有其他的出路。"分不乱于上，能不穷于下，治辩之极也"（《荀子·儒效》）。君主安排名分等级不混乱，臣下按能力接受职务而不至于陷入困境，那么，国家的治理就达到最好的效果了。

第三节　用人之长　不求全责备

在"察能授官"的基础上，《管子》进一步提出了"任其所长，不任其所短"的用人策略。

一、用人之长

尺有所短，寸有所长；万物不齐，才有高下。这是不以人们的意志为转移的客观事实。金无足赤，人无完人；人有其长，必有其短。即使是圣贤亦在所难免。一个人无论道德多么高尚，才能多么超群，总还是有其不足的地方。为了充分发挥人才的作用，《管子》首先明确提出了"任其所长，不任其所短"的理论。《管子·形势解》篇记载："明主之官物也，任其所长，不任其所短，故事无不成，而功无不立。乱主不知物之各有所长所短也，而责必备。夫虑事定物，辨明礼义，人之所长，而猱猿之所短也；缘高出险，猱猿之所长，而人之所短也。以猱猿之所长责人，故其令废而责不塞。故曰'坠岸三仞，人之所大难也，而猱猿饮焉'。"《管子·君臣上》篇记载："明君之举其下也，尽知其短长，知其所不能益，若任之以事。贤人之臣其主也，尽知短长与身力之

---

① 《荀子·王制》，见〔清〕王先谦《荀子集解》，香港中华书局1978年《诸子集成》本，第101页。

② 《荀子·君道》，见〔清〕王先谦《荀子集解》，香港中华书局1978年《诸子集成》本，第156页。

所不至，若量能而授官。上以此畜下，下以此事上，上下交期于正，则百姓男女，皆与治焉。"《管子》这里提倡的"扬长避短"的用人原则是双向的要求。也就是说，用人者要掌握用人之长的原则，而被用者也要明白用人之长的道理。被用者应从自己的实际情况出发，不接受自己不能胜任的官职，这样才能才当其任，达到事立功成的效果。否则就无异于让猿猴司礼义，让人去攀绝壁了。

从《管子》的有关记载来看，《管子》不仅是这样提倡的，也是这样做的。它的理论与实践是相符的。如齐桓公、管仲、鲍叔牙三人各有其长处，也有其短处，而且他们的缺点也是不少的。齐桓公本人就明确地说过自己好奢、好色、好酒。孔子曾经批评管仲有三大缺点：一是"器小"；二是奢侈无度；三是"不知礼"。此外，当时的人认为管仲辅佐公子纠不能尽忠，也不能为公子纠死节，是为臣不忠。管仲自己也说过他曾三仕三见逐于君，为人谋而更贫困，常欺鲍叔牙，还当过逃兵，等等。鲍叔牙也认为自己有许多弱点和缺陷。由此可见，桓管时代的这三位重要人物都具有自知之明和识人之明，都了解自己的长处与短处，因此才能做到知人善任，容人之短，用人之长。尽管管仲自身存在许多缺点和不足，但他却具有常人不具备的优秀品质和个性特点。鲍叔牙曾经对齐桓公说过自己在五个方面都不如管仲。管仲的这些优点与长处，正符合齐桓公急于稳定政权、恢复与发展齐国的综合国力以及称霸诸侯的实际需要。齐桓公重用管仲不但说明齐桓公具有知人善任、用人之长的识人之明，而且说明齐桓公具有容人之短的气量和胸怀。

二、容人之短

管仲和齐桓公一样，不仅具有知人之明，也具有用人之长和容人之短的特点。早在齐桓公为公子时他就认为"小白之为人无小智，惕而有大虑，非夷吾莫容小白"（《管子·大匡》）。这说明管仲对公子小白的优缺点有仔细地观察和全面的了解，能看到他的长处和短处。因此，他才极力鼓励鲍叔辅佐小白。鲍叔牙辅佐齐桓公后，齐桓公又说："寡人有大邪三。"管仲对曰："恶则恶矣，然非其急者也。"由此可见，管仲对齐桓公不仅知其所长，也能容其短。

对于同僚，管仲也能知人善任，用人之长，容人之短。《管子·大匡》记载："管仲曰：'隰朋聪明捷给，可令为东国。宾胥无坚强以良，可以为西土。卫国之教，危傅以利；公子开方之为人也，慧以给，不能久而乐始，可游于卫。鲁邑之教，好迩而训于礼；季友之为人也，恭以精，博于礼，多小信，可游于鲁。楚国之教，巧文以利，不好立大义，而好立小信；蒙孙博于教，而文巧于辞，不好立大义，而好结小信，可游于楚。'"《管子·小匡》记载："管仲曰：'公子举为人博闻而知礼，好学而辞逊……公子开方为人巧转而兑利……曹孙宿其为人也小廉而苛悍、足恭而辞给……'"由此可见，管仲已初步认识到人有其长亦有其短，而长短都是可以加以利用的。例如，卫公子开方的缺点是不能持久，优点是聪明敏捷、巧转锐利而好创始，让他出使卫国就能够很好地对付卫国诡诈而好利的特点。曹孙宿的缺点是不好立大义而好结小信，而他的优点则是恭谨而娴于辞令，正好可以应付楚国机巧好利、不好立大义而好结小信的风俗。这显然不仅能够用人之长，容人之短，而且还能用人之短。因为人的长处与短处是可以互相转化的。如卫公子开方为人巧转而锐利无疑是其短处，但这恰好又符合卫国的特点，正好发挥他这方面的特点，使其出使卫国。这样就巧妙地利用了他的短处，使其短处又转化为长处。

三、用人之长补己之短

作为统治者，在人才使用上不仅要知人善任，用人之长，而且要知己之短。这样才可以最大限度地发挥各种各样人才的主观能动性，更好地为我所用。管仲为相之后论百官曰："升降揖让，进退闲习，辨辞之刚柔，臣不如隰朋，请立为大行。垦草入邑，辟土聚粟多众，尽地之利，臣不如宁戚，请立为大司田。平原广牧，车不结辙，士不旋踵，鼓之而三军之士视死如归，臣不如王子城父，请立为大司马。决狱折中，不杀不辜，不诬无罪，臣不如宾胥无，请立为大司理。犯君颜色，进谏必忠，不辟死亡，不挠富贵，臣不如东郭牙，请立以为大谏之官。此五子者，夷吾一不如，然而以易夷吾，夷吾不为也。君若欲治国强兵，则五子者存矣，若欲霸王，夷吾在此。"可见，管仲不仅善于发现别人的长处，运用别人的长处，而且毫不掩饰自己的短处，真正做到了以人之长补己之短；以己之长帮人之短。这种坦荡的心胸令人敬佩，而这种识人之明和用人之法正是齐国强大的根本保证。正因为管仲和齐桓公都能用人之长容人之短，所以在齐桓公身边形成了一个以管仲为中心的人才集团，他们相互配合互相弥补，使每一位班子成员的聪明才智都得以最大限度地发挥，令齐桓公成为春秋五霸之首。当然齐桓公能成为五霸之首，固然有许多因素，但善于用人、用人之长、容人之短，无疑是最重要的因素之一。

管仲的用人之长、不用其所短以及容人之短的用人思想，是在中国人才思想史上最早提出的，论述也最为明确详尽而深刻。这一人才思想最早被晏婴所继承与发挥。齐景公时代作为相国的晏婴就特别注意用人之长。《晏子春秋·内篇问上》记载："景公问晏子曰：'古之莅国治民者，其任人何如？'晏子对曰：'地不同生而任之以一种，责其俱生不可得；人不同能而任之以一事，不可责徧成。责焉无已，智者有不能给；求焉无餍，天地有不能赡也。故明王之任人，谄谀不迩乎左右，阿党不治乎本朝。任人之长不强其短，任人之工不强其拙，此任人之大略也。'"晏子认为，地不同生、人不同能是客观规律，也是客观存在的。这也就是说，地不能什么作物都同时生长，只能种一种；人也一样，人也有长处与短处，各有不同的才能。不可能同时精通各种事情，只能让他担任其所能胜任的一件事。如果没完没了地以全求人，那么再有智慧的人也不能满足这种要求，就像在一块地里求收获所有庄稼一样，天地也无法满足。因此，开明的君主用人就是善于运用人才的长处而不勉强他的短处，用他最突出的才华而不勉强他做不到的事情。

四、不求全责备

《管子》这种用人之长的思想为后代的统治者广泛认同与继承。战国时期齐王明知淳于髡为赘婿地位低下，但同时也深知他具有能言善辩的外交能力与对国家的忠诚，齐威王几次派他出使他国并使之任诸侯主客，而齐宣王则立其为上卿。齐国名士鲁仲连也曾向孟尝君讲过这一道理，他认为善于攀援树木的猿猴如果处于水中，那么就不如鱼鳖。日行千里的良马要历险乘危，就比不上狐狸。曹沫执匕首而劫齐桓公，迫其归还鲁之侵地，"一军不能当"，但让他放下手中的剑而操其锹镐耕地，那他肯定不如农民，即"物舍其所长，之其所短，尧亦有所不及矣"①。

这种用人之长、不用人之短，不求全责备的用人思想对后世产生了深远而良好的影响。《淮南子》就继承了这种思想而又有所发挥。《淮南子》认为，人有大节与小节之分，大节好而小节不好，不失其为好。"夫夏后氏之璜，不能无考，明月之珠，不能无颣，然而天下宝之者何也？其小恶不足妨大美也。"② 人也一样，尧、舜、汤、武、齐桓、晋文都"未有能全其行者"。但小节好而大节不好却不足为贵。因为自古及今凡谨于小节的，在事业上多无成功，所以对人要看大节而不要看小节。"月中有疵，不害于视"，"喉中有病，无害于息"。周公有杀弟之累，齐桓有争国之名，但周公以义补缺，桓公以功灭丑，都不害为圣贤。管仲辅公子纠而不能遂，不可以谓智；不死其难，不可以谓勇；束缚桎梏，不讳其耻，不可以谓贞；但管仲立齐国之政，是历史上有名的贤相。故"人有厚德，无问其小节，而有大誉，无疵其小故"。故"君子

---

① 《战国策·齐策三》，见〔汉〕刘向集录，范祥雍笺证，范邦瑾协校《战国策笺证》，上海古籍出版社 2006 年版，第 604 页。

② 张双棣：《淮南子校释》，北京大学出版社 2013 年版，第 1449 页。

不责备于一人。方正而不一割，廉直而不一切，博通而不以訾，文武而不一责。求于一人，则任以人力，自修则以道德。责人以人力，易偿也；自修以道德，难为也。难为则行高矣，易偿则求澹矣"。①

晋代的刘颂说："所谓贤人君子，苟不能无过，小疵不可以废其身，而辄绳以法，则愧于明时。何则？虽有所犯，轻重甚殊，于士君子之心受责不同而名不异者，故不轨之徒得引名自方，以惑众听，因名可乱，假力取直，故清议益伤也。凡举过弹违，将以肃风论而整世教，今举小过，清议益颓。是以圣人深识人情而达政体，故其称曰：'不以一眚掩大德。'又曰：'赦小过，举贤才。'又曰：'无求备于一人。'"② 刘颂的话，可看作用人之长而不计较小疵的经验之谈。

苏轼继承了这一观点。他认为，对有罪的官吏，只要无大过的不能废弃不用。他说："州县之吏，苟非有大过而不可复用，则其他犯法，皆可使竭力为善以自赎。而今世之法，一陷于罪戾，则终身不迁，使之不自聊赖而疾视其民，肆意妄行而无所顾惜。此其初未必小人也，不幸而陷于其中，途穷而无所入，则遂以自弃。"③ 在他看来，如果一陷于罪过便终身不迁，就会使他们自暴自弃。其实，这些人原初未必是小人，只要无大过，用之亦无妨。更何况在用人的过程中还可以使他们自赎其罪。苏轼的观点显然有自己的切身体会在其中。这一观点无疑是值得肯定的。明代的王守仁也有类似的观点。他认为，人才如何在于用人者如何驾驭和鼓励，所以天下无人不可用。"用人之仁去其贪，用人之智去其诈，用人之勇去其怒，夫求才于仓促艰难之际而必欲拘于规矩绳墨之中，吾知其必不克矣。"④ 人有过错，用之也可以使其改正。于仓促中求才，如果一定拘泥于"规矩绳墨"，那么所取的一定是无可用之人。王守仁特别指出，过去以过失罪名被摒弃不用的边关将士居于闲散之地，这些人骁勇强悍，在今日多事之秋，更不能只看到他们的过错而不用。一旦起用他们一定能够悔改前非，以思奋励。他们又熟悉边关之事，起用他们远远要比起用虽无过错、但不熟悉边关地理民情的人要好。"古人有言，使功不如使过，是所谓使过也。"⑤ 即在特殊情况下起用有过错的人，甚至比起用无过错的人更容易收到用人之效果。

可见，用人之长不以小过掩大美，不因小失惩贤人，给贤人以较为宽松的

---

① 张双棣：《淮南子校释》，北京大学出版社2013年版，第1449页。
② 《晋书·刘颂李重传》，中华书局1974年版，第1304-1305页。
③ 孔凡礼点校：《苏轼文集·策别课百官》，中华书局1986年版，第253页。
④ 吴光等编校：《王阳明全集·陈言边务疏》，上海古籍出版社2014年版，第318页。
⑤ 吴光等编校：《王阳明全集·陈言边务疏》，上海古籍出版社2014年版，第318页。

环境，使他们的才能得以充分发挥。这样就能使统治集团内部团结一致形成凝聚力与向心力，从而使国家达到大治。《管子》的这一思想无疑是进步的、深刻的。中国历史上凡政治清明的时期无不是统治者能用人、会用人的时期。凡是有作为的政治家都是善于用人的。

第四节 用人不疑 疑人不用

在人才使用上，《管子》认为不仅要察能授官，用人之长，而且要用人不疑。若人才的能力以及聪明才智得不到充分发挥，无异于没有得到人才。齐桓公和管仲都深知用人不疑、疑人不用之道，不仅为桓管霸业凝聚了大量的人才，而且为后世留下了宝贵的思想财富。

在中国历史上，可以说，没有管仲就没有齐桓公的霸业；没有齐桓公，也就没有历史上贤相的代表——管仲。

一、用人不疑

齐桓公不记一箭之仇，将管仲由槛囚任为国相，委以国政，充分体现了齐桓公知人善任的个性特点。不仅如此，他对管仲的充分信任，可以说是言听计从的。为了能让管仲不受歧视，更好地发挥他的聪明才智，更好地施政，齐桓公给予管仲三归之富、上卿之贵、仲父之尊，大树特树管仲的权威，为管仲充分施展治国才能提供了最为优越、最为有利的空间和各种条件。齐桓公曾不无感慨地说："寡人之有仲父也，犹飞鸿之有羽翼也，若济大水有舟楫也。仲父不一言教寡人，寡人之有耳，将安闻道而得度哉？"由此可看出，齐桓公对管仲的信任程度和依赖程度。管仲为相之后，齐桓公几乎将所有的国政交由管仲全权处理。如果不是充分信任，怎会如此放手呢？

在处理国政的过程中，齐桓公也对管仲的任何做法从不怀疑，且不干涉，体现出对管仲的充分信任与支持。《管子·中匡》记载："管仲会国用，三分之二在宾客，其一在国。管仲惧而复之。公曰：'吾子犹如是乎？四邻宾客，入者说，出者誉，光名满天下；入者不说，出者不誉，污名满天下。壤可以为粟，木可以为货。粟尽则有生，货散则有聚。君人者，名之为贵，财安可有？'管仲曰：'此君之明也。'"管仲计算国家开支，竟然将三分之二用于国外宾客的费用方面，只有三分之一用于国内事务。当他惴惴不安地将这一情况向齐桓公报告时，想不到齐桓公竟然不仅给予了充分的理解，而且坚决地支持管仲，这就完全打消了管仲的心中顾虑。显然，齐桓公的充分信任为管仲施政提供了最为坚强的后盾与支持，对管仲充分施展自己的聪明才智创造了最为优越的条件。管仲之所以能够在内政、外交各个方面大胆改革并取得明显的成效，是与齐桓公对他的充分信任和支持分不开的。

齐桓公对管仲的信任可以说在历史上是少有的。他对管仲的意见予以充分地尊重，有时甚至到了无条件遵从的程度。《管子·小称》记载，齐桓公说："仲父命寡人东，寡人东；令寡人西，寡人西；仲父之命于寡人，寡人敢不从乎？"《说苑·善说》也记载了桓管之间的一则逸闻轶事。"桓公立仲父，致大夫曰：'善吾者入门而右，不善吾者入门而左。'有中门而立者。桓公问焉，对曰：'管子之知可与谋天下，其强可与取天下，君恃其信乎？内政委焉，外事断焉，驱民而归之，是亦可夺也。'桓公曰：'善。'乃谓管仲：'政则卒归于子矣，政之所不及，唯子是匡。'管仲故筑三归之台，以自伤于民。"① 由"内政委焉，外事断焉"可以看出，齐桓公将齐国之内政、外交全部交给管仲处理，可见对其的信任程度。

齐桓公如此信任管仲，管仲也竭心尽力辅佐齐桓公。他为了国家利益不拘小节，出任相国，为齐国的繁荣富强呕心沥血，做出了巨大的贡献。作为一个杰出的政治家，管仲认为"持社稷宗庙者，不让事，不广闲"（《管子·大匡》）。也就是说，主持国家大事的人不应该推辞工作，推卸责任，不能贪求空闲。他认为"为人臣者，不尽力于君则不亲信，不亲信则言不听，言不听则社稷不定。夫事君者无二心"（《管子·大匡》）。他自己也说："夷吾之为君臣也，将承君命，奉社稷以持宗庙，岂死一纠哉？夷吾之所死者，社稷破，宗庙灭，祭祀绝，则夷吾死之。非此三者，则夷吾生。夷吾生则齐国利，夷吾死则齐国不利"（《管子·大匡》）。由此可见，管仲认为侍奉君主的政治家，首先，必须具有忠于职守、尽职尽责的社会责任感，要敢于承担，勇于承担，能够承担。其次，必须具有忠心耿耿、一心一意、忠于职守、忠君为国的优良品质。最后，必须具有勤勉于国事、兢兢业业、勤勤恳恳、不贪图安逸、积极进取的精神。只有这样才能取信于君，取信于民，才能树立政治权威，建立不朽的政治功勋。

正因为有这样的政治品质，他不仅在国家大事上当仁不让地及时匡正齐桓公的过失，而且在日常生活上也能对齐桓公进行劝谏。《说苑·尊贤》记载了齐桓公与管仲之间关于如何用人的一段对话。"桓公问与管仲曰：'吾欲使爵腐于酒，肉腐于俎，得毋害于霸乎？'管仲对曰：'此极非其贵者耳，然亦无害于霸也。'桓公曰：'何如而害霸？'管仲对曰：'不知贤，害霸；知而不用，

---

① 〔汉〕刘向撰，向宗鲁校正：《说苑校正》，中华书局1987年版，第268–269页。

害霸;用而不任,害霸;任而不信,害霸;信而复使小人参之,害霸。'"① 管仲这里所讲的五个方面都与用人有关,而后面三种情况都是讲用人而怀有疑心的表现。管仲认为对所用之人有疑心,不能放手去用,那么,人才的聪明才智与能力就不会得到充分的发挥,就会对事业造成巨大的危害。

晏婴继承了管仲的用人不疑的思想。晏婴认为治国之患有三:"忠臣不信,一患也;信臣不忠,二患也;君臣异心,三患也。"② 忠臣不信是不用贤才;信臣不忠是用小人;君臣异心是不信贤而信不肖的必然结果。晏婴又认为国之不祥有三:"夫有贤而不知,一不祥;知而不用,二不祥;用而不信,三不祥。"③ 贤而不知是聋;知而不用是昏;用而不信是疑。人君既聋又昏又疑,国之不祥莫过于此。由此可见,晏子对于用人不疑的高度重视。

二、用人以信

《吕氏春秋》在《管子》和《晏子春秋》的基础上,又进一步比较系统地阐述了用人以信的思想。《吕氏春秋》举例说,魏文侯明知乐羊之子乐舒在中山国做官,仍派乐羊去攻打中山国。因为魏文侯了解乐羊,亦深知"用人不疑,疑人不用"的道理。魏文侯深信乐羊不但有杰出的军事才能,而且忠于职守,绝不会徇私情而误国事。乐羊包围中山国后,中山国果然派乐舒前去讲情,希望乐羊退兵,乐羊反把乐舒批评了一通,说他不应该到这样的国家做官。这时魏国朝廷内外有许多人写信给魏文侯,说乐羊对中山国围而不攻是顾及与乐舒的父子之情,建议魏文侯易将,而魏文侯毫不动摇。中山国王一气之下杀了乐舒,并将其煮成肉羹送给乐羊。乐羊竟不动声色一饮而下,然后对中山国发起进攻,终于灭掉了中山国。乐羊凯旋回国后,魏文侯没有奖赏他金银财宝,而是赏给他一个箱子,里面全是朝臣弹劾他的奏折密信。乐羊意识到,如果没有魏文侯对他的充分信任,就不会有灭掉中山国的胜利。《吕氏春秋》又举例说,魏襄王使史起引漳水灌邺,群臣反对,可魏襄王"众虽喧哗而弗为变",终于使史起立了大功。宓子贱治亶父,怕鲁君中途听信谗言而不能信任,请求鲁君的两个近吏与他一起到亶父。到亶父后,宓子贱令二吏为书,而在他们书写的时候,又从旁边"掣摇其肘",书既不善,又怒而苛责。二吏不堪虐待,辞归回报鲁君。鲁君悟出了既已任人就不应该在旁掣肘的道理,使人告宓子贱说:"自今以来,亶父非寡人之有也,子之有也。有便于亶父者,子

---

① 〔汉〕刘向撰,向宗鲁校正:《说苑校正》,中华书局1987年版,第198-199页。
② 《晏子春秋·内篇问上》第二十九,见吴则虞编《晏子春秋》,中华书局1962年版,第239页。
③ 《晏子春秋·内篇谏下》第十,见吴则虞编《晏子春秋》,中华书局1962年版,第121页。

决为之矣。"① 从此三年而亶父大治。由此可见,用人不疑的重要性,否则贤者也无法立功。

《吕氏春秋》认为,对于人才的信任之所以重要,就在于立功要有一个过程,用人而不给人以必要的时间让其充分施展才能,只能是急功近利。一时看不到政绩就意动心摇,想要取得用人的成功是不可能的。孔子刚开始在鲁国做官的时候,鲁人就在私下议论,怀疑他的能力。但用之三年,"男子行乎涂右,女子行乎涂左。财物之遗者,民莫之举。"子产治郑之初,实行改革,人民都想杀他,但三年过后,郑国大治,人民转而说:"我有田畴,而子产殖之;我有子弟,而子产诲之。子产若死,其谁使嗣之?"② 如果鲁哀公、郑简公不是信任有加,而是在听到议论时就罢免孔子、子产而不用,"则国必无功矣。子产、孔子必无能矣。非徒不能也,虽罪施,于民可也。今世皆称简公、哀公为贤,称子产、孔子为能,此二君者,达乎任人也。"③ 由此可见,用人最关键的就是信任所用之人。

---

① 《吕氏春秋·具备》,见陈奇猷《吕氏春秋新校释》,上海古籍出版社2002年版,第1236页。
② 《吕氏春秋·乐成》,见陈奇猷《吕氏春秋新校释》,上海古籍出版社2002年版,第999页。
③ 《吕氏春秋·乐成》,见陈奇猷《吕氏春秋新校释》,上海古籍出版社2002年版,第999页。

第六章 《管子》的人才培养思想

作为政治家、思想家、战略家的管仲在其丰富的社会实践中强烈地意识到人才对于国家安危、强盛的突出作用,他将人才的培养教育放到了国家存亡的战略高度来认识。

教育培养人才是一项艰巨复杂的工程,不是一朝一夕的事情。人才的成长有一个较长的过程,不能急功近利,必须常抓不懈才可能出现预想的效果。人才的教育与培养和树谷、树木不同,树谷、树木,一年、十年即可见到成效,而人才培养需要长期的付出与投入。如果急功近利,就会事倍功半;如果好高骛远而不脚踏实地,那也只能是望梅止渴。要实现国家的长治久安,繁荣昌盛,既不能急功近利也不能好高骛远;既要考虑近期利益也要考虑长远利益。而短期利益与长远利益之间,长远利益显然又是十分重要的头等大事。如果意识不到这一点,就必然会犯战略上的错误。正是因为有这样战略性的认识,所以管仲将人才的培养与教育放在了国家的战略高度来认识。

《管子》的人才培养与教育有三个方面:礼义廉耻的人文素质教育,分业定居的职业教育,学校教育及特殊教育等。

第一节 礼义廉耻的素质教育

一、教育是人类进步的基石

教育作为一种社会现象是和人类相始终的,自从出现了人类就出现了教育活动。但就教育的本质而言,其基本目的是解决人的发展问题,涉及人才的发展与社会发展的关系。阶级社会产生之后教育也就有了阶级性,就成了为统治者服务的工具。谁掌握它,它就为谁服务。因此,有作为、有远见卓识的政治家都十分重视对国民进行不同形式的教育。教育的形式虽然不尽相同,但目的却是相同的,就是要为国家培养各方面的人才,从而实现国家的长治久安、民族富强、人民富足、社会稳定。

人类发展史告诉我们，人的正确的思想行为不是与生俱来的，而是通过长期的教育培养强行灌输的。一旦正确的思想行为被接受并成为人们的自觉行动，那么，人的素质和精神面貌就会焕然一新，人的主观能动性就会得到充分发挥。管仲无疑在长期的社会实践和国家治理中认识到了这一点，因此，管仲十分重视对人才与国民实施有效的全方位教育与培养，以此来规范人才与国民的行为，以此来提高人才与国民的技能，借以统一民俗民风，实现长治久安，国富民强。要实现这一战略目标，就要对国民进行"四维"教育。《管子·牧民》记载："国有四维，一维绝则倾，二维绝则危，三维绝则覆，四维绝则灭。"由此可见，"四维"对于国家长治久安的重要意义。这里的"四维"指的就是"礼、义、廉、耻"四个方面。

二、礼义廉耻乃国之"四维"

《管子·权修》总结历史的经验教训时，说："凡牧民者，使士无邪行，女无淫事。士无邪行，教也；女无淫事，训也。教训成俗而刑罚省，数也。"即凡是治国牧民的人就应当使男人没有邪恶的行为，使女人没有淫乱的事情。要使男人不生邪恶就要靠教育；要使女人不行淫乱只能靠训诲。只要教育和训诲成为习惯，刑罚就会大大减少，这是水到聚成、自然而然的事情。《管子》认为，人才首要的标准就是品德，其次才是能力，所以说"官授有德，爵授有能"。人才的德行不是自然长成的，而是要靠后天的培养。因而对人才的培养教育首先应该从礼、义、廉、耻四个方面做起。如果人才有了礼、义、廉、耻，素质就会大大提高，这就叫作"正"。《管子·牧民》记载："凡牧民者，欲民之正也。欲民之正，则微邪不可不禁也。微邪者，大邪之所生也。微邪不禁，而求大邪之无伤国，不可得也。凡牧民者，欲民之有礼也。欲民之有礼，则小礼不可不谨。小礼不谨于国，而求百姓之行大礼，不可得也。凡牧民者，欲民之有义也。欲民之有义，则小义不可不行。小义不行于国，而求百姓之行大义，不可得也。凡牧民者，欲民之有廉也。欲民之有廉，则小廉不可不修也。小廉不修于国，而求百姓之行大廉，不可得也。凡牧民者，欲民之有耻也。欲民之有耻，则小耻不可不饰也。小耻不饰于国，而求百姓之行大耻，不可得也。凡牧民者，欲民之谨小礼、行小义、修小廉、饰小耻、禁微邪，此厉民之道也。民之谨小礼、行小义、修小廉、饰小耻、禁微邪，治之本也。"

可见，礼、义、廉、耻是国家对人才和国民教育的最主要的内容。那么，为什么要对人才与百姓进行礼、义、廉、耻的道德教育呢？其原因除了为实现化民成俗的教育目的外，更深层的原因就是基于其趋利避害的人性论。《管子》从其人性论出发，认为人生来就有四欲，即《牧民》篇中所讲的"民恶忧劳，我佚乐之；民恶贫贱，我富贵之；民恶危坠，我存安之；民恶灭绝，我生育之"。《管子·禁藏》篇说："凡人之性，见利莫能勿就，见害莫能勿避"。正因为人性都是好利恶害，所以，统治者就应该从民四欲。由于百姓"得所欲则乐"，因此要给百姓以实惠，他们才会服从上级的领导，心甘情愿地为统治者服务。当然，人的欲望是无止境的，对人们私利、私欲的追求必须要加以合理的控制，使之有一定的度，不能让私欲泛滥。统治者必须明于公私之分，以废私立公为基本的道德准则。无论是君主或者臣民，如果私欲过重，那么，公义就会受到损害。如何正确处理趋利避害中公与私的关系，关键就在于通过道德教育来实现。《牧民》篇又说："礼不逾节，义不自进，廉不蔽恶，耻不从枉。故不逾节，则上位安；不自进，则民无巧诈；不蔽恶，则行自全；不从枉，则邪事不生。"人们只有不超出应遵守的道德礼仪规范，国君的地位才会得到巩固。只要人们不超越伦理规范，就不会巧取豪夺、弄虚作假。人们不掩盖错误的行为就必然懂得礼义廉耻。不盲目趋从坏人，邪乱之事就不会发生。反之，如果人们不遵守礼义廉耻这些道德标准，就会胡作非为，为非作歹，这样国家必然混乱不堪，甚至导致灭亡。因此，礼义廉耻是国之四维，对人才的培养教育，必须从礼义廉耻抓起。

三、"礼"是教育的基础

在《管子》看来，"四维"之中最重要的是"礼"和"义"。何谓"礼"？《管子·心术上》记载："礼者，因人之情，缘义之理，而为之节文者也。故礼者谓有礼也。"《管子》认为"礼"，是道德教化最主要的内容之一。《管子·五辅》记载："民知义矣，而未知礼，然后饰八经以导之礼。所谓八经者何？曰：上下有义，贵贱有分，长幼有等，贫富有度。凡此八者，礼之经也。故上下无义则乱，贵贱无分则争，长幼无等则倍，贫富无度则失。上下乱，贵贱争，长幼倍，贫富失，而国不乱者，未之尝闻也。是故圣王饰此八经以导其民。八者各得其义，则为人君者，中正而无私；为人臣者，忠信而不党；为人父者，慈惠以教；为人子者，孝悌以肃；为人兄者，宽裕以诲；为人弟者，比顺以敬；为人夫者，敦蒙以固；为人妻者，劝勉以贞。夫然，则下不倍上，臣不杀君，贱不逾贵，少不陵长，远不间亲，新不间旧，小不加大，淫不破义。凡此八者，礼之经也。夫，人必知礼然后恭敬，恭敬然后尊让，尊让然后少长，贵贱不相逾越，故乱不生而患不作。故曰：礼不可不谨也。"可见，八经是礼的纲领，是礼的核心部分，进行礼的教育主要是进行八经教育。也就是对百姓进行上下有义、贵贱有分、长幼有等、贫富有度的道德教育。如果八经教育出现了错误，或者有所放任，那么就会出现上下乱、贵贱争、长幼叛离、贫富失去节制的混乱局面,从而使国家处于混乱危险的状态之中。《管子》强调圣明的君主要整顿八礼以教导臣民,要让这八个方面各得其宜,即:做君主的公正不偏私;做臣子的忠信而不结党;做父母的以教育实现慈惠;做子女的以严肃实现孝悌;做兄长的以教诲实现宽厚;做人弟的以恭敬实现和顺;做丈夫的以专一实现敦厚;做人妻的以贞节进行劝勉。只要能做到这八个方面,就可以做到下不叛上,臣不杀君,贱不越贵,少不欺长,疏不间亲,新不间旧,小不越大,放荡不毁正义。如果能够通过教育的方式,将人才与国民都教化成如此恭顺之人,自然就会天下太平,政权也就会稳如泰山,金石永固。

四、"义"有"七体"

何谓"义"?《管子·心术上》记载:"义者,谓各处其宜也。""礼出乎义,理出义,义固于宜者"。这就是说,"义"是根据行事之所宜。具体来说,"义"有"七体","七体"指的是"孝悌慈惠,以养亲戚;恭敬忠信,以事君上;中正比宜,以行礼节;整齐撙诎,以辟刑僇;纤啬省用,以备饥馑;敦懞纯固,以备祸乱;和协辑睦,以备寇戎"(《管子·五辅》)。这就是说,人们应该用孝悌慈惠来奉养亲属,用恭敬忠信来侍奉君上,用公正友爱来推行礼节,用端正克制来避免犯罪,用节约省用来防备饥馑,用敦厚朴实来防备祸乱,用和睦协调来防止乱寇。这几个方面是"义"的实体,也是"义"的具体内容。对人才与国民进行"义"的教育就是要进行这些方面的教育。只有进行这几方面的教育,人才和国民才会知道"义"而行为中正。人们才会和睦相处,生活安定,就能达到战则胜、守则固的理想境界。

《管子》所强调的"四维"教育,其根本目的就在于培养人才的道德品质,培养其忠君爱国、忠于职守的理想信念,提高人才的人文素质与综合能力,进而实现其对内的奋斗目标——富国强兵,对外称霸诸侯、维护周天子权威之目的。

第二节 "四民分业定居"的环境教育

齐国的"四民分业定居"是桓管时代实行的行政组织与军事组织形式,目的是防止居民流动、稳定国家秩序。"四民分业定居"就是为了整顿居民编制,在此基础上,发展生产,加强军备,为富国强兵创造良好的社会环境。但是,从人才培养与教育的角度来看,"四民分业定居"显然也有对四民进行职业教育,培养各领域专业人才的社会作用。

一、"四民分业定居"

管仲将齐国的百姓按照职业不同分为士、农、工、商四类。让从事不同职业的人员按照各自的职业居住于各自固定的区域。这就是所谓的"四民分业定居"。对此,《管子·小匡》记载:

> 桓公曰:"定民之居,成民之事奈何?"管子对曰:"士农工商四民者,国之石民也,不可使杂处。杂处则其言咙,其事乱。是故,圣王之处士必于闲燕,处农必就田野,处工必就官府,处商必就市井。令夫士,群萃而州处,闲燕则父与父言义,子与子言孝,其事君者言敬,长者言爱,幼者言弟。旦昔从事于此,以教其子弟。少而习焉,其心安焉,不见异物而迁焉。是故,其父兄之教不肃而成,其子弟之学不劳而能。夫是,故士之子常为士。令夫农,群萃而州处,审其四时,权节其用,备其械器,比耒耜枷芟,及寒击藁除田以待时乃耕。深耕、均种、疾耰。先雨芸耨,以待时雨。时雨既至,挟其枪刈耨镈,以旦暮从事于田野,税衣就功,别苗莠,列疏遬。首戴苎蒲,身服袯襫,沾体涂足,暴其发肤,尽其四肢之力,以疾从事于田野。少而习焉,其心安焉,不见异物而迁焉。是故,其父兄之教不肃而成,其子弟之学不劳而能。是故,农之子常为农。朴野而不慝,其秀才之能士者,则足赖也。故以耕则多粟,以士则多贤,是以圣王敬农戚农。……令夫工……令夫商……"

这里规定,四民"处士必于闲燕;处农必就田野;处工必就官府;处商必就市井。"各从其业,以业定居,从而实现"定民之居,成民之事",并且职业世代相传,不使变更。"士之子恒为士","农之子恒为农","工之子恒为工","商之子恒为商"。"士农工商四民者,国之石民也"。管仲清醒地认识到"四民"是国家的柱石,应该各习其业,各司其事。据《国语·齐语》记载,管仲曰:"四民者,勿使杂处,杂处则言咙,其事易。"[①] 韦昭注:"咙,乱貌。易,变也。"言乱事变,不利于社会稳定,不利于"成民之事"。因此,管仲实行"四民分业定居"政策。

---

① 徐元诰撰,王树民、沈长云点校:《国语集解》,中华书局 2002 年版,第 219 页。

二、分业定居的职业教育意义

众所周知,周初建立的等级制度,到春秋初期已难以继续维持下去。在"礼崩乐坏"的同时人们已不安其位,竞相挣脱枷锁寻找新的生路,从而出现了流民现象。在《管子·小匡》篇中有"相地而衰征,则民不移"的说法,这显然是针对当时大量民众迁徙而言的,这正好说明当时已经存在着严重的流民现象。管仲的"四民分业定居",可使四民"少而习焉,其心安焉,不见异物而迁焉",显然是针对使人们安于职业不见异思迁而言。所以说,管仲分业定居政策是针对当时社会上流民现象严重、社会出现紊乱的现实而制定的。

此外,在旧的等级束缚已逐渐松弛的情况下,许多民众形成了新的身份与社会地位,需要从稳定社会秩序出发重新予以确定下来。管仲提出的"四民",将士、农、工、商相提并论,一律视为"国之石民",对工商阶层的社会地位给予了从来没有的高度重视。这也反映了当时工商阶层作为一个新兴的自由职业群体的客观存在与改变其社会地位的强烈要求。管仲实施的分业定居实际上就是对民众职业的重新确认,这对于各行各业的民众安居乐业具有十分重要的历史意义与现实作用。因此,"四民分业定居"是管仲审时度势,在顺应现实的基础上重建社会秩序的政策措施。这一政策措施对于发展生产、提高社会生产力,从而实现富国强兵具有重要的意义。

当然,从人才培养的角度来看,齐国的"四民分业定居"实际上是对人才进行职业教育、培养专门人才、实现环境育人的有效途径。各行各业的从业人员按照职业不同,分别居住于固定的范围之内,这样人们从小在固定的环境中成长,耳濡目染,习以为常,自然而然地就会接触、熟悉、掌握某一行业的技术特点。这样,长辈们的各种技艺就会自然而然地被晚辈所传承,晚辈们再不断探索研究,精益求精,从而促进了各行各业技艺的普遍提高。这样,环境育人的社会效应就被发挥到了极致,使社会效益最大化。这种固定的环境熏陶使人"不见异物而迁",他们祖祖辈辈心无旁骛,安于本业,切磋技艺,提高技术,长辈们的良好职业技术与职业道德就这样被一代一代地传承下去。这不仅有利于从中发现各种专门的职业人才,而且为不断提高技艺和劳动生产力进一步奠定了坚实的组织基础。

从"四民分业定居"中的优秀的"农民"可以选拔为"士"这一点来看,"四民分业定居"也具有培养人才的作用。这本身就具有十分重要的意义。"其秀民之能为士者,必足赖也。有司见而不以告,其罪五"。地方官员如果发现四民中的优秀人才不主动向上级报告,就会被认为是埋没人才,就会受到处罚。这就从制度层面保证了四民中的人才能被广泛选拔出来。当然,《管子》中的"三选制"实际上也是从"四民"中广泛选拔人才的一种制度。"士"作为统治者中的一个阶层，可以从农民中选拔，这在一定程度上突破了等级制度，为动摇奴隶主贵族世袭制奠定了坚实的社会基础。这也充分反映了管仲政治改革的广度与深度，反映了管仲为政开明的特点。这也许正是齐国国富兵强成为春秋首霸的原因所在。

从职业人才培养的角度来看，齐国的"四民分业定居"实际上就是对人才进行各种不同职业能力的培养。

三、军士的职业训练

《管子》中"四民"的"士"最初是指军士。对军士的职业教育除道德素质方面的教育外，最主要的当然是军事方面的教育与培养。

"士"在春秋时期是一个特殊的阶层。之所以特殊，不是因为他们在国君、卿、大夫、士、庶这一系列中比普通百姓地位高，而是因为他们作为武士、战士，要担负守土扩边的任务，所以对他们必须进行特殊的军事方面的专业教育。

众所周知，管仲辅佐齐桓公最终的目的是通过称霸来稳固齐国政权。而要称霸诸侯就必须有足够强大的军事力量。管仲深刻意识到军事力量的强大不仅仅在于军队的数量和质量，而是多种因素的综合作用。《管子·七法》记载："为兵之数，存乎聚财，而财无敌；存乎论工，而工无敌；存乎制器，而器无敌；存乎选士，而士无敌；存乎政教，而政教无敌；存乎服习，而服习无敌；存乎遍知天下，而遍知天下无敌；存乎明于机数，而明于机数无敌。故兵未出境，而无敌者八。是以欲正天下，财不盖天下，不能正天下；财盖天下，而工不盖天下，不能正天下；工盖天下，而器不盖天下，不能正天下；器盖天下，而士不盖天下，不能正天下；士盖天下，而教不盖天下，不能正天下；教盖天下，而习不盖天下，不能正天下；习盖天下，而不遍知天下，不能正天下；遍知天下，而不明于机数，不能正天下。故明于机数者，用兵之势也。大者时也，小者计也。"这里"为兵之数"就是用兵的方法。《管子》将用兵的方法归结为财、工、器、选士、政教、服习、遍知天下和明于机数八个方面。《管子》认为，要战胜敌人不但要积聚资财，提高军事工艺，挑选士卒，对士卒进行教育和培养，进行军事训练，还要了解各国情况，并把握有利战机，明确战略战术。如果这八个方面都能胜过敌人，就能无敌于天下，从而达到"正天下"的目标。八者当中，"政教""服习"就是对士卒进行特殊的军事专业方面的训练。

那么，齐国是在什么时间，如何培养、训练士卒的呢？据《国语·齐语》

记载："春以搜，振旅，秋以狝，治兵。"这里春天进行田猎叫"搜"；秋天进行田猎叫"狝"，就是在春秋两季分两次通过田猎的形式进行军事训练。这种训练看似游戏一般简单，但实际上具有十分丰富的内容，可以取得增强军队战斗力的效果。"卒伍整于里，军旅整于郊。内教既成，令勿使迁徙。伍之人祭祀同福，死丧同恤，祸灾共之。人与人相畴，家与家相畴，世同居，少同游。故夜战声相闻，足以不乖；昼战目相见，足以相识，其欢欣足以相死。居同乐，行同和，死同哀。是故守则同固，战则同强。君有此士也三万人，以方行于天下，以诛无道，以屏周室，天下大国之君莫能御矣。"[1] 由于分业定居之后，军士从小就生活在武士集团之中，或潜移默化，或耳濡目染，自觉地与这一集团认同，不会见异思迁，这就使军人的心理素质比较稳定，从而无形中提升了战斗力。"春搜"主要是训练撤退与回师；"秋狝"主要是训练进攻和出兵。此外，通过进行一系列的军事训练，由于士兵之间相互非常熟悉，人与人之间朝夕相处，家与家比邻而居，世世同处，童年便在一起玩耍，有祭祀时一起向神祈福，发生丧事时一起参加丧仪。他们祸福与共，因此在夜战之中他们只要听声音就能分辨出敌友，可以避免战阵不乱。白天作战时，瞥一眼就知对方是战友，情谊深厚，使他们能相互救援。驻防则一起娱乐，行军作战则相互协助。这样，他们相互支持，相互鼓励，团结一致，共同对敌，极大地提高了战斗力。《管子·七法》记载："以众击寡，以治击乱，以富击贫，以能击不能，以教卒、练士击驱众、白徒，故十战十胜，百战百胜。"经过教育和训练的士兵，与士卒众多、国家富裕、将帅能力强等因素一样，是决定战争取得胜利的宝贵财富。

四、农民的职业培养

"四民分业定居"有利于对农民进行职业教育和农业专门人才的培养。《管子》通过农业教育，不仅使农业人才"务在四时""守在仓廪"，更重要的是使百姓在掌握四时的同时，能权其节用，备器械，懂得各种农具的使用方法，从而不断提高劳动生产力。

《管子》将农业作为立国之本。在当时的历史条件下，富国富民的重要标志就在于粮食的积聚，要增加粮食自然是发展农业生产。《管子·治国》记载："民事农则田垦，田垦则粟多，粟多则国富。"因此，发展农业生产就成为富国富民、经邦治国、建立王霸之业的头等大事。

要发展农业就必须要有农业方面的科技知识与专业人才。《管子》特别重

---

[1] 转引自徐元诰撰，王树民、沈长云点校：《国语集解》，中华书局2002年版，第224-225页。

视农业科技人才的培养，提出对于农业方面的人才要给予奖励。《管子·山权数》说："民之能明于农事者，置之黄金一斤，直食八石。民之能蕃育六畜者，置之黄金一斤，直食八石。民之能树艺者，置之黄金一斤，直食八石。民之能树瓜瓠、荤菜、百果，使蕃育者，置之黄金一斤，直食八石。……民之知时，曰岁且厄，曰某谷不登，曰某谷丰者，置之黄金一斤，直食八石。民之通于桑麻，使蚕不疾病者，皆置之黄金一斤，直食八石。谨听其言而藏之官，使师旅之事无所与，此国策之大者也。"齐国将奖励农业人才看作一项基本国策，说明了齐国对农业人才的高度重视。

《管子》不仅重视农业人才的培养，而且在当时农业科技的发展水平上，通过总结农业生产经验，提出了一系列农业科学思想"务天时"。当时的农业生产技术已经对粮食生产与土壤的关系有了一定的认识，《管子》则进一步提出"五谷宜其地"的因地制宜的思想。此外，《管子》还看到抵御自然灾害，尤其是水害对于发展农业生产的极端重要性。在总结兴修水利工程方面的经验时，《管子》也涉及与之有关的科技知识的记述，这在当时是独一无二的。

此外，农业科技知识与其他科技知识有着密切的关系。农时学说与物候知识密切相关；因地制宜的思想则是以土壤分类知识、植物地理知识等为基础的；兴修水利工程方面的科技知识又是以水文知识、物候知识等为依据。因此，《管子》在论及农业科技知识的同时，对与农业科技知识相关的一些科技知识也进行了深入的阐述。而且这些科技知识又都离不开数学知识，因而在论及各门农业科技知识的同时，也涉及不少数学知识。这说明当时齐国的农业科技知识与其他科技知识已经相当发达，这为齐国的全面发展提供了有力的科技支持。

五、商业人才的培养

我国古代重视农业而轻视工商业，普遍认为发展农业是治国之本，而工商业乃治国之末。这种本末关系最终形成了根深蒂固的重农抑工商的治国策略。由于管仲特殊的经历，他在治理齐国时，在对待农工商三者关系上与传统的重农轻末方针不同。他在重视农业生产、大力发展农业经济、培养农业人才的同时，也大力发展工商业，重视对工商业人才的培养，不仅活跃商品经济，甚至将经济活动创造性地引入外交活动中，开展了一系列的商品经济战。

由于独特的地理位置和国情，从姜太公封齐建国开始就大力发展工商业。鉴于地薄人稀的现实状况，面对大量盐碱地和草莱丛生的自然环境，为了迅速站稳脚跟，富国强兵，太公便针对鱼盐资源丰富的地理优势，"通工商之业，便鱼盐之利"①，选择了发展工商业的兴国之路，并获得了极大的成功，使"人民多归齐，齐为大国"。

管仲深刻地意识到，富国强兵、称霸诸侯，工商业是不可或缺的一支重要力量和领域，因此，齐国在"三国五鄙"和"四民分业定居"的过程中专门设立了工商之乡。在国都城郭之内所设立的二十一乡中，专门设立了六个工商之乡，即工乡三个，商乡三个。工商之乡和士乡、农乡一样按照职业特点分业定居。工乡居住在官府附近，商乡居住在市井周围。这样的区域划分，不仅便于行政管理，便于专业的相互切磋，提高专业素质，也便于商业经营活动，繁荣市场，保障供给。同时，职业世袭，工商的后代从小受到职业的熏陶，随父兄学习技艺，从事工商活动，即"子弟之学不劳而能"。这种工商人才的培养与教育方式符合当时社会发展的实际情况，不仅取得了良好的教育效果，而且为繁荣市场、发展商品经济、富国强兵提供了重要的物质保障。

从《管子》《国语·齐语》等传世文献来看，齐国当时的工商业队伍在诸侯国中是最为庞大的。在国都临淄城郭之内所设立的二十一乡中，每乡两千家，共计四十二万家。其中，工商六乡，有一万二千家，几乎占到国都户数的十分之三。这些工商之乡的从业人员已经完全与土地相分离。他们不再参加农业劳动，也不参加军事活动，而是专门从事手工业生产与商业活动。这对于培养和造就手工业和商业人才、发展手工业与商品经济具有十分重要的意义。《考工记》记载了春秋时期齐国手工业的发展盛况，"凡攻木之工七，攻金之工六，攻皮之工五，设色之工五，刮磨之工五。"可见，当时齐国对手工业的分工已经非常细密了。社会分工越来越细密，说明各工种之间的相互协作进一步加强，制作技艺有了极大的提高。这些成就的取得自然是分业定居，父子相传、不断提高技艺的结果。这无疑有利于专业人才的培养，极大地促进了专业分工和生产的发展，提高了劳动生产能力。

齐国为进一步促进工商业专门人才的培养，采取了一系列鼓励发展工商业的政策措施。在商业贸易方面实行了降低商业税率的政策。《管子·大匡》记载："桓公践位十九年，弛关市之征，五十而取一。"意思就是，放宽了出入关和市场上的商业税。这一政策在《管子》不少篇中都所有反映。《问》篇强调"征于关者，勿征于市；征于市者，勿征于关。虚车勿索，徒负勿入，以来远人"。这其中就透露了当时商业贸易轻税政策的一些具体内容，即一物不重复纳税，或征于关，或征于市，只征收一次税。对没有商品的空车及商品较少仅靠步行携带商品的不征税。后来，为了巩固霸业的需要还曾经减免过商业

---

① 〔汉〕司马迁：《史记》，中华书局1982年版，第1480页。

税。据《国语·齐语》记载,齐桓公在取得稳定的霸主地位后,对诸侯实行"拘之以利,结之以信,示之以武"的政策。其中,有一条就是"通齐国之鱼盐于东莱,使关市几而不征,以为诸侯利,诸侯称广焉"。所谓"关市几而不征"就是对商人及其所带的货物只进行盘查而不征税。这些政策措施的实施,有利于加强齐国和其他诸侯国之间的商品贸易与经济往来,不但繁荣了商品经济,促进了货物的流通,刺激了生产与消费,同时也为外来客商提供了优惠的待遇,极大地吸引了各诸侯国的客商,从而达到了"以为诸侯利"的客观效果。当然,这些诸侯国的客商将齐国鱼盐之类的商品大量出口,而齐国可以交换到其他急需的物资,从而有效地刺激了工商业的发展,使齐国成为天下贸易中心。

为了刺激商品流通,加快工商业发展步伐,进一步发展商品经济,齐国还为各国客商提供了一些特殊的服务。据《战国策·东周策》记载:"齐桓公宫中七市,女闾七百。"① 意思是说,齐国宫廷之内设立了七市,有七百女子居于其中,负责接待四方客商,为这些客商提供周到的服务,以便于他们在齐国安心经商。《管子》也记载了一些为各国客商提供优惠待遇的措施。《轻重乙》篇记载,齐国为各国前来贸易的客商建立专门的宾馆,根据客商货物的多少给予不同等次的特殊待遇。货物越多受到优待的等级当然越高:有一车货的客商用餐免费;有三车货的客商除用餐免费外,还免费提供牲口的饲料;对有五车货物的客商,除了以上待遇外,还配备五名女服务员。齐国这一系列促进商业发展的政策、措施,吸引了四面八方的商人云集齐国,出现了"天下商贾归齐若流水"的热闹繁荣局面。如此繁荣的工商贸易局面的出现,没有大量的工商人才是不可想象的。

齐国在大力发展工商业以富国富民的同时,还巧妙地运用轻重之术以富国强兵。《史记·管晏列传》中记载了管仲为政的特点"贵轻重,慎权衡"。《汉书·地理志》中记载:"桓公用管仲,设轻重以富国。"轻重之术是管仲建立的强化国家干预经济的职能、加强对经济的宏观调控的经济管理手段。其内容并不局限于经济本身,而是涉及政治、军事、外交等各个方面,但其核心是调控经济、富国强兵。也就是国家通过垄断经济,一方面抑制富商牟取暴利,稳定物价,另一方面实行如盐、铁等特殊商品由国家专营,增加财政收入。这一系列的政策措施的实行,没有大量的工商人才也同样是不可想象的。

综上所述,桓管时代的齐国实行"四民分业定居"的职业教育与专业人

---

① 见〔汉〕刘向集录,范祥雍笺证,范邦瑾协校:《战国策笺证》,上海古籍出版社2006年版,第33页。

才的培养，使相同职业的人居住在一起，有利于进行相对集中的职业教育和职业人才的培养。而相同职业的人在同一地方接受同一教育，可以形成一个良好的教育环境，达到"旦暮从事于此，以教子弟，不肃而成，其子弟不劳而能"的效果，从而收到士之子恒为士，农之子恒为农，工之子恒为工，商之子恒为商的结果。这自然有利于人才的专业化、职业化。此外，"四民分业定居"有利于大规模地培养各级各类专业人才。四民分业而教，地点比较稳定，目的十分明确，内容更有针对性，方法也更符合各级各类人员的实际。这样就可以培养大批社会所需要的各级各类专业人才，即：通过军事教育培养出大批的军事人才；通过农业教育培养出大批的农业人才；通过工业教育培养出大批的工业人才；通过商业教育培养出大批的商业人才，从而为国家的发展、强盛，为社会的稳定奠定了坚实的人才基础。

第三节 学校教育

齐国在春秋战国时对人才的另一种重要培养和教育方式就是学校教育。

一、以贵族为主的学校教育

教育是伴随着人类的产生而产生的。洪荒时代，"未有火化，食草木之实，鸟兽之肉，饮其血，茹其毛"[①]。那时的教育只不过是一种有意的或随意的示范，是一种宽泛的示范性、诱导性教育。随着生产力的发展和社会的进步，社会教育作为一种社会发展的需要得到了充分的发展。到了商周时代，教育已经有了明确的广义和狭义之分。也就是说，人类的教育已经在广泛的、带有很大随意性的社会教育的基础上，产生了具有明确的目的性的学校教育。《孟子·滕文公上》载："设为庠序学校以教之。庠者，养也；校者，教也；序者，射也。夏曰校，殷曰序，周曰庠；学则三代共之，皆所以明人伦也。"[②]可见，夏、商、周三代都有学校以教育贵族子弟。根据《礼记·王制》的记载，天子可以设立叫作"辟雍"的学校，各方诸侯可以设立名为"泮宫"的学校。西周时期的学校教育由大学和小学组成，分别教育成年及未成年的贵族子弟。当时西周的大学称为"辟雍"，诸侯国的大学称为"泮宫"。而各级各类学校则统称为"国学"。

---

① 《礼记·礼运》，上海古籍出版社2004年版，第268页。
② 《孟子·滕文公上》，见〔清〕焦循《孟子正义》，香港中华书局1978年《诸子集成》本，第202页。

在阶级社会中教育具有鲜明的阶级性。在原始社会时期，在教育面前人人都是平等的。随着生产力水平的提高，有了剩余产品，私有制出现了。伴随着私有制的出现，剥削随之产生，教育也随之变成统治阶级统治的工具。这样，能够接受学校教育是统治阶级的特权，平民百姓是没有资格接受学校教育的。周平王东迁之后，伴随着诸侯争霸称雄序幕的拉开，列国兼并，兵连祸结，社会动荡，周天子的权势日益衰落。列国出于竞争称霸的需要，在各诸侯国内出现了一股十分盛行的所谓"尚贤"的人才培养与选拔潮流。一般来说，春秋中期以前各诸侯国的国君、卿、大夫都是世袭的，所谓"尚贤"的人才选拔，也只是限于贵族内部的人才选拔。当时"内姓选于亲，外姓选于旧"[①]。孔子之后，才出现了私家办学的风气，文化知识才得到不断的下移，平民百姓才有接受学校教育的机会。

二、齐国扩大了教育与人才选拔的范围

桓管时代的齐国与其他诸侯国不同的是，在贵族世袭的基础上，还选拔起用了一大批出身下层的人才参与国家治理，如管仲、宁戚、鲍叔牙等。这说明齐国在桓管时代不仅具有学校教育，而且在一定程度上扩大了教育的范围，使一部分出身下层的人有了接受学校教育或者其他形式教育的机会。这一点我们可以从《管子·小匡》和《国语·齐语》的记载中得到证明。据《管子·小匡》记载，齐桓公正月之朝，各乡乡长、鄙属大夫向他汇报工作。齐桓公就责令他们举荐贤才，凡"有居处为义、好学、聪明、质仁、慈孝于父母、长悌闻于乡里者"，"有拳勇、股肱之力，筋骨秀出于众者"，都要及时举荐，有而不告者，罪入五刑。齐桓公明确要求乡、鄙都要举荐人才，以至于"匹夫有善，故可得而举也；匹夫有不善，故可得而诛也"。所谓"匹夫"当然指的是庶人、平民之类的人。既然庶人、平民阶层可以有机会做官，并且可以"升以为上卿之赞"[②]，那么，在齐国的庶人、平民阶层一定能够受到某种程度的学校教育或者社会教育。否则，没有受过教育、没有知识与文化的平民，是不可能被选拔为各级各类官员的。实际上，我们从齐桓公的用人实践上也完全可以证明这一点。《战国策·秦策五》记载，姚贾说："管仲，其鄙人之贾人也，南阳之弊幽。""鄙"，指的是国都之外的郊野。这里说管仲只是鄙野商人，在南阳穷困潦倒。《史记·管晏列传》也记载：管仲"始困时，尝与鲍叔贾，分财利多自与，鲍叔不以我为贪，知我贫也……"由此可见，管仲并非

[①] 《左传·宣公十二年》，见〔晋〕杜预《春秋经传集解》，上海古籍出版社1988年版，第585页。
[②] 《国语·齐语》，徐元诰撰，王树民、沈长云点校《国语集解》，中华书局2002年版，第585页。

出身显贵，更不是豪门望族。然而，管仲却一下子可以直取卿相之尊，被称为"仲父"。

宁戚是卫国人，因为家境贫寒不得不充当商人的车夫。宁戚来到齐国之后，在车旁喂马时的一句"浩浩乎白水"的感慨，被齐桓公看中，重用为大司田，管仲死后还一度做了齐国的相国。管仲、宁戚等人能够被重用，一方面说明齐桓公是一代明君以及用人的开放性和前瞻性；另一方面也说明，管仲、宁戚等人的才能并不是与生俱来的，他们不可能是生而知之者的天才，后天的教育（无论是学校教育，还是其他形式的教育）必然为他们的天赋发展起到过良好的作用，他们必然接受过良好而系统的教育。一个少年穷困的商人，一个贫穷的车夫，能够在齐国得到巨大的发展，取得卿相之尊，这充分说明当时的齐国在学校教育或者社会教育的接受面已达到相当广泛的程度。

三、稷下学宫——开一代教育风气之先

春秋时期齐国的学校教育情况在《管子》中并无明确的记述，却对战国时代的学校教育情况有足够的反映。《管子》中《弟子职》篇不仅记录了这样的学校教育的学生守则，而且对稷下学宫的情况有比较详细的记述。

春秋末期私学兴起之后，学术与知识不断下移。战国成为中国历史上的一个礼贤下士的时代，也是一个布衣卿相的时代，许许多多的士人通过跟随名师学习，都能出将入相，成为左右时局的杰出人物。在当时，天下最有名的培养人才和人才聚集的地方就是齐国的稷下学宫。稷下学宫是田齐统治者为招揽、培养天下人才在稷门之外建立的规模宏大的学校和学术机构。田齐统治者在政治上让稷下先生们享受"上大夫""列大夫"等较高的政治地位和优厚的待遇。经济上在四通八达的康庄大道旁为他们建造高门大屋，给予稷下先生们十分优厚的待遇。正是由于田齐统治者的大力扶持，稷下学宫得以长兴久盛。《史记·田敬仲完世家》记载："宣王喜文学游说之士，自如邹衍、淳于髡、田骈、接子、慎到、环渊之徒七十六人，皆赐列第，为上大夫，不治而议论。是以齐稷下学士复盛，且数百千人。"[①] 成千上万的稷下先生和弟子在稷下学宫讲学、授徒、学习技艺，成为中国历史上一个光辉灿烂的时代。

有关稷下学宫学生的学习情况，可以从《管子·弟子职》中得到一定的体现，稷下学宫中学生数量不少，先生亦不少，最多时有数百上千人。在《弟子职》篇中，对学生从早上起床到晚上熄灯的整个学习过程都有明确的记述。在尊师、礼仪、起居、学习等方面的行为也都有具体、明确的要求。这些

---

① 见缩印百衲本二十四史《史记》，商务印书馆1958年版，第640页。

要求无不充满了重仁义、尊师重教的学习风气。如《弟子职》的开篇："先生施教，弟子是则，温恭自虚，所受是极。见善从之，闻义则服。温柔孝悌，毋骄恃力。志毋虚邪，行必正直。游居有常，必就有德。颜色整齐，中心必式。夙兴夜寐，衣带必饰。朝益暮习，小心翼翼。一此不解，是谓学则。"这里既讲了学生应该谦虚恭敬、竭尽全力地身体力行先生所教导的仁义道德和学业之道；也具体说明了学生应该学习什么内容；同时也讲了学习必须专一，坚持不懈，不可半途而废。正因为稷下学宫有如此严格的学生守则，所以为齐国甚至当时所有诸侯国培养了一大批杰出的人才。

学校教育是人才培养主要而有效的途径。教育以提高人才的素质与能力为目标，为统治者培养大量的后备人才，扩大选人、用人的范围，使有德、有才、有能之人有了晋升的渠道，这就巩固和增强了统治阶级的统治基础。然而，教育和人才培养是一个长期的过程，所以对于人才的培养教育应该采取和风细雨的潜移默化式的教育模式。《管子·侈靡》记载："若夫教者，摽然若秋云之远，动人心之悲；蔼然若夏之静云，乃及人之体；鸾然若皓月之静，动人意以怨；荡荡若流水，使人思之，人所生往。教之始也，身必备之，辟之若秋云之始见，贤者、不肖者化焉。敬而待之，爱而使之，若樊神山祭之。贤者少，不肖者多，使其贤，不肖恶得不化？"即教育的方法好像秋天的云彩一样的高远，感动人产生悲凉之心；好像夏天天上出现的静止不动的云彩，能笼罩人的身体；其深邃好像明亮的月亮那样寂静，使人心产生哀怨；又好像流水一样绵长，使人遐想并产生向往之情。在教育开始的时候，教师要有充分的准备，就像秋云在天空出现，不论贤者还是不肖者，都能同时受到感化。要耐心等待人，要有爱心，就如同在神山上扎起篱笆墙进行祭祀神灵一样的诚心。虽然贤人少而不肖者多，但教育却能使人转变，不肖者怎么能够不向贤者转化呢？

《管子》认为，发展经济、富国强兵、称霸诸侯、改善民众生活，国家的一切政治活动都离不开人才的培养与教育。桓管时代齐国人才培养与教育的内容具有强烈的功利主义特点。尽管齐国的人才培养涉及素质教育、道德教育和职业教育等各个方面，但总的来看，齐国人才教育培养的着眼点是将人才培养与教育和当时的社会现实紧密联系在一起，为满足农业生产、商业发展、社会秩序的稳定、战争的胜利等现实需要而进行的。可以说，齐桓公和管仲的人才教育与培养目的就是为了实现富国强兵、称霸诸侯，使齐成为东方的泱泱大国。

第七章 《管子》的人才考核思想

《管子》认为，对于人才不但要广泛培养，严格选拔和大胆使用，同时在选拔的过程中和任用之后一定要加以严格考察与考核。是不是人才，能否重用，要经过严格的考察，一旦任用，之后也要进行严格的考核，以奖优罚劣。这既是才称其用的保证，也是人才的成就获得国家和社会的承认、认同，人才潜能得到进一步发挥的需要。对人才进行考察是人才得到任用的基础，而对人才进行考核是激励人才的条件。没有考察就谈不上正确使用；没有考核就没有激励和惩处。所以，《管子·明法解》记载："任人而不课（考核），不肖者不困（危机感）。"为了加强对人才的有效管理与合理任用，充分调动人才的积极性与主观能动性，发挥人才的聪明才智，《管子》主张对于人才无论在选拔任用之前还是任用之后，都要有组织、有计划地对各级各类人才进行全面、严格的审核，并根据考核情况予以奖赏，以达到奖优罚劣的目的。

《管子》的人才考核方式大致说来可以分为两种形式：一种是君主对于人才一年两次的考核；另一种是官员对于人才表现的考核。

第一节 君主对人才的考核

一、君主对人才的考核方式

君主一年两次对人才进行考核。根据《管子·立政》篇记载："孟春之月，君自听朝，论爵赏校官，终五日。季冬之夕，君自听朝，论罚罪刑杀，亦终五日。"这就是说春季第一个月君主听政，对人才和官员进行评定爵位赏赐的考核工作。同样，冬季最后一个月的末尾君主听政，对人才和官员进行评定罚罪刑杀的考核。为了做好对于人才的考核工作，齐国大致采取了以下考核方式与方法：

第一，齐桓公委派心腹大臣对人才与官员进行考核。例如，齐桓公就曾委派鲍叔牙对各级官员中的所谓"有善者"进行考察；委派晏子考核平民与农夫中有善行的人；委派高子对于农、工、商这些行业中的所谓"有善者"进行考核。由此可见，当时齐桓公和管仲是对各行各业中的人才和官员都进行分级分类考核的。

第二，对被考核的对象，按照考德、考勤、考绩三个标准分别进行等级品次的打分考核。例如，齐国对大夫的考核规定："劝国家，得之成而不悔，为上举；从政治为次，野为原，又多不发，起讼不骄，次之；劝国家，得之成而悔，从政虽治而不能，野原又多发，起讼骄，行此三者为下"（《管子·大匡》）。"管仲告鲍叔曰：'劝国家，不得成而悔，从政不治不能，野原又多而发，讼骄，凡三者，有罪无赦。'告晏子曰：'贵人子处华，下交，好饮食，行此三者，有罪无赦。士出入无常，不敬老而营富，行此三者，有罪无赦。耕者出入不应于父兄，用力不农，不事贤，行此三者，有罪无赦。'告国子曰：'工贾出入不应父兄，承事不敬，而违老治危，行此三者，有罪无赦。凡于父兄无过，州里称之，吏进之，君用之。有善无赏，有过无罚，吏不进，廉意。于父兄无过，于州里莫称，吏进之，君用之，善为上赏，不善吏有罚"（《管子·大匡》）。由此可以看出，对于官员和人才的考核目的十分明确，就是要根据人才的不同等次分别给予不同的官职。对于那些不能胜任本职工作的，或者没有实际能力的所谓人才，要坚决予以罢免，对造成损失与危害的还要追究其责任。

第三，齐桓公时代对于人才和官员的考核还有一定的复核措施。在人才的考核过程中，如果发现了优秀人才，官员必须找他们面谈，并将人才的具体情况上报国君，最终由国君对这些特殊的优秀人才进行面试与考核，然后根据考核情况决定取舍。

第四，对于人才的考核就是为了奖惩。凡是德才兼备、成绩突出、深受上下信赖的优秀人才，自然要予以重用和奖励。相反，给予那些庸才、蠢才，则予以罢免或者降职；对于那些严重失职、并造成危害的要依法追究责任；对于那些违背伦理道德的不良之徒要绳之以法，有罪无赦。

第五，对于那些举荐人才的官员也要根据所举人才的"善"与"不善"的实际表现，给予那些举荐者相应的奖罚。官员当中如果发现人才而不举荐，那就要以埋没人才的罪名而被罢免。

从以上五个方面来看，齐国对于人才的考核是十分全面与周到的，不仅有措施，而且使之制度化、法制化。这在当时无疑是进步的，具有深远的历史影响与意义。

二、君主对人才的考核重点

君主对于人才的考核内容主要集中在德、功、能三个方面，即所谓的

"三本"。《管子·立政》篇记载："君之所审者三：一曰德不当其位，二曰功不当其禄，三曰能不当其官。此三本者，治乱之原也。"这就是说，君主考核的内容主要有三个方面：一是行政官员的德望和他的地位是否相称；二是行政官员的功绩和他的俸禄是否一致；三是行政官员的能力才华和他担任的官职是否相称。"三本"既是《管子》人才选拔与任用的原则，同时也是对于人才和官员进行考核的原则。《管子·立政》又载："国有德义未明于朝者，则不可加于尊位；功未见于国者，则不可授以重禄；临事不信于民者，则不可使任大官。"通过这三项原则，使"贤者食于能，斗士食于功"（《管子·七法》），"爵授有德，禄予有功"（《管子·问》）。通过考核对官员"有功必赏，有罪必诛"（《管子·七法》）。只有这样，官场才能树立正气，打击歪风邪气。也只有这样，人才才能得到正确任用与发挥其应有的作用。

三、人才考核的作用与意义

君主对人才和官员的考核具有两方面的作用与意义：一是通过考核罢免那些不称职和不合格的官员；二是通过考核为对官员的奖惩提供依据。这样就可以避免人才使用方面出现"有功而不能赏，有罪而不能诛"的局面。《管子》认为，一个国家如果出现"言是而不能立，言非而不能赏，有罪而不能诛，若是而能治民者，未之有也"（《管子·七法》）。由此可见，《管子》对于人才考核重要性的认识是和它对于人才重要作用的认识完全一致的。

此外，通过齐国君主对官员和人才的考核我们可以深切感受到：一是齐桓公亲自坐镇监督实施对官员的考核。这说明齐桓公对官员考核的高度重视，由此也可以看出，齐国对于人才选拔与任用的重视程度。二是齐桓公对官员的考评每年分两次进行，年初评定政绩，年底考核刑杀，有奖有惩，先奖后惩，组织严密，实施严格。三是考评的内容分为德、能、功三个方面，十分科学与全面。这些都是值得我们今天借鉴的。

第二节 官员对人才的考核

由《管子》可以看出，齐桓公和管仲对于官员和人才的考核是系统的、制度化的甚至是法制化的。这在当时诸侯各国之中是最为先进的认识。

一、考核要循名责实

对于官员的考核首先要做到"明分职"（《管子·明法解》），也就是说首先要明确官员的职责。《管子》认为，君主是"坐万物之原，而官诸生之职者"(《管子·君臣上》),"明主之治也,明于分职,而督其成事"(《管子·明法解》)。明主"张官任吏治民,案法试课成功。守法而法之,身无烦劳而分职故明"(《管子·明法解》)。君主必须通过明分职而使"群臣奉法守职,百官有常"(《管子·正世》)。因此"上有五官以牧其民,则众不敢逾轨而行矣;下有五横以揆其官,则有司不敢离法而使矣"(《管子·君臣上》)。齐国设立专门的监察机构负责对官员进行监督考核,鲍叔牙就曾经担任监察谏议的大谏之官。这就说明,当时齐国对于官员的考核是制度化的、常态化的、法制化的。

各级各类的官员职责明确之后就可以进行有效的考核和监督。例如,《管子·君臣上》篇对傅相、百官谋士,特别是对民啬夫、吏啬夫的职责都做了明确的规定。《管子·立政》篇中对虞师、司空、司田、乡师、工师等不同类型官员的职责也有具体的规定。前面所讲的君主对于官员的每年两次的考核,就属于考核的方式之一。对于人才的考核,不仅要听其言而且要观其行,以禁绝虚言、佞幸之徒,使有才能的人才真正能够施展抱负、发挥聪明才智,做出突出成绩。《管子·明法解》说:"故明主之听也,言者责之以其实,誉人者试之以其官。言而无实者诛,吏而乱官者诛。是故虚言不敢进,不肖者不敢受官。""乱主不察臣之功劳,誉众者,则赏之;不审其罪过,毁众者,罚之。如此者,则邪臣无功而得赏,忠正无罪而有罚。故功多而无赏,则臣不务尽力;行正而有罚,则贤圣无从竭能;行货财而得爵禄,则污辱之人在官;寄托之人不肖而位尊,则民倍公法而趋有势。如此,则悫愿之人失其职,而廉洁之吏失其治。"这显然是主张对于人才的考核要循名责实。

二、官员对人才的考核办法

从具体的考核办法来看,《管子》主张:一是"审其所好恶,则其长短可知也;观其交游,则其贤不肖可察也。二者不失,则民能可得而官也"(《管子·权修》)。也就是说,通过考察被考核对象的兴趣爱好就能够了解他的爱好与特长;考察他厌恶、不感兴趣的方面就可以明白他的短处。通过观察其所交朋友的类型就可以知其为人是否贤明了。二是"举所美,必观其所终;废所恶,必计其所穷"(《管子·版法》),即一个人的美德能否坚持始终要加以长期的观察;废除一个有恶德的人,同时也要预防他穷凶极恶,穷途末路,破釜沉舟,无恶不作。三是"明主之择贤人也,言勇者,则试之以军;言智者,则试之以官。试于军而有功者,则举之;试于官而事治者,则用之。故以战功之事定勇怯,以官职之事言愚智"(《管子·明法解》),即所谓"以法案其言而求其实,以官任其力而课其功"。这实际上就是提倡对于各级各类人才进行不同方式方法的考核与审查。四是《管子》也提出了一系列考核人才的观点。"凡论人有要，矜物之人，无大士焉。彼矜者，满也。满者，虚也。"（《管子·法法》）。这就是说，凡是骄傲自满的人当中不会有大人才的。"凡论人而远古者，无高士焉。既不知古而易其功者，无智士焉"（《管子·法法》）。即高士、智士这些杰出的人才必然会懂得要继承前人的经验才能有所作为，否则盲目的自高自大、目空一切，犯历史虚无主义的人是不会有大作为的。"钓名之人，无贤士焉"（《管子·法法》）。这就是说那些沽名钓誉的人是不会成为有大用的人才的。

三、考核的目的在于监督管理

考核人才的目的自然在于加大对人才的管理力度，通过对于官员爵禄的升降、赏罚措施，实现对于官员的管理和监督。所以，赏罚就成为考核结果兑现的主要方式方法。《管子·版法解》篇认为，赏罚是君主治国的利器，也是君主统治的重要手段。"君之所以为君者，赏罚以为君"。赏可以给予相应的爵位与俸禄，罚可以罢职免官，甚至可以给予法律的制裁。《管子·明法解》记载："爵禄者，人主之所以使吏治官也。"君主必须认真对待"赏罚之制"（《管子·君臣上》），将爵位、俸禄和官员的职责、实绩相联系，使爵位和他的德行、能力、功绩相当，切实做到按事论能，使法量功，量罪行罚。"有功者赏，乱治者诛，诛赏之所加，各得其宜，而主不自与焉"（《管子·明法解》）。对于官员"视其不可使，因以为民等；择其好名，因使长民；好而不已，是以为国纪"（《管子·侈靡》）。此外，对于那些"劝国家，不得成而悔，从政不治不能，原野又多而发，讼骄，凡三者，有罪无赦"（《管子·大匡》）。要坚决反对"功多为上，禄赏为下""治行为上，爵列为下""权重之人，不论才能而得尊位""便辟左右，不论功能而有爵禄"的现象发生。要尽可能避免"上令轻，法制毁"（《管子·八观》）的恶果发生。同时要求统治者切忌以喜怒行赏罚，做到"喜无以赏，怒无以杀"（《管子·版法》）。这就是对统治者提出的赏罚必信、赏罚必须公正无私的严格要求。

四、建立赏罚机制

一是赏罚不能没有标准。统治者不能因为关系亲近就多赏，也不能因为关系疏远就少赏，或者不赏。确实做到"便辟、左右、大族、尊贵、大臣，不得增其功；疏远、卑贱、隐不知之人，不忘其劳"（《管子·七法》）。二是赏罚不能随心所欲。统治者也不能因为自己的心情好坏随意赏罚，"喜无以赏，怒无以杀。喜以赏，怒以杀，怨乃起，令乃废。"（《管子·版法解》）三是赏罚要有度。一方面，赏罚要有一定的分量，"赏不足劝，则士民不为用；刑罚不足畏，则暴人轻犯禁"（《管子·正世》），因此"赏必足以使，威必足以胜"（《管子·正世》）；另一方面，赏罚也不能太过，"赏重，则上不给也；罚虐，则下不信也"（《管子·君臣下》）。奖赏的额度太大，国家财政就会有困难；处罚太重人民就不会信服。赏罚过滥就会使赏罚的考核奖惩作用得不到正确发挥。

总之，齐桓公时代齐国不仅十分重视人才考核，而且具有严格的考核标准和程序。齐桓公及其重臣们都亲自参与人才和官员的考核。尤其是君主一年当中两次亲自考核人才，通过考核对人才实行奖惩和官职的升降。对于那些品德优秀、能力突出、业绩十分优异的人才，加官晋爵，进行大力赏赐；相反，对于那些品德恶劣、能力低下、没有任何功绩的人员，甚至犯有过失的人员，不仅要降职降级，甚至要罢免和受到法律的制裁。对于人才就是要通过考核、奖惩和赏罚等手段，树立正气、引领官场风气的风清气正。当然，这对齐国人才队伍的建设也具有重要的意义，为齐国提供了重要的人才储备。

《管子》的人才考核并未停留在空洞的说教层面，而是认真坚持和贯彻求实的原则。考核的标准具体，考核的方式方法科学，考核的内容集中在德、能、勤、绩、廉各个方面，考核的过程严格认真，考核的结果严格兑现，实行奖惩升降。可见，齐桓公的人才考核思想在当时的历史条件下，不仅是难能可贵的、进步的，而且在今天仍然具有十分重要的借鉴意义。

第八章 《管子》的人才激励思想

《管子》不仅重视对于人才的选拔培养及考核,而且重视对于人才的激励。《管子·国蓄》认为,"夫民者信亲而死利,海内皆然。民予则喜,夺则怒,民情皆然"。正是出于对人性的深刻认识,《管子》对于人才的考核与激励非常注重对人的心理活动规律的认识与把握,它认识到需要的满足是实行有效人才管理的基础。《管子·七法》篇记载:"不明于决塞,而欲驱众移民,犹使水逆流。不明于心术,而欲行令于人,犹倍招而射之。"这实质上是对人的心理活动规律的掌握与利用。"凡人之情,见利莫能勿就,见害莫能勿避"(《管子·禁藏》)。即一般人对于险易事情,避险而就易,喜易恶险。对于利害杀生问题,"民之情莫不欲生而恶死,莫不欲利而恶害"(《管子·形势解》)。所谓"心术",就是"实也,诚也,厚也,施也,度也,恕也"(《管子·七法》),这实质是指人的心理品质。了解人的心理实质上是为了了解人的需要。只有了解和满足人的需要,才能进一步激发人的动机,使其甘愿效力。因为人情喜利恶害,"故利之所在,虽千仞之山无所不上,深渊之下,无所不入焉。故善者执利之在,而民自美安;不推而往,不引而来,不烦不扰,而民自富"(《管子·禁藏》)。正因为有上述认识,所以《管子》主张对人才要进行必要的激励,只有这样才能更好地发挥各级各类人才的积极性与主观能动性,更好地为国家服务。

第一节 《管子》人才激励的理论基础

一、顺应人性是人才激励的基础

激励是对做出突出贡献的人才给予奖赏,因此激励的对象是社会生活中活生生的人,而不是没有思想和意识的"物"。要理解激励的本质,首先就要对被激励对象的人性有清晰的认识。《管子》的人才激励理论有一个基本前提,那就是要求"令顺民心"。《管子》认为,统治者的政令能否行得通,能否调动人的积极性，关键就在于政令是否顺应人心。"政之所行，在顺民心；政之所废，在逆民心"（《管子·牧民》）。统治者如果做不到"令顺民心"，那么"刑法不足以畏其意，杀戮不足以服其心"，结果只能是"刑法繁而意不恐，则令不行矣；杀戮众而心不服，则上位危矣"（《管子·牧民》）这样的话，激励和惩罚也就失去了它本身应有的意义。

施政措施要做到顺民心，当然就要了解民心，懂得民心。《管子·禁藏》认为，人性是"得所欲则乐，逢所恶则忧"。"凡人之情，见利莫能勿就，见害莫能勿避"。就是说，人的自然属性是追求利益、趋利避害的。人对利益的追求产生了人的需要，人的情感是以其需求是否得到满足为转移的，而情感反过来也会决定需求的广度和强度。所有的人，无论贵贱高低，都是"得所欲则乐，逢所恶则忧"。人们追求利益就像水往低处流一样，是自然而然的事，这是人的本性。就像商人做买卖夜以继日地倍道兼行，"千里而不远者"，因为"利在前也"；渔夫捕鱼不怕海深浪大，"乘危百里，宿夜不出者，利在水也。故利之所在，虽千仞之山，无所不上，深渊之下，无所不入焉"（《管子·禁藏》）。当然，人类社会是复杂的，"贤者少，不肖者多。使其贤，不肖焉得不化？今夫政则少别，若夫威刑之征者也。去，则少可使人乎？"（《管子·侈靡》）"民之生也，辟则愚，闭则类"（《管子·乘马》）。在人群中间贤人毕竟是少数，不肖者是多数。但是经过教化，贤人会更为贤德，不肖者会转化为贤者。放纵人的本性，人就会去做坏事；反之，禁止他去做坏事，人就会变好。因此，不但要顺应人性，更重要的是要对人性加以合理的引导和进行教化。

二、顺应人性进行管理

《管子》趋利避害的人性论不仅承认人具有追求利益的本能欲望，而且还清醒地认识到"使人不欲生不恶死，则不可得而制也"（《管子·明法解》）。也就是说，人如果没有欲望就不可能管理他们。因此，统治者认识和掌握了人的本性，便可以利用它为管理服务。《管子·权修》记载："人情不二，故民情可得而御也。"即了解民情就可以更好地驾驭人民。如何驾驭人民呢？《管子·形势解》记载："故欲来民者，先起其利，虽不召而民自至。设其所恶，虽召之而民不来也。"所以，人的趋利避害的本性正是《管子》人才激励思想的出发点和立足点。

《管子》认为，有效的管理不是抹杀或回避这种自然人性，而是合理地利用与引导它为统治者服务。在《管子》看来，只有在充分、全面地了解、认识人的本性之后，才能因其自为之势、导其谋己之利地制定管理政策与措施，管理才能得以建立并获得成功。

第二节 人才激励的根本途径

一、激励的前提是需要

需要是个体感到某种缺乏而力求获得满足的心理倾向，它是有机体自身和外部生活条件的要求在头脑中的反映，是人们与生俱来的基本要求。需要反映的是人对客观条件的一种依赖关系，它是在人与客观环境相互作用的过程中产生的。马克思认为，没有需要，就没有生产。具体来讲，生理因素、情感因素、环境因素、知识因素、成长因素等都可以产生需要。如果人产生了某种需要，心理上就会产生不安和紧张的情绪，这就成为内在驱动力，也就是我们平常所讲的行为动机。有了某种动机，就会推动人去寻求满足需要的方法。在现实生活中，人们会产生各种各样的需要，而且不同需要的满足程度也不同。但总体而言，需要是任何行为受到激励的前提，没有需要就不可能产生激励。激励就是根据人的需要激发人的动机的过程。对于个体而言，产生积极性的心理基础在于人对客观事物所具有的生理的或社会的、物质或精神的需要。这些需要是个体思想、行为的原动力。

既然人性是"得所欲则乐，逢所恶则忧"，那么顺应人性的最好方法莫过于给人利益，满足人的需要了。《管子·五辅》记载："得人之道，莫如利之。"《管子·侈靡》记载："百姓无宝，以利为首。一上一下，唯利所处。"《管子·国蓄》记载："夫民者信亲而死利，海内皆然。民予则喜，夺则怒，民情皆然。"这里所说的"利"的实质就是人的需要。"欲来民者，先起其利，虽不召而民自至"（《管子·形势解》）。只要正确地掌握"利"这个欲望的杠杆，就能有效地调动人的积极性，"不推而往，不引而来"，从而收到事半功倍的效果。这就像"鸟之覆卵"一样，"无形无声，而唯见其成"（《管子·禁藏》）。作为统治者必须善于给人以利益，满足人的需要，不懂得这一点就不能充分调动人的积极性和主动性，为我服务。《管子·牧民》记载："民恶忧劳，我佚乐之；民恶贫贱，我富贵之；民恶危坠，我存安之；民恶灭绝，我生育之。""圣人之所以为圣人者，善分民也。圣人不能分民……安得名圣？"（《管子·乘马》）人的需要得到满足后就必然会激发出更大的积极性，产生更大的效益，所以说，"故知予之为取者，政之宝也"（《管子·牧民》）。激励是统治者所掌握的秘密武器，是为政之宝。

《管子》有一句名言："仓廪实而知礼节，衣食足而知荣辱"。也就是说，

《管子》认识到贫穷就会使老百姓产生怨恨与不满，百姓怨恨与不满，社会就不可能安定。这实际上从某种程度承认了怨恨的合理性。认识到贫穷是一些人道德沦丧、作奸犯科的根源，因而它主张"闭祸在除怨"（《管子·版法》）——只有消灭贫穷，才能从根本上不让怨恨产生。要做到这一点，"衣食足则侵争不生，怨怒无有，上下相亲，兵刃不用矣"（《管子·禁藏》）。只有最大限度地满足了人的需要，才能激发出更大的积极性，产生更大的社会效益，甚至能使人自愿放弃这些需要。"能佚乐之，则民为之忧劳；能富贵之，则民为之贫贱；能存安之，则民为之危坠；能生育之，则民为之灭绝"（《管子·牧民》）。管理的真正精髓就是要懂得只有给予才能获取的道理，这就是统治之术，也就是御人之术。

二、需要是有层次的、多方面的

人的需要是有层次的、多方面的。如何满足人的需要？首先满足什么样的需要？《管子》认为，物质性的需要是人的最基本的需要。《管子·侈靡》充分意识到物质性需要对于人生存与发展的重要意义："衣食之于人也，不可以一日违也，亲戚可以时大也"，"仓廪实则知礼节，衣食足则知荣辱"（《管子·牧民》）。人的最基本的需求是生存需求，是对物质利益的满足。没有"仓廪实"与"衣食足"，就不可能维持"知礼节""知荣辱"的伦常秩序。只有满足了最基本的物质需要，才可能激发人们更高层次的需求。因此，统治者只有充分认识到"足民欲"的重要意义，才能更好地统治人民，让人民心甘情愿地为其统治服务。《管子·侈靡》篇记载："饮食者也，侈乐者也，民之所愿也。足其所欲，赡其所愿，则能用之耳。今使衣皮而冠角，食野草，饮野水，孰能用之？此百姓之怠生，百振而食，非独自为也，为之畜化。"只有满足了民众"饮食""侈乐"的欲求，统治者才能让他们为自己效力，才能更好地统治他们。

《管子》从其人性论出发，不仅认识到需要是动机产生的基础和根源，还认识到人的需要是丰富的、多层次的。要激发人才的内在动机，就必须满足人才的各方面的需要。物质需要仅仅是个体需要的一个层面，研究个体的需要，就要将人放在整个社会政治、经济、文化、教育的框架中加以综合考虑。由于不同个体所处的环境不同，所具有的价值观不同，加之个性差异，其需要也会存在较大差异。因此，对人才进行激励要充分考虑到个体主客观各种因素的影响，投其所好，采取有针对性的激励措施。在春秋时期以农业为立国之本的社会背景下，《管子》就已经初步认识到人的个性差异，提出了具有针对性的激励思想。《管子·侈靡》记载："如以予人财者，不如无夺时；如以予人食者，不如无夺其事，此谓无内外之患。"一份能够安身立业、代表一定社会地位、显示一定社会身份与价值的工作相对于单纯地给予物质上的帮助而言，无疑是个体更高层次需求的被满足。《管子》在满足个体最基本的物质性需要的基础上，进一步提出了重视人的社会性需要的较高层次的问题。对于人的需求差异，《管子·禁藏》篇记载，"而好恶不同，各行所欲，而安危异焉，然后贤不肖之形见也。夫物有多寡，而情不能等；事有成败，而意不能同；行有进退，而力不能两也"。《管子·牧民》篇记载："民恶忧劳，我佚乐之；民恶贫贱，我富贵之；民恶危坠，我存安之；民恶灭绝，我生育之。能佚乐之，则民为之忧劳；能富贵之，则民为之贫贱；能存安之，则民为之危坠；能生育之，则民为之灭绝。故从其四欲，则远者自亲；行其四恶，则近者叛之。"在《管子》所阐述的几种民之需求中，其内容显然已不仅仅限于物质层面，而是涵盖了物质需要、安全需要、社会需要、自身价值实现的需要等多个层面。这表明《管子》以满足个体需要为出发点的激励思想，已经具有一定的理论深度。这一理论在当时无疑是具有重要理论意义和现实意义的，是最为先进的激励理念之一。

三、欲望必须加以限制

《管子》虽然非常重视研究人的需要满足，强调满足人才各方面需要的重要意义，但并不是无限度地去满足个人的私利，而是十分注意个人利益与整体利益的一致性。《管子》强调满足个人利益不能以损害国家利益为前提。它认为"民多私利者，其国贫"这就说明，《管子》已经初步意识到国家利益是第一位的，个人利益是第二位的，个人利益必须服从国家利益的道理。同时，《管子》还意识到，对于人的私利要"有所赐又有所夺"。如果个人私利不受限制，那么，利益就会失去其应有的激励作用。"万物轻则士偷幸"（《管子·山权数》）。也就是说，利益给多了人们就不珍惜了，不当一回事、不努力了。要保证利益的激励作用就必须对人的物质需求加以限制。"其可不利，以其好利也"（《管子·心术上》）。正确的方法：一方面要研究人的需要，满足人的需要；另一方面又要注意使个人利益与整体利益保持一致，对个人利益要有所节制。做不到这一点就说明管理是不成功的。"不能调通民利，不可以语制为大治"（《管子·国蓄》）。由此可见，《管子》强调对人的需要有所节制，实际上是对"物极必反"和"贫富有度"原则的灵活运用。

第三节 人才激励的主要方法

一、赏罚是人才激励的主要手段

满足人才的需要是对人才的基本待遇。而赏罚则是对人才的奖励与惩罚，这也是激励人才的最主要的手段之一。

《管子》认为，赏罚不仅是人才激励的主要措施，而且是治国的利器，是君主统治天下和臣民的重要工具。《管子·君臣下》记载："君之所以为君者，赏罚以为君。"《管子·任法》记载："生之、杀之、富之、贫之、贵之、贱之，此六柄者，王之所操也。"赏罚的作用就在于使人们既"知所必就"，又"知所必去"。一方面，所有的人"莫不欲利而恶害"，都希望满足自己的需要；另一方面，他们又必然关心获得这些利益的前提和条件。所以，要使人们的个人需要真正转化为对整体有利的动力，并使那些不符合整体利益的个人需要得到抑制，就要"案其功而行赏，案其罪而行罚"（《管子·明法解》），向人们"明必死之路，开必得之门"（《管子·牧民》）。赏罚分明，使人们懂得只有为国家、为社会做出成绩，奉公守法，才是满足自身需要的唯一合法手段。赏是激励，是奖励正确的行为以鼓励人们效仿；罚是惩治，是处罚错误的行为以制止人们再犯。因此，赏和罚就是从正、反两个方面强化人们的合理需要，限制人们的不合理需求。两者都具有引导民众行为的作用。赏罚是《管子》激励理论的主要内容，它认为统治者如果不能确立严明的赏罚制度，不能切实地执行赏罚，就不可能治理好国家，也不可能更好地发挥人才的作用。《管子·七法》载："言是而不能立，言非而不能废，有功而不能赏，有罪而不能诛，若是而能治民者，未之有也。"

二、赏罚具有引导与警示作用

赏罚作为激励与惩治的措施，具有榜样与警示的作用。《管子·权修》记载："见其可也，喜之有征；见其不可也，恶之有形。赏罚信于其所见，虽其所不见，其敢为之乎？见其可也，喜之无征；见其不可也，恶之无形。赏罚不信于其所见，而求其所不见者为之化，不可得也。"《管子·九守》记载："刑赏信于耳目之所见，则其所不见，莫不暗化矣。"这就说明赏罚都具有警示与示范作用，奖的目的在于引导民众正确的行为；罚的作用就是警示民众哪些是违背社会法规的，是被禁止的。所以赏罚都必须公开："明赏不费，明刑不暴，赏罚明则德之至者也。故先王贵明"（《管子·枢言》），公开行赏不仅能使受赏的人得到物质利益，同时也能得到精神上的鼓舞。公开惩罚自然具有警示作用。这实际上是一种物质奖励与精神引导相结合的做法。

三、赏罚的原则

为保证赏罚手段真正发挥其应有的激励作用，《管子》认为赏罚必须坚持以下五个基本原则。

其一，要公示赏罚的标准，明确赏罚制度，建立实施赏罚的体系。《管子·立政》记载："凡将举事，令必先出。曰事将为，其赏罚之数，必先明之。立事者谨守令以行赏罚，计事致令，复赏罚之所加。"只有明确了赏罚的标准，才能对人才的行为起到导向作用，在具体实施赏罚时才能有据可依。赏罚作为一种制度，作为法律的一部分或者补充，应该事先公示天下。只有这样，才能引导人们做善事，禁止作奸犯科的行为，达到激励的效果。《管子·法法》载："令未布，而民或为之，而赏从之，则是上妄予也。……令未布，而罚及之，则是上妄诛也。""号令必著明，赏罚信必，此正民之经也"。所以，号令一定要清楚明白，赏罚要坚决可靠，这样才能对人才与群众起到表率与激励作用。

其二，作为一项制度，赏罚必须严格执行。《管子·九守》载："用赏者贵诚，用刑者贵必。"即赏罚要言而有信，赏罚必行。不能想赏就赏，想罚就罚，更不可滥赏滥罚。为了使某种行为得到加强，奖赏应该在行为发生后尽快实施。延缓奖赏就会降低强化作用，而奖赏不能兑现则激励作用就无从谈起。对此，《管子·权修》记载："赏罚信于其所见，虽其所不见，其敢为之乎？见其可也，喜之无征；见其不可也，恶之无形。赏罚不信于其所见，而求其所不见之为之化，不可得也。"《管子·版法解》也记载："日月之明无私，故莫不得光。圣人法之，以烛万民，故能审察。则无遗善，无隐奸。无遗善，无隐奸，则赏罚信必。赏罚信必，则善劝而奸止。"这就是说，日月的光明无私，所以没有得不到光明的人。圣人应该效法日月以照耀万民，才能详审明察。这样就没有看不到的善举，没有能藏匿的恶事。于是，赏罚就能准确而坚定，因而善举就会得到鼓励，奸恶就会得到制止。赏罚都能兑现，人们才会信服。

其三，赏罚激励的范围具有广泛性，尤其要强调对特殊人才的激励。桓管时期的激励政策不仅适用于大臣官员、将帅士兵，而且也适用于在农事上具有突出贡献的人才和在科技方面做出杰出成就的人员。《管子·山权数》记载："民之能明于农事者，置之黄金一斤，直食八石。民之能蓄育六畜者，置之黄金一斤，直食八石。谨听其言而藏之官，使师旅之事无所与，此国策之大者也。"即把这些专家人才的经验记录下来，保存于官府，还要免除这些人的兵役，以便让他们把更多的精力投入到所从事的专业。

其四，赏罚要做到公正无私，依法而行，一视同仁。如果赏罚的标准因人而异，即使有再完备的赏罚制度也起不到应有的激励作用。所以，对于赏罚不能因为关系亲近就多赏，也不能因为关系疏远就少赏，或者不赏。《管子·任法》篇记载："治世则不然，不知亲疏、远近、贵贱、美恶以度量断之，其杀戮人者不怨也，其赏赐人者不德也，以法制行之，如天地之无私也。"《管子·七法》篇也记载："便辟、左右、大族、尊贵、大臣，不得增其功。疏远、卑贱、隐不知之人，不忘其劳。"此外，《管子·版法》篇强调不能因为统治者的心情好坏而随意赏罚："喜无以赏，怒无以杀。喜以赏，怒以杀，怨乃起，令乃废。"为了做到依法赏罚，甚至可以"尊主令而行之，虽有伤败，无罚；非主令而行之，虽有功利，罪死"（《管子·任法》）。

当然，人是有感情的动物。对于君主而言，要做到真正的公正无私是很难的。因此，《管子·禁藏》篇反复强调要依法行赏，"私之所加，赏虽多，士不为欢"。只有做到真正公正无私地赏罚，才能令人心服口服，心理平衡，心情舒畅，才能真正起到激励作用。如果君主只凭个人的主观好恶来进行赏罚，正直的人也不会感到高兴，自然起不到有效的激励作用。

其五，要做到赏罚有度。赏罚的力度要和个体的行为相对应，才能起到良好的激励作用。对此，《管子·权修》指出："凡牧民者，以其所积者食之，不可不审也。其积多者其食多，其积寡者其食寡，无积者不食。或有积而不食者，则民离上；有积多而食寡者，则民不力；有积寡而食多者，则民多诈；有无积而徒食者，则民偷幸。"一旦赏罚的力度与个体的行为发生了偏离，那么激励的效果就会大打折扣。所以，赏罚者在运用赏罚手段时要特别注意赏罚的度。一方面要充分做到"赏必足以使，威必足以胜"（《管子·正世》）。如果"赏不足劝，则士民不为用；刑罚不足畏，则暴人轻犯禁"（《管子·正世》）。关键时要敢于重赏、重罚，"爵不尊禄不重者，不与图难犯危"（《管子·法法》）。"案茅弗去，则害禾谷"（《管子·明法解》）。另一方面行使赏罚又不能过滥，如果行赏过滥，则"一为赏，再为常，三为固然。其小行之则欲也，久之则礼义"（《管子·侈靡》）。这就是说，奖赏过于频繁就成了理所当然的事情，这样就失去了激励人努力的作用。而且"重赏，则上不给也；罚虐，则下不信也"（《管子·君臣下》）。奖赏过多、过于频繁，国家财政会有困难，整体利益必然会受到损害。反之如果惩罚过滥，则"刑法繁而意不恐"。这样惩罚的手段同样会失去其约束与威慑的作用。所以，正确的方法是"必行之然后移"（《管子·侈靡》）。此外，还要注意针对不同的的人施以不同的赏罚手段："夫民富则不可以禄使也，贫则不可以罚威也"（《管子·国蓄》）。"故圣人善用非其有"（《管子·轻重甲》）。同时，既然人的需要包括物质与精神两个方面，因而给人奖励，满足人的需要，也要从物质与精神两个方面进行。既要有物质方面的利禄，又要有精神方面的爵与名，使人对物质利益、政治利益与精神文化利益的需要都能得到满足。因此，《管子》的激励措施有增加俸禄，提升官职，免除赋役，表彰礼遇等。

四、不断创新激励手段

《管子》认为，古代的明君在激励方法上常常创新，这种创新不是故意的标新立异，而是随着时世风俗的变化因势利导。正如《管子·正世》篇记载："其设赏有薄有厚，其立禁有轻有重，迹行不必同，非故相反也，皆随时而变，因俗而动。夫民躁而行僻，则赏不可以不厚，禁不可以不重。"民心躁动行为乖僻时就要重赏重罚，反之就要轻赏轻罚。如果"功多为上，禄赏为下，则积劳之臣不务尽力；治行为上，爵列为下，则豪杰材臣不务竭能。便辟、左右，不论功能而有爵禄，则百姓疾怨非上，贱爵轻禄；金玉财货商贾之人，不论志行而有爵禄也，则上轻令，法制毁；权重之人，不论才能而得尊位，则民倍本行而求外势。"（《管子·八观》）。由此可见，赏罚要符合社会发展的客观实际，符合社会心理规律，这样才能起到真正的激励作用。

第四节　正面引导是激励的又一措施

一、要重视对于人才的教育引导

《管子》虽然重视赏罚的激励作用，但并不是唯赏罚论。在赏罚之外，《管子》特别重视对人才的教育与引导作用。教育就是一种有目的、有组织、有计划、系统地传授知识和技术规范等的社会活动。教育的根本价值就是给国家提供具有崇高信仰、道德高尚、诚实守法、技艺精湛、博学多才、多专多能的人才。教育的主要作用就在于它是从思想上对人的需要施加影响，引导人们调整个人需要以适应国家利益和整体利益，因而它不可避免地在一定程度上与人的自然要求发生冲突，具有一定的抑民欲的特点。《侈靡》篇记载："民欲佚而教以劳，民欲生而教以死。劳教定而国富，死教定而威行。"这就是说，人们贪图安逸就要教育他劳动；人们贪生怕死就要教育他们不怕牺牲。劳动教育成功了，国家就可以兴旺发达；气节教育成功了，国威就可以得到发扬。教育和行政命令的不同之处就在于它不是强制性的，而是潜移默化、深入人心的。《侈靡》篇记载："夫政教相似而殊方。若夫教者，摽然若秋云之远，动人心之悲；蔼然若夏之静云，乃及人之体；窎然若皓月之静，动人意以怨；荡荡若流水，使人思之，人所生往。教之始也，身必备之，辟之若秋云之始见，贤者不肖者化焉。"这就是说，行政命令与教化相似而方法不同。教育好像秋云的高远，能激动人的悲心；又好像夏天的静云，能浸及人的身体；深邃的好像皓月的寂静，激动着人的怨思；平易如流水，使人思念又令人神往。

当然，人才教育的前提是心悦诚服，人们要从内心深处自觉自愿地接受。《管子·正世》篇记载："下从，故教可立而化可成也。夫民不心服体从，则不可以礼义之文教也。"为了使人能"心服体从"，《管子》强调领导者要率先垂范，以身作则。《侈靡》篇记载："教之始也，身必备之。"领导者的行为尽管是无声的，"辟之若秋云之始见也"，却是最具有影响力的，能使落后的人受到感化，能给人以启发引领作用。榜样的力量是无穷的。

二、君主的榜样作用

管仲在辅佐齐桓公成就霸业的过程中，还给齐桓公提出了不少中肯而有价值的意见和建议，主要涉及君主的自身修养与道德规范，其目的在于将齐桓公辅佐成为一名贤明的君主，而君主的贤明又是国家强盛的必要前提。作为一国之君，君主在道德行为方面的率先垂范可以激励民众为之效力。在《管子》的许多篇章中，都阐述了君主率先垂范的激励作用。《君臣上》篇记载："主身者，正德之本也；官治者，耳目之制也。身立而民化，德正而官治。治官化民，其要在上。"君主严于律己，以身作则，是完善自身道德修养的重要手段。君主的道德言行会对臣民产生无形的教化、引导与激励作用。所以《法法》篇记载："凡民从上也，不从口之所言，从情之所好者也。上好勇则民轻死，上好仁则民轻财。故上之所好，民必甚焉。是故明君知民之必以上为心也，故置法以自治，立仪以自正也。故上不行则民不从，彼民不服法死制，则国必乱矣。是以有道之君，行法修制，先民服也。"

此外，领导者的感情因素也非常重要。领导者只有爱护下属，与下属沟通情感，下属才会与领导者同心同德，为领导者分忧解难，这样，教育的作用自然容易发挥。如果"主视民如土，则民不为用，主有忧则不忧，有难则不死"（《管子·侈靡》），当然也就谈不上教育和引导、激励了。领导者在教育中的重要作用还表现在其具有导向功能。人们往往通过观察领导者提倡什么，反对什么来决定自己的行为。"御民之辔，在上之所贵；道民之门，在上之所先；召民之路，在上之所好恶"（《管子·牧民》）。当然，对于人才的教育与引导还应注意因材施教，对不同的对象采取不同的方式方法，这样才能起到应有的作用。

第五节 激励的最高境界

《管子》将"和合"看作激励的最高境界。所谓"和合",就是同心同德、团结一致,从而产生群体的凝聚力。群体凝聚力是群体成员之间心理结合力的总和,是群体存在并发挥其作用的重要条件之一。群体内有无凝聚力,凝聚力的大小、强弱直接影响到群体行为的效果和群体目标的实现。因此,"和合"也成为历代统治者追求的建立和谐社会的最高境界。

"和合"一词最早出现于《管子》。《兵法》篇记载:"畜之以道,则民和;养之以德,则民合。和合故能谐,谐故能辑,谐辑以悉,莫之能伤。"意思是说,用道养兵,人民就能和睦;用德养兵,人民就能团结。和谐团结就能协调,协调就能一致,协调一致就无敌于天下了。这里的"和合"就是同心与团结的意思。《形势》篇记载:"上下不和,虽安必危。"《立政》篇也记载:"令则行,禁则止,宪之所及,俗之所被,如百体之从心,政之所期也。"意思是说,有令则行,有禁则止。凡是法令所及和风俗所影响到的地方就像四肢百体和内心一样和谐地得以贯彻落实,这才是行政所期望的最高目标。

《管子》认为,只有和谐国家才能安定,政令才能得到贯彻执行,社会才能长治久安,人才的作用也才能得到充分的发挥。《形势解》认为,君臣亲近,上下和睦,万民和谐。因而君主有政令,百姓就实行;君主有禁止,百姓则不违反。君臣不亲近,上下不和睦,万民不和谐,因而政令就得不到实行,禁止得不到遵守。所以说上下不和睦,政令就难以实行。《四称》篇记载:"外内均和,诸侯臣服,国家安宁,不用兵革。"《五辅》篇也认为,和调乃能处安,处安然后动威,动威乃可以战胜而守固。《白心》篇记载:"和则能久。"《度地》篇记载:"天地调和,日有长久。"因此,和谐不仅是社会安定的基础,也是各级各类人才发挥聪明才智的基础。《管子》认识到,如果人们的意志不能统一和谐,劲不能往一处使,则国土再广大,人民再众多,也无济于事。《法禁》篇举例说,殷纣王有臣亿万人,也有亿万条心;周武王有臣三千人,却只有一条心。所以殷纣王因亿万心而亡,周武王因一心而存。

总之,《管子》的人才激励理论是建立在对人性的深刻认识基础上的。因为人性是趋利避害的,得所欲则乐,逢所恶则忧,所以"得人之道,莫如利之"。激励的最主要的方式就是"令顺民心",给人们以利益,以利益来引导、激励人才。但只有利益的激励还是不够的,因为人性是有弱点的,所以,赏罚就成为统治者激励和惩罚人才的最主要的手段。赏可以起到激励的作用,而罚可以起到震慑的作用,两者都可以激励与引导人才向善,发挥他们的聪明才智。然而,纯粹的赏罚也是有缺陷的,所以,教育引导就显得尤为重要,是激励手段的有效补充。通过顺应人性、积极引导、教育感化、有赏有罚等激励措施,从而达到"和合"的最高激励境界。使社会和谐安定,人才的聪明才智得以充分发挥。由此可见,《管子》的人才激励思想是系统的,具有重要的现实意义,值得我们认真总结借鉴。

第九章　从《管子》看齐国的人才引进机制

春秋战国是我国历史上多国并存、诸侯争霸、兼并竞争的激烈时期。各诸侯国为了自己的争霸图存和兴旺发达而奋斗不息、战斗不止、奇谋不断。诸侯国之间的兼并和争霸图存，表面上看是经济实力与军事实力的较量，但从某一程度上看实际是人才的争夺战与人才之间的较量。战争只是列国相争的外在表现形式，实际上竞争不仅限于战争，而是政治、经济、军事、文化等各个领域的全方位竞争，是综合实力的较量。一个国家综合国力的大小和军事力量的强弱，在很大程度上是通过人才的数量与质量来体现的。尤其是在春秋战国这样的乱世更是如此。那些杰出的政治家和明君贤相为了实现在经济上富国强兵，在军事上取得优势，在政治上称霸诸侯，他们都意识到"夫贤人在而天下服，一人用而天下徙"[①]，"得士者昌，失士者亡""夫争天下者必先争人"（《管子·霸言》）的道理，因此"人才为宝"的观念深入人心。在这样的大背景之下，各诸侯国纷纷使出各种招数，多方寻求杰出人才，明主贤臣们也都礼贤下士，招贤纳士蔚成风气。从《管子》来看，在齐桓公时期和战国稷下学宫时代齐国都是大量地引进人才的。

第一节　齐桓公大力引进和重用人才

春秋时期齐桓公之所以成为春秋五霸之首，其中一个重要的原因就是齐桓公和管仲通过"收天下之豪杰"，吸引了一大批各行各业的"外国"杰出人才为齐国服务，从而使齐国成为当时最具吸引力的人才集中地。齐桓公即位之前，齐国主要是依靠国内人才来治理国家的。齐桓公即位后，为了称霸中原实现富国强兵的战略目标，不仅需要大批的国内人才，同时也需要挖掘和吸纳大量的国外人才为之所用。因为人才的培养是一个迟效性的工作，最简洁、最高

[①] 《战国策·秦策》，见〔汉〕刘向集录，范祥雍笺证，范邦瑾协校《战国策笺证》，上海古籍出版社2006年版，第143页。

效的办法就是引进需要的高级人才。所以，管仲主张"选天下之豪杰，致天下之精材，来天下之良工"（《管子·小问》）。为了达到这一目的，管仲不仅派了大批人员到国外广泛搜寻人才，用重金加以引进，而且齐桓公本人也能够礼贤下士，不拘一格地广泛搜寻、重用人才。这些杰出人才为齐国的迅速强盛、称霸中原建立了不可磨灭的功勋。

为了广泛吸引和引进各国杰出人才为齐国服务，齐桓公和管仲采取了许多吸引人才的办法。

一、设庭燎之制，吸引外国人才

齐桓公对人才非常渴望。据《韩诗外传》记载，为了表达广泛搜求天下贤士的决心，齐桓公在宫廷前燃起了熊熊的火炬，准备日夜接待各地前来晋见的人才。尽管他求贤若渴，诚招天下贤士，但不知什么原因，火炬整整烧了一年也没有人上门求见。齐桓公感到十分纳闷：是天下没有贤才，还是我的求贤之心不够诚呢？这时有一个地位低下的东野人前来求见。齐桓公如大旱之望云霓般兴奋异常，立即升堂接见这位贤士。他满怀希望地询问来人有什么才能。来人回答：我会九九算术。齐桓公一听心里凉了半截。九九算术并不能算什么独特的本领，因为当时齐国会九九算术的人很多。齐桓公就取笑他说：九九之术也能算是一技之长吗？东野之人回答：大山不拒绝细小的石头，江海不拒绝细小的溪流，所以才会成为大山、大江、大海。九九之术固然算不得什么高深的学问，但如果您能以礼相待的话，还需要担心比我高明的人不来吗？齐桓公感到东野之人说得很有道理，于是就按照庭燎之礼接待了他。果然一个月后，四面八方的贤士接踵而至。

二、出国招揽人才

《管子·小匡》篇记载，齐桓公和管仲派曹孙宿长驻楚国；派商容常驻宋国；派季友常驻鲁国；派卫公子开方常驻卫国；派匽尚常驻燕国；派审友常驻晋国。又派"游士八十人，奉之以车马衣裘，多其资粮，财币足之，使出周游于四方，以号召收求天下之贤士"[①]。从中可以看出，齐国不仅派遣官员常驻各诸侯国，尽管这些官员的职责众多，但其中一个最主要的职责就是大量吸引和引进各国的杰出人才到齐国任职，为齐国服务。此外，朝廷还派了大量的游士到各国搜罗人才。这些人才不仅有政治人才，而且有各类人才。《管子·

---

① 《国语·齐语》，见徐元诰撰，王树民、沈长云点校《国语集解》，中华书局2002年版，第229 – 230页。

小问》篇载：齐国"选天下之豪杰，致天下之精材，来天下之良工"。这是说齐国为了富国强兵，派人到各国引进那些英雄豪杰，并大力引进那些能够制造兵器的能工巧匠，给他们以优厚的物质待遇。为了引进各方面的人才，齐国还规定"令为诸侯之商贾立客舍，一乘者有食；三乘者有刍菽，五乘者有伍养"。有这样优厚的待遇，因此，"天下之商贾归齐若流水"（《管子·轻重乙》）。

三、奖励引进人才有功的人员

根据《管子·大匡》篇记载，齐国为了搜罗天下人才"三十里置遽，委焉，有司职之。从诸侯欲通，吏从行者，令一人为负一车；若宿焉，令人养其马，食其委。客与有司别契，至国八契费，义数而不当，有罪"。这就是说，朝廷为那些进入齐国的外国人才每三十里就设置驿站，并且要在驿站里储备大量的物资供外国的游士使用，并且有专门的官吏负责。凡诸侯或者外国人才要和齐国往来的，进入齐国的官吏以及随行人员、游士和各类人才，驿站都要为他们派遣专门的人员和车子运送他们的行李。如有要在驿站住宿的，齐国驿站的服务人员就要为他们喂马，驿站要为他们提供饮食。进入齐国的人才和驿站的官吏要各执单据，宾客到了临淄要按照单据交纳相关费用，如果发现招待的礼仪和费用与实际不相符，则治驿站官员的罪。此外，"凡县吏进诸侯士而有善，观其能之大小以为之赏，有过无罪"（《管子·大匡》）。这就是说，凡县官向齐国推荐诸侯国的士，视被推荐的士的能力大小而对县官予以奖励；如果县官推荐的人不当或者有过失，则不论罪。由此可见，齐国对于引进各国人才实行的是特别宽松的政策，不仅提供一切便利条件，安排驿站，提供食宿，而且推荐人所推荐的人员即使有过失也不会因此而获罪。这就极大地提高了各级各类政府官员引进人才的积极性。

四、齐桓公亲自寻访和发现人才

从《管子》来看，齐国不仅在各诸侯国长期派驻使者之类的官员，专门负责搜寻各方面的杰出人才，而且不定期地派出所谓"游士"到各国遍访贤才。这似乎已经成为齐国人才引进的有效途径，而且长期化、固定化、制度化。此外，齐桓公本人也能够不拘一格选拔和重用外国人才。在齐桓公身边集中了一大批能臣和重臣，如管仲、鲍叔牙、召忽、国子、高子、隰朋、王子成父、宾胥无、宁戚等人。此外，还有东郭牙、弦章、曹孙宿、匽尚、弗郑、季友、商容、审友等。其中，宁戚就是齐桓公偶然发现的卫国人。如前所述，宁戚是一个出身微贱而有特殊才能的人。他听说齐桓公招贤纳士，从卫国来到齐

国寻求拜见齐桓公的机会。对此,《吕氏春秋·举难》篇有详细的记载:

> 宁戚欲干齐桓公,穷困无以自进,于是为商旅将任车以至齐,暮宿于郭门之外。桓公郊迎客,夜开门,辟任车,爝火甚盛,从者甚众。宁戚饭牛居车下,望桓公而悲,击牛角疾歌。桓公闻之,抚其仆之手曰:"异哉!之歌者非常人也!"命后车载之。桓公返至,从者以请,桓公赐衣冠,将见之。群臣争曰:"客卫人也,卫之去齐不远,君不若使人问之,而固贤者也,用之未晚也。"桓公曰:"不然。问之患其有小恶。以人之小恶,亡人之大美,此人主之所以失天下之士也。"①

这则故事流传甚广,除上引外,《说苑·善说》、李善注《文选·啸赋》《艺文类聚·乐部·歌》等文献都有记载。从这些文献的记载可以看出,一方面宁戚虽然出身低微,却十分自信,敢于直接以特殊的方式寻找拜见齐桓公的机会,充分显示了他的聪明机智和勇敢果断。另一方面也反映了齐桓公不拘一格举贤用能的壮举。齐桓公不仅不嫌弃宁戚出身贫寒,不计较他可能会有的小缺点,而且能够用其所长,并且力排众议,果敢用人,委以重任。这正反映了齐桓公引进人才、重用人才的宏伟抱负。

根据《管子·小匡》篇记载:管仲根据宁戚的个性特点和特长推荐宁戚为大司田。"垦草入邑,辟土聚粟多众,尽地之利"。宁戚为齐国的农业生产做出了突出贡献,为发展齐国的经济、富国强兵建立了不朽的功勋。

《管子·小问》篇还记载了一件宁戚求家室的轶事:"桓公使管仲求宁戚,宁戚应之曰:'浩浩乎。'管仲不知,至中食而虑之。婢子曰:'公何虑?'管仲曰:'非婢子之所知也。'婢子曰:'公其毋少少,毋贱贱。昔者吴干战,未龀不得入军门。国子摘其齿,遂入,为干国多。百里奚,秦国之饭牛者也,穆公举而相之,遂霸诸侯。由是观之,贱岂可贱,少岂可少哉?'管仲曰:'然,公使我求宁戚,宁戚应我曰:"浩浩乎。"吾不识。'婢子曰:'诗有之:"浩浩者水,育育者鱼,未有室家,而安召我居?"宁子其欲室乎?'"这则故事虽然是表现齐国"婢子"的聪明才智,但从中也反映了宁戚欲在齐国长期生活的愿望。因此,管仲了解到宁戚的心事后,便满足了宁戚的愿望,这也坚定了宁戚为齐国长期服务的决心。

从齐桓公身边的佞臣来看,有竖刁、易牙、雍巫、卫公子开方等。其中,

---

① 陈奇猷:《吕氏春秋新校释》,上海古籍出版社2002年版,第1320页。

卫公子开方就是卫国人，也是齐桓公的宠臣之一。

第二节　战国时期齐国的人才引进机制

《管子》一书中虽然没有直接记载战国时期齐国人才的引进情况，但众所周知，《管子》是齐国从春秋时期到战国末年历代崇尚管仲功业的管子学派的著作汇集，这也反映了战国时期齐国的政治和人才引进情况。战国时期齐威王、齐宣王都能够继承齐桓公的创业精神，励精图治，广揽天下贤士，因而仍然能够称雄天下。

一、创立稷下学宫招引四方之士

战国初期田氏经过长时期的斗争最终取代姜齐而夺取了天下。田氏在代齐的过程中十分注重笼络人心并注重招揽各国各方面的人才，因而以私人的身份收养了大量的士人。田氏代齐后，随着人才争夺战在各诸侯国的纷纷兴起，田齐统治者也更加注重招揽人才，为我所用。于是，田齐在私人养士的基础上创建了国家养士的制度，这就是稷下学宫的创立。

稷下学宫不仅是一个人才教育和培养的基地，而且是引进人才的基地。田齐统治者通过稷下学宫"览天下诸侯宾客，言齐能致天下贤士也"[①]。稷下学宫始建于齐桓公田午时期，齐威王时兴盛起来，齐宣王时达到鼎盛。这时齐国从各国引进的稷下学士们"多达数百千人"[②]。齐桓公田午即位后，由于田氏带齐的时间不长，政权刚刚稳定，于是齐桓公励精图治，决心重振国威，并继承了齐国尊贤重士的传统，大开国家养士之风，创立了稷下学宫，招致天下贤士"不治而议论"。到了齐威王时代，在邹忌的辅佐下，齐威王修明法令，整顿吏治，广开言路，重赏严罚，实行开明政治。经过齐威王的发愤图强，齐国逐步走上了富国强兵之路。齐威王的成功得益于贤能人才的相助。于是齐威王继承齐桓公田午的开拓创新精神，广泛招聘天下的贤士，荟萃于稷下学宫为其出谋划策。这样稷下学宫有了新的发展，规模逐步扩大，人数日益增加。《风俗通义·穷通》载："齐威、宣王之时，聚天下贤士于稷下，尊宠若邹衍、田骈、淳于髡之属甚众，号曰列大夫，皆世所称，咸作书刺世。"《盐铁论·论儒》也载："齐威、宣之时，显贤进士，国家富强，威行敌国。"齐宣王时代齐国的综合国力迅速壮大，稷下学宫也发展达到了鼎盛时期。齐宣王所处的战

[①] 〔汉〕司马迁：《史记》，中华书局1982年版，第2348页。
[②] 〔汉〕司马迁：《史记》，中华书局1982年版，第1895页。

国中期群雄争霸，兼并战争已达到空前激烈的程度。当时几个实力比较强大的诸侯国为了在兼并战争中取得胜利，纷纷掀起了变法革新运动。变法革新运动的兴起又进一步促进了思想文化领域的思想大解放与学术大讨论，出现了百家争鸣的热烈局面。这时已经觉醒并走上政治舞台的广大士人，大肆推销自己的思想观点和政治主张，以此来实现自己的人生价值。齐宣王敏感地意识到，要想在兼并战争中大展宏图，士人的作用不可小视。他们一方面可以为攻伐兼并大造舆论，另一方面也可以利用这些贤能之士来树立其开明君主的形象。于是齐宣王紧紧把握了时代发展的脉搏，使齐国继续保持东方强国的地位与势力。

在齐宣王时代，经过诸侯的兼并战争，实现中国统一的大业的大势初步明朗。齐宣王为了走在这一发展大势的前面，实现其"欲辟土地，朝秦楚，莅中国而抚四夷"（《孟子·梁惠王上》）的政治目标，他广开言路，广招天下贤士而尊崇之，大力发展稷下学宫，以便让这些稷下先生们为他的政治目标广造舆论，并对那些有政治实践经验的稷下先生委以重任，让他们直接参与政治活动。《史记·田敬仲完世家》记载："宣王喜文学游说之士，自如邹衍、淳于髡、田骈、接子、慎到、环渊之徒七十六人，皆赐列第为上大夫，不治而议论。是以稷下学士复盛，且数百千人。"《史记·孟子荀卿列传》记载，稷下先生"各著书言治乱之事，以干世主"。并且受到齐王的大力赞赏，"自如淳于髡以下，皆命曰列大夫，为开第康庄之衢，高门大屋，尊宠之。览天下诸侯宾客，言齐能致天下贤士也。"《盐铁论·论儒》也记载："齐宣王褒儒尊学，孟轲、淳于髡之徒，受上大夫之禄，不任职而论国事，盖齐稷下先生千有余人。"

二、稷下学士直接为现实政治服务

由此可见，田齐统治者之所以建立稷下学宫，目的十分明确，就是要招揽天下英才为齐所用、为齐服务，以实现齐国富国强兵的目标，称霸诸侯。因此，稷下学士的首要任务就是要为政治服务。齐国的统治者投入大量的经费，给予稷下先生们以优厚的物质待遇，鼓励他们高谈阔论、著书立说，让他们为齐国的大政方针出谋划策，贡献自己的聪明才智。同时，也可以针对国家的弊端，甚至是国君的过失，针砭时弊。他们"不治而议论""各著书言治乱之事，以干世主"。这些稷下先生也都是以好议论政治而著称的。如孟子曾多次与齐宣王议论朝政的得失。尹文对齐宣王的问政献策说齐国应该采取无为而治的治国方略，他让齐宣王重点抓好国家的大政方针，不要陷于纷繁的日常事务性的工作，这样不仅能使齐宣王有精力考虑国家大事，而且有利于让官吏们放手大胆地去做工作，形成各自负责的良好习惯。尹文还劝说齐宣王制定法律要从实际出发，要让百姓知道如何去遵守法律。同时，尹文还告诫齐宣王，要想把国家治理好，必须将赏罚这两个锐利武器牢牢掌握在君主手中，并恰当地运用，还要尊重贤能之士，罢免那些平庸无能之辈。此外，有的稷下先生们直接参与朝政，他们为齐国出使各诸侯国，为齐国的政治外交建立了汗马功劳。刘向《说苑·尊贤》记载，齐王"立淳于髡为上卿，赐之千金，革车百乘，与平诸侯之事"。《吕氏春秋·报更》也记载："淳于髡为齐使于荆。"据《史记》记载，淳于髡曾出使过楚国、赵国和魏国等，"数使诸侯，未尝屈辱"。邹衍也曾为齐国出使其他诸侯国。由此可见，齐国引进的这些稷下先生为齐国政治、经济、外交、军事等都发挥了巨大的作用，为齐国的发展壮大建立了不朽的功勋。

第十章　孔子与《管子》人才思想的比较

孔子是中国古代伟大的思想家、教育家。孔子并没有专门论述过人才问题，但从他和弟子谈论政治的片言只语中我们可以看到，他对人才的作用、人才的标准、人才的选拔、使用以及培养等方面都有深刻的认识。通过孔子与管子人才思想的比较研究，我们可以深切感受到教育家和政治家对人才的认识虽然有相同之处，但区别也是十分明显的。孔子作为思想家、教育家，其人才思想偏重于理论层面，带有理想主义色彩；而作为思想家、政治家的管子，其人才思想偏重于实践层面，是其治国理政的实践总结，更具有可操作性和实践意义。

第一节　孔子对人才作用的认识

在诸侯争霸的春秋时代，国家的兴衰一方面是综合国力的作用，另一方面取决于各诸侯国拥有人才的数量与质量，正所谓"得士者昌，失士者亡"，贤才"入楚楚重，出齐齐轻"。因而，各诸侯国都十分重视人才的选拔与使用。孔子总结历史经验，观察与分析现实社会政治，提出了"为政在人"的观点。他主张"举贤才"，认为"才难得"。

一、为政在人

作为思想家、教育家，从历史的经验和现实社会中，孔子深刻地感受到人才对国家兴亡的重要作用。《论语·泰伯》中记载："舜有臣五人，而天下治。"① 孔子认为，舜之所以能够使天下大治，关键就在于舜拥有贤能之臣五人。而周武王自认为，之所以能完成兴周灭商的大业，在于有十位同心同德的杰出人才的极力辅佐。在孔子心目中，尧、舜是天下最为杰出的人才，是德才

---

① 《论语·泰伯》，见〔清〕刘宝楠《论语正义》，香港中华书局1978年《诸子集成》本，第167页。

兼备的圣贤表率。尧慧眼独具，具有识人之明，传位于舜；舜用大禹治水，用后稷治农，用契治教，用皋陶治法，用益治林，都取得了杰出的成就，从而天下大治，号称"太平盛世"。周武王也是孔子推崇的圣王，由于他有十位贤臣的辅助，不但完成了灭商兴周的大业，而且实行德治，万邦和睦，使天下太平。孔子由这些历史经验总结道："其人存，则其政举；其人亡，则其政息……故为政在人"（《礼记·中庸》）。

据《说苑·尊贤》记载，齐景公曾问孔子，秦穆公国小人寡地方偏僻，为什么能够成为五霸之一呢？孔子认为有三个原因：一是秦穆公具有远大的理想与宏伟的志向；二是秦穆公行动果断，法令严明，能够令行禁止，具有号召力；三是秦穆公善于发现与使用贤人。这个贤人指的就是秦穆公用五张羊皮买来的杰出人才百里奚。这三条实际上都是讲人才的作用。其中，第一、二条虽然是说秦穆公本人的品质，但显然秦穆公本人首先就是杰出的人才，孔子认为有了这三个条件不仅可以称霸，还可以称王。孔子也曾经以管仲为例，说明管仲在辅佐齐桓公"九合诸侯，一匡天下"中所起的历史性的作用。孔子极为崇拜地说"管仲相桓公，霸诸侯，一匡天下"，如果不是管仲，"吾其被发左衽矣"。他认为有贤人辅佐，即使国君无道也可以保证国家不会灭亡。

二、为政之要在于"举贤才"

春秋时期卫国是一个小国，卫灵公又是一个非常平庸昏聩的君主，孔子经常批评卫灵公是个"无道"昏君。季康子问孔子，卫灵公既然是一个无道昏君，卫国为什么不会亡国呢？孔子说，卫灵公有仲叔圉治宾客，祝鮀治宗庙，王孙贾治军旅，有这三个贤人执掌朝政，怎么会丧国呢？由此可见，贤人对于国家的重要作用。刘向《说苑·杂言》中辑录了孔子的一段话，"孔子曰：'依贤固不困，依富固不穷。马蚿①斩而复行者何？以辅足众也'"②。孔子以马蚿喻国喻君，以其百足比喻辅佐的贤才，说明了众多的贤才对于治理国家的重要作用。《说苑·政理》记载："夫举贤者，百福之宗也，而神明之主也。"依靠贤才，国家就不会陷入困境；发展经济，国家就不会陷入贫穷。百足虫虽然断了几只脚照样可以行走，这是因为它还有很多脚的缘故。这就形象地说明了众多人才的重要作用。

孔子研究历史的经验与现实的教训，提出了"举贤才"的主张。仲弓曾经问孔子如何为政？孔子说："先有司，赦小过，举贤才。"仲弓问曰："焉之

---

① 马蚿，虫名，脚很多，所以又名百足虫，脚被斩断后仍然可以行走。
② 〔汉〕刘向撰，向宗鲁校正：《说苑校正》，中华书局1987年版，第433页。

贤才而举之？"孔子曰："举尔所知，尔所不知，人其舍诸？"① "举贤才"是开明政治的重要条件，是仁政德治得以施行的基本保障，因而孔子极力推行贤才政治。他说："举直错诸枉，能使枉者直"。因为"举直错诸枉，则民服；举枉错诸直，则民不服。"② 这里所说的"直"就是贤才；"枉"则是奸佞小人。近贤远佞，人民就会拥戴；近佞退贤，人民就会遭殃。对于"举直错诸枉"的问题，子夏曾做过很好的解释："樊迟问仁。子曰：'爱人。'问知。子曰：'知人。'樊迟未达。子曰：'举直错诸枉，能使枉者直。'樊迟退，见子夏曰：'乡也，吾见于夫子而问知。子曰："举直错诸枉，能使枉者直"，何谓也？'子夏曰：'富哉言乎！舜有天下，选于众，举皋陶，不仁者远矣。汤有天下，选于众，举伊尹，不仁者远矣。'"这里将"举直"理解为"举皋陶""举伊尹"，可见"直"者即指的是贤才。子夏所说"不仁者远矣"与孔子所说的"能使枉者直"相对应，显然是说贤者在位不仅可以退不肖，而且经过教化之后可以使"枉者直"，也就是将那些不仁者教化为"直"与"仁"，使他们都成为贤才。这就是说任用贤人就能起到易风化俗的作用。

总之，孔子认为选贤任能一则可以使国家治理得更好；二则可以避免坏人混进执政者队伍祸害人民；三则贤人政治可以使人民拥戴，也可以对那些不直不正之人进行教化，贤人政治还可以使人民相互勉励、积极追求上进，即"为政在人"，重用贤才是保证政治清明的首要前提。这充分体现了孔子"用贤则治"的人才思想。

第二节 孔子的人才标准

孔子的人才标准是德才兼备、以德为先。孔子认为，人才既要有良好的道德修养，又要有出众的智慧才能，还要通过自己的言行将这种修养与才能推广到社会中去，对整个社会起到表率与教化的作用。他还认为，理想的治国人才要有高尚的道德修养，通过自身良好的道德品质推进社会伦理道德的建设，实现"德治"与仁政。但仅仅只有德而缺乏实际才能也是不行的。人才只有具备真才实学，才能将所学到的知识运用于治国的实践，在面临急剧变化的时势中保持冷静的头脑，善于分析，迅速应变，稳固局势。既要有一定的道德修养又要有出众的智慧才能，才可以辅佐君主达到发展经济、安定政治、实现人际和谐的目标。

---

① 《论语·子路》，见〔清〕刘宝楠《论语正义》，香港中华书局1978年《诸子集成》本，第280页。
② 《论语·为政》，见〔清〕刘宝楠《论语正义》，香港中华书局1978年《诸子集成》本，第35页。

一、以德为先的标准

《论语·宪问》记载："南宫适问于孔子曰：'羿善射，奡荡舟，俱不得其死然。禹稷躬稼而有天下。'夫子不答。南宫适出。子曰：'君子哉若人！尚德哉若人！'"南宫适是孔子的弟子，他所列举的四个历史人物中，前两个各有一技之长并崇尚武力，但都没有好的下场。后两个虽然从事农耕，但因为崇尚道德而成为天下著名的君王。南宫适能够从中得出"尚力者不得善终，尚德者终有天下"的结论，所以得到了孔子的赞扬与认可。因为孔子一贯主张仁政、德治，反对滥使刑罚与武力。孔子认为要实现仁政、德治，为政者本身就必须要具有良好的道德修养。"君子之德风，小人之德草，草上之风，必偃。"① 又说："其身正，不令而行；其身不正，虽令不从。"② 为政者是万民的表率，他们对社会风气具有引领作用。"骥不称其力，称其德也"③。"如有周公之才之美，使骄且吝，其余不足观也已。"④ 尽管周公是孔子心目中的偶像，但他认为，假如一个人真具有周公那样杰出的才能，但如果骄傲而且吝啬，那其他方面也就不值得称道了。因此，人才的品德被放在第一位且是最基本的要求。

二、人才必须具备一定的知识与能力

儒家所强调的所谓"学而优则仕"，就是将知识、智慧和能力作为衡量人才的一个重要标志。孔子认为，没有知识和智慧的人是不能委以重任的，否则就会成为"贼夫人之子"，会坑害别人的子弟，会使当地的官吏和民众受到危害。他说："君子病无能焉，不病人之不己知也。"⑤君子"不患人之不己知，患其不能也"⑥。"不患无位，患所以立。不患莫己知，求为可知也"⑦。孔子认

---

① 《论语·颜渊》，见〔清〕刘宝楠《论语正义》，香港中华书局1978年《诸子集成》本，第275页。
② 《论语·子路》，见〔清〕刘宝楠《论语正义》，香港中华书局1978年《诸子集成》本，第286页。
③ 《论语·宪问》，见〔清〕刘宝楠《论语正义》，香港中华书局1978年《诸子集成》本，第321页。
④ 《论语·泰伯》，见〔清〕刘宝楠《论语正义》，香港中华书局1978年《诸子集成》本，第162页。
⑤ 《论语·卫灵公》，见〔清〕刘宝楠《论语正义》，香港中华书局1978年《诸子集成》本，第342页。
⑥ 《论语·宪问》，见〔清〕刘宝楠《论语正义》，香港中华书局1978年《诸子集成》本，第320页。
⑦ 《论语·里仁》，见〔清〕刘宝楠《论语正义》，香港中华书局1978年《诸子集成》本，第80页。

为，政治人才应该首先考虑的是自己的能力而不是职位，要把那些真正具有真才实学的优秀人才选拔到各级领导岗位上来，这样才能使政治清明。

春秋时期，由于生产力的飞速发展，社会分工越来越细化，脑力劳动已经从体力劳动中分离出来，知识技能作为人类智慧与经验的结晶，其重要性日益凸显出来。在这种情况下，孔子十分重视和强调对于知识的学习与技能的掌握，并将知识作为对人才进行培训与评价的主要内容与标准之一。据《论语·述而》篇记载："子以四教：文、行、忠、信。"① "文"指的是对文献知识的了解以及文化水平。孔子认为知识与学问对于人才鉴往知来具有重要意义，他说："殷因于夏礼，所损益可知也；周因于殷礼，所损益可知也。其或继周者，虽百世可知也。"② 正因为知识具有如此重要的作用，所以他提出了著名的"学而优则仕"的论断，将知识作为衡量人才的重要标准之一。

三、知识并不等于能力

知识是能力的前提条件，能力是知识的升华。一个人只有知识而没有把知识转化为能力不能算作人才。人才不但要有丰富的知识，而且还应该具备将知识转化为实际工作能力的本领。子贡曾经询问："何如斯可谓之士矣？"孔子答曰："行己有耻，使于四方，不辱使命，可谓士矣。"③ 孔子曾经说过一段很著名的话："子曰：'诵诗三百，授之以政，不达；使于四方，不能专对。虽多，亦奚以为？'"④ 一个人如果只是熟读《诗经》而没有真才实学，不能将知识转化为实际工作能力，不能处理日常政务，不能解决现实生活中的矛盾和问题，那么，这样的学习又有什么用呢？这样的人自然不能算作人才。《论语·雍也》篇记载："子贡曰：'如有博施于民而能济众，何如？可谓仁乎？'子曰：'何事于仁，必也圣乎！'"⑤ 一个人如果能对老百姓广施恩惠，周济民众，使人们生活富裕幸福，这就不但是"仁"，而且已经达到"圣"的境界了。孔子这里所讲的"博施于民而能济众"，即除了道德和知识的基础外，最重要的就是人才的能力。孔子既强调人才的品德，将道德放在人才标准的第一位，同

---

① 《论语·述而》，见〔清〕刘宝楠《论语正义》，香港中华书局1978年《诸子集成》本，第147页。

② 《论语·为政》，见〔清〕刘宝楠《论语正义》，香港中华书局1978年《诸子集成》本，第39页。

③ 《论语·子路》，见〔清〕刘宝楠《论语正义》，香港中华书局1978年《诸子集成》本，第293页。

④ 《论语·子路》，见〔清〕刘宝楠《论语正义》，香港中华书局1978年《诸子集成》本，第285页。

⑤ 《论语·雍也》，见〔清〕刘宝楠《论语正义》，香港中华书局1978年《诸子集成》本，第133页。

时也没有忽视人才的能力要求，尤其是实际工作能力的锻炼。可见，他对人才的基本要求就是德才兼备、以德为先。

四、人才要有通权达变的创造性思维和工作能力

孔子主张优秀的人才要具有创造性思维能力，他提出了"温故而知新"的著名论点，并且身体力行，努力培养弟子们这方面的实际能力。他曾经称赞子夏"告诸往而知来者"①，称赞颜回"闻一而知十"②。子夏能够创造性地阐发孔子的思想，令孔子感到由衷的高兴，并给予子夏以热情的鼓励和充分的肯定："起予者商也！始可与言诗已矣"③。人才不仅要有创造性的思维能力，而且必须将这种能力运用到实践中去，以解决纷繁复杂的社会问题和社会矛盾。《论语·子罕》曰："子曰：'可与共学，未可与适道；可与适道，未可与立；可与立，未可与权。'"④ 这里的"权"就是指人才通权达变的实际工作能力。孔子将通权达变的本领看得高于学道、适道、守道，认为通权达变方是对人才能力的进一步升华。这说明孔子在追求"先王之道"的同时，注重追求灵活性与创造性，他对人才的要求是"君子之于天下也，无适也，无莫也，义之与比"⑤。这就是要求对于天下的事情，没有一定要怎样做，也没有一定不能怎样做，而是要根据实际情况，如何做最好就应该如何去做。这显然是要求人才在实践中，要从实际出发，要有通达权变的本领，能够解决社会现实问题。

五、人才要有求真务实的作风

孔子不仅重视书本知识，更重视实践。他认为人才要有躬行实践的精神与勇气，要做一个身体力行的人，不能只坐而论道。在《论语·述而》篇中孔子曾经自我评价说："文，莫吾犹人也，躬行君子，则吾未之有得。"孔子这里实际上提出了一个重要的人才标准，也就是仅有知识和智慧是不够的，还必须能够将知识与智慧运用于实践当中，根据实际情况采取符合客观规律的行动，做一个身体力行的实践家。正因为有如此的认识，所以他主张"君子欲

---

① 《论语·学而》，见〔清〕刘宝楠《论语正义》，香港中华书局1978年《诸子集成》本，第19页。
② 《论语·公冶长》，见〔清〕刘宝楠《论语正义》，香港中华书局1978年《诸子集成》本，第94页。
③ 《论语·八佾》，见〔清〕刘宝楠《论语正义》，香港中华书局1978年《诸子集成》本，第49页。
④ 《论语·子罕》，见〔清〕刘宝楠《论语正义》，香港中华书局1978年《诸子集成》本，第193页。
⑤ 《论语·里仁》，见〔清〕刘宝楠《论语正义》，香港中华书局1978年《诸子集成》本，第79页。

讷于言而敏于行"①,"敏于事而慎于言"。君子要"先行其言而后从之"②,这显然是要求人才必须做到重实践、重践履,反对空言浮夸。孔子对那些夸夸其谈的人非常反感,他说:"君子耻其言而过其行"③,主张"君子名之必可言也,言之必可行也"④。他极力反对那些花言巧语之人,说:"巧言令色,鲜矣仁。"⑤ 主张"言思忠"⑥,反对那些玩弄小聪明的人。他说:"群居终日,言不及义,好行小慧,难矣哉!"⑦ 所以,他一再强调君子应该做到"言忠信,行笃敬"⑧。孔子的这些主张显然都是要求人才必须要有求真务实的作风,要有身体力行、勇于实践的精神和品质,而且他本人也是这样做的——周游列国就是为了推行自己的主张,实现自己的理想。

孔子的人才标准:人才不仅要有良好的德行,要有真才实学,还必须具备通权达变的能力和求真务实的工作作风。要在实践中不断总结经验,善于分析与处理问题,解决现实矛盾。由此可见,孔子的人才标准是比较全面、务实的。

第三节 孔子人才选拔任用的原则与方法

孔子所处的春秋时期世卿世禄的等级制度依然根深蒂固,在选拔和任用人才方面仍然存在着亲疏、等级、门第等各种限制。一些昏庸之辈窃据高位,而那些贤能之人往往得不到重用或被埋没。孔子在周游列国的过程中对此有十分深刻的了解。他提出"为政在人"以及"举贤才"的主张,就是要求冲破"任人唯亲"的思想禁锢,从贵族之外的社会各个阶层中广泛地选拔人才,将那些身处社会下层而有才有德的人才选拔出来加以重用,以改变贵族政治的腐朽与落后,所以他提出了一系列人才选拔与使用的原则方法——至今仍具有一

---

① 《论语·里仁》,见〔清〕刘宝楠《论语正义》,香港中华书局1978年《诸子集成》本,第85页。
② 《论语·为政》,见〔清〕刘宝楠《论语正义》,香港中华书局1978年《诸子集成》本,第31页。
③ 《论语·宪问》,见〔清〕刘宝楠《论语正义》,香港中华书局1978年《诸子集成》本,第319页。
④ 《论语·子路》,见〔清〕刘宝楠《论语正义》,香港中华书局1978年《诸子集成》本,第283页。
⑤ 《论语·学而》,见〔清〕刘宝楠《论语正义》,香港中华书局1978年《诸子集成》本,第5页。
⑥ 《论语·季氏》,见〔清〕刘宝楠《论语正义》,香港中华书局1978年《诸子集成》本,第361页。
⑦ 《论语·卫灵公》,见〔清〕刘宝楠《论语正义》,香港中华书局1978年《诸子集成》本,第341页。
⑧ 《论语·卫灵公》,见〔清〕刘宝楠《论语正义》,香港中华书局1978年《诸子集成》本,第334页。

定的借鉴意义。

一、孔子人才选拔与任用的原则

（一）不论亲疏门第，唯才是举

首先，孔子主张人才选拔必须要冲破宗法制度和任人唯亲的束缚禁锢，不论亲疏、无论贵贱，只要是德才兼备者都可以大胆选拔与任用。他说："先进于礼乐，野人也；后进于礼乐，君子也。如用之，则吾从先进。"① 这句话的意思是说，先学习礼乐而后做官的是未曾有过爵禄的普通人；先有了官位而后学习礼乐的是卿大夫的子弟。如果要我选用人才，那么我会选用先学习礼乐的普通人。正因为有这样的认识，晋国的魏献子为政时提拔了一批有德有才的贤人为大夫，他的儿子也在其中。孔子对魏献子这种以德才为标准而不论亲疏远近的选人用人方法给予了很高的评价，认为国君选拔和使用人才就应该做到"外举不弃仇，内举不失亲"。这实际上就是要求打破世卿世禄制以及宗法制在用人上的"亲亲"原则，提倡唯才是举。

其次，从孔子收徒以及对学生的评价和推荐来看，他极力推荐那些具有真才实学的贤人，他收门徒的原则就是"有教无类"。这实际上就是要求打破贵族垄断文化知识的局面，将那些身处社会下层而具有培养潜力的人才招收进来，加以培养，使他们成才。据《史记·仲尼弟子列传》记载，他的弟子仲弓其父为"贱人"，但仲弓本人却是一位"德行"特别突出的人，是一位"可使南面"的难得人才。孔子不但招收了仲弓而且极力推荐他，而且给予仲弓极高的评价："犁牛之子骍且角，虽欲勿用，山川其舍诸?"② 这就是说，像仲弓这样的人才怎能因为他父亲"下贱"而弃之不用呢？颜回也是一位出身低贱的人，家中十分贫困。但他却是孔子最得意的门生之一，是一位难得的人才。他不仅聪明好学，而且"德行"十分优秀，能够做到"一以知十"，孔子对他赞赏有加："有颜回者，好学，不迁怒，不贰过。不幸短命死矣，今也则亡，未闻好学者也。"③ 由此可见，孔子不但不轻视他，反而极力赞扬道："一箪食，一瓢饮，在陋巷，人不堪其忧，回也不改其乐。贤哉，回也！"④ 此外，

---

① 《论语·先进》，见〔清〕刘宝楠《论语正义》，香港中华书局1978年《诸子集成》本，第236页。
② 《论语·雍也》，见〔清〕刘宝楠《论语正义》，香港中华书局1978年《诸子集成》本，第116页。
③ 《论语·雍也》，见〔清〕刘宝楠《论语正义》，香港中华书局1978年《诸子集成》本，第113页。
④ 《论语·雍也》，见〔清〕刘宝楠《论语正义》，香港中华书局1978年《诸子集成》本，第121页。

公冶长出身于下层，孔子不但不轻视还将自己的女儿嫁给了他。他认为公冶长"虽在缧绁之中，非其罪也"①。可见，孔子并不以出身门第论人才。

最后，孔子认为，对于人才要以德行为标准而不能论年龄的大小，主张要大胆启用年轻才俊。孔子说："后生可畏，焉知来者之不如今也？"② 这种不论年龄，只要有真才实学和良好的品德都可以大胆选拔重用的思想，至今仍具有重要的现实社会意义。

（二）选拔正直的人，打击邪恶之人

人才的选拔与任用是一个社会导向问题。如何选拔人？选拔怎样的人？这是整个社会关注的热点问题，也是关乎民心向背与国家生死存亡的大事。孔子认为，选拔和任用正直的人就可以教育感化那些不善之人，使之弃恶从善。这样不但可以使官场树立正气，净化政风，改变社会风气，而且会使"不仁者远矣"。据《论语·为政》篇记载：哀公曾经问孔子："何为则民服？"孔子对曰："举直错诸枉，则民服；举枉错诸直，则民不服。"这就是说，选拔那些正直的人，将他们置于邪恶的人之上，人民就会服从。反之，百姓就会不服从。据《论语·颜渊》篇记载，樊迟问知，孔子回答说："知人"。樊迟还是不理解，孔子又说："举直错诸枉，能使枉者直"，樊迟还没有反应过来，他去问子夏。子夏说："富哉言乎！舜有天下，选于众，举伊尹，不仁者远矣！"可见，孔子的意思就是举用正直的人来抑制打击那些邪恶的人，从而改变社会风气。

举直抑恶的人才选拔思想是和孔子的政治思想密切联系的。孔子认为，政治就是正直公道之意。据《论语·颜渊》记载，"季康子问政于孔子。孔子对曰：'政者，正也。子帅以正，孰敢不正？'"《论语·子路》载："子路问政。子曰：'先之，劳之。'请益。曰：'无倦。'""其身正，不令而行；其身不正，虽令不从。""苟正其身矣，于从政乎何有？不能正其身，如正人何？"可见，孔子认为为政者必须正直公道，以身作则。为政者首先要具有良好的道德品质修养，这是为政的基础。人才当然要有能力与智慧，但道德品质却是第一位的。一个优秀的政治人才应该是"居之无倦，行之以忠"（《论语·颜渊》）、"言忠信，行笃敬"（《论语·卫灵公》）、"言必信，行必果"（《论语·子路》）之人，而不应该是口是心非、言而无信、虚伪奸诈之徒。所以，孔子对那些

---

① 《论语·公冶长》，见〔清〕刘宝楠《论语正义》，香港中华书局1978年《诸子集成》本，第87页。

② 《论语·子罕》，见〔清〕刘宝楠《论语正义》，香港中华书局1978年《诸子集成》本，第190页。

"巧言、令色、足恭""匿怨而友其人"①"色取仁而行违"②之小人非常反感。他认为选拔人才的基本原则应该是选拔那些忠信正直之人,一再强调人才要言行一致,表里如一。"耻其言而过其行"(《论语·宪问》)。由此可见,孔子的"直"是选拔政治人才的基本原则。只有具备"直"的品性的人才能坚持原则,才能"当仁,不让于师",才能"危言危行"③,才能做到"见危致命,见得思义"④。"无求生以害仁,有杀身以成仁"(《论语·卫灵公》)。个性正直的人不仅能忠于职守,兢兢业业,一心为公,而且可以做到舍生取义、杀身成仁。

(三) 知人善任、不求全责备的原则

金无足赤,人无完人。选拔与任用人才不能求全责备,这是孔子"赦小过,举贤才"选拔人才的又一原则。由于在现实生活中根本不存在十全十美的人,因此在用人方面也不能求全责备。只要他有德行、有才能,在大节上没有什么问题,即使在小节上欠缺一点也是可以选拔使用的。所谓"大德不逾闲,小德出入可也"(《论语·子张》)。

《论语·微子》记载:"周公谓鲁公曰:'君子不施其亲,不使大臣怨乎不以。故旧无大故,则不弃也。无求备于一人!'"周公是孔子十分敬佩的古代著名的政治家和贤臣的代表。这段话虽然出自周公之口,但也表达了孔子的观点。孔子对于齐国的贤相管仲的评价就是最好的证明。尽管管仲要权要钱要地位,生活奢侈,不重视礼节,还有器量小等缺点。但孔子却能从大处看到管仲的历史功绩和鞠躬尽瘁的优秀品质,充分肯定管仲的历史功绩说:"管仲相桓公,霸诸侯,一匡天下,民到于今受其赐。微管仲,吾其被发左衽矣。岂若匹夫匹妇之为谅也,自经于沟渎而莫之知也?"(《论语·宪问》)他认为,齐桓公"九合诸侯,一匡天下",管仲之力也。如果管仲为公子纠殉节而死,他就不可能为天下百姓做这样的好事了。如果没有管仲,我们也可能早就沦为落后民族了。

孔子认为,所谓"德才兼备"的人并不是没有缺点,在现实生活中德才学识全面发展,完全符合"君子"标准的人并不多,因而他主张看人要从大

---

① 《论语·公冶长》,见〔清〕刘宝楠《论语正义》,香港中华书局1978年《诸子集成》本,第108页。
② 《论语·颜渊》,见〔清〕刘宝楠《论语正义》,香港中华书局1978年《诸子集成》本,第276页。
③ 《论语·宪问》,见〔清〕刘宝楠《论语正义》,香港中华书局1978年《诸子集成》本,第301页。
④ 《论语·子张》,见〔清〕刘宝楠《论语正义》,香港中华书局1978年《诸子集成》本,第401页。

处着眼。他的得意弟子颜回、子贡、子路、冉有等人，虽具有某些方面的德才，但仍没有达到"圣"和"仁"的境界。至于像他所欣赏的"狂""狷"之人，虽然都是内具道德、外富学识的人，但他们也有各自的缺点。"狂"者志向高远，敢作敢当，有进取精神，却往往纵情任性，骄傲自大，目中无人。"狷"者为人能洁身自好，安分守己，不同流合污，但又过于保守拘谨，没有开拓创新精神。因此，在选拔任用人才时不能求全责备，而要按照人才的能力大小、品德优劣加以合理选拔任用，做到岗位和能力相适应，品德和职位相匹配。如果仅仅是因为人才本身有某些缺点与不足，就对人才求全责备，甚至弃而不用，不但会造成人才被埋没与受压抑，而且最终会陷入"目中无人"、无人可用的尴尬境地，从而也可能导致人才的流失。

对于那些曾经犯过错误又能积极改正的人，孔子主张也应该大胆选拔任用。冉有是孔子的得意弟子，但他对孔子的学说却并非全盘接受。冉有曾经委婉地对孔子说："非不悦子之道，力不足也。"① 他还曾经违背孔子"君子周急不济富"②的政治原则，帮助"富于周公"的季氏聚敛财富。对此，孔子十分生气，说："非吾徒也。小子鸣鼓而攻之，可也。"③ 但是尽管如此，孔子并没有因此而否定冉有的才华，而且认为冉有擅长"政事"，多才多艺，"于从政乎何有"④，可以担任"千室之邑，百乘之家"的总管。⑤ 孔子认为，德才兼备的人能够经常反省自己的言行，不刻意掩饰、隐瞒自己的缺点和弱点，能够虚心接受别人的批评指正，有则改之，无则加勉。孔子本人就经常说自己在许多方面不如自己的弟子。他言行不当的时候，一经别人指出，他会立即纠正。因此，子贡曾经不无感慨地说："君子之过也，如日月之食焉：过也，人皆见之；更也，人皆仰之。"⑥ 知错能改，这是人才必须具备的基本素质。

用人之长，不求全责备，这是选拔人才中君子与小人、正派与不正派的根本区别。孔子说："君子易事而难说也。说之不以道，不说也；及其使人也，

---

① 《论语·雍也》，见〔清〕刘宝楠《论语正义》，香港中华书局 1978 年《诸子集成》本，第 121 页。

② 《论语·雍也》，见〔清〕刘宝楠《论语正义》，香港中华书局 1978 年《诸子集成》本，第 114 页。

③ 《论语·先进》，见〔清〕刘宝楠《论语正义》，香港中华书局 1978 年《诸子集成》本，第 246 页。

④ 《论语·雍也》，见〔清〕刘宝楠《论语正义》，香港中华书局 1978 年《诸子集成》本，第 118 页。

⑤ 《论语·公冶长》，见〔清〕刘宝楠《论语正义》，香港中华书局 1978 年《诸子集成》本，第 92 页。

⑥ 《论语·子张》，见〔清〕刘宝楠《论语正义》，香港中华书局 1978 年《诸子集成》本，第 408 页。

器之。小人难事而易说也。说之虽不以道，说也；及其使人也，求备焉。"①这就是说，在君子手下工作很容易，博得他的欢喜却是很难的；不用正当的方式博得他的欢喜，他是不会喜欢的；等到他使用人的时候，却能做到衡量个人的才德去分配任务。在小人手下工作很难，博得他的欢喜却是很容易的；用不正当的方式去博得他的欢喜，他是会喜欢；但等他用人的时候，却会百般挑剔，求全责备。这里孔子提出了两种截然相反的选拔人才的观点和原则，也深刻剖析了两种领导作风与领导境界，令人回味无穷。人才的选拔犹如一个天平，称别人的同时也衡量了自己。一方面可以考察出所选之人的德才情况，另一方面也可以看出选人、用人者自身的道德水平、才识水平，是否具有慧眼识才的本领，是否是一个正人君子。选拔人才只有出于公心，实事求是，消除偏见，破除求全责备的心理，才能真正发现人才、选好和用好人才。这是君子和小人的本质区别。

二、孔子人才选拔的方法

（一）听其言而观其行

知人才能善任。了解人才是选拔人才的基础与前提，不了解人才就谈不上举贤任能。那么如何知人呢？知人的前提是"知言"。孔子说："不知言无以知人也。"② 考察选拔人才的最直接方法就是"听其言"。他说："巧言令色，鲜矣仁"（《论语·学而》）。"群居终日，言不及义，好行小惠，难矣哉！"（《论语·卫灵公》）"夫人不言，言必有中"（《论语·先进》）。"知言"也就是通过一个人的言语来认识这个人。一个人的思想道德、知识水平、实际工作能力等往往通过言语能够表现出来，这是了解一个人的前提条件。

当然，人是复杂的动物，光靠言论来认识一个人难免会有所失误。因为说一套，做一套，言行不一、口是心非者大有人在。所以，认识人、了解人还必须做到"听其言，观其行"。衡量一个人道德水平的高低，不仅要看其道德认识是否深刻，道德感情是否强烈，道德意志是否坚强，更要看他的道德行动是否坚决，他的道德规范是否合乎社会正义。君子应该"讷于言而敏于行"，"耻其言过其行"。这种察"言"观"行"的人才选拔方法是较为科学的。

那么，如何"观其行"？又要观察哪些"行"呢？孔子说："视其所以，观其所由，察其所安。人焉廋哉？人焉廋哉？"（《论语·为政》）这就是说，

---

① 《论语·子路》，见〔清〕刘宝楠《论语正义》，香港中华书局1978年《诸子集成》本，第297页。

② 《论语·尧曰》，见〔清〕刘宝楠《论语正义》，香港中华书局1978年《诸子集成》本，第419页。

要认识一个人的能力、才干和品德，就不仅要考察他的行为动机和目的，还要考察他动机的来源以及整个行动的过程。所谓"察其所安"，就是要看他平常做人是安于什么。从"视其所以，观其所由，察其所安"三个方面全面地了解、考察就没有可以隐瞒藏匿的了。考察一个人的为人处世，他的目的何在？他采取了什么样的做法？再考察他平时的涵养，看他安于什么：是贪图安逸享受，还是安于贫困、安于平淡？这实际上涵盖了对于一个人兴趣、爱好、修养等各方面的全面考察和了解。只有进行全方位的考察、了解，才能全面地认识和评价人才的优缺点。这一人才选拔的方法是比较先进科学的，至今仍具有借鉴意义。

（二）广泛听取各方面的意见

察言观行仅是了解人才的一种方式方法，要深入了解人才的特点，还必须广泛听取各方面的意见，不为流俗所蔽，广泛深入地了解被选拔者的才能学识，做到不以言举人，不以人废言。

首先，不能盲目以言取人。判断一个人的道德水平与德才学识，不能仅听一面之词，而应该多方面听取意见，尤其是要注意听取不同意见。要防止选拔者从自己的主观好恶出发，对被选拔者做出错误的判断。防止被选拔者拍马逢迎，迎合选拔者的口味。孔子在坚持言行一致的基础上，考虑到言行并不能在短时间内考察清楚，而主张在考察选拔人才时，特别要做到"不以言举人，不以人废言"，且要全面深入地了解人才的个性特点。这无疑是科学的、行之有效的人才考察方法。

其次，在人才选拔的过程中要注意听取各方面意见。这是真正保障那些杰出人才脱颖而出的有效途径。由于有些杰出人才往往具有这样那样的不同流俗之处，如管仲之类的人物。如果盲目将世俗之毁誉作为取舍人才的标准，那么就很难对一个人做出客观公正的评价。因此，当所有人异口同声赞扬一个人时，不要轻信而是应该做深入的调查了解；当所有人都讨厌一个人时，也不要轻易否定，而是应该深入了解。只有当所有好人都喜欢他，而坏人都讨厌他的时候，那说明这个人就是一个合格的人才。《论语·子路》篇记载："子贡问曰：'乡人皆好之，何如？'子曰：'未可也。'子贡曰：'乡人皆恶之，何如？'子曰：'未可也。不如乡人之善者好之，其不善者恶之。'"乡人都喜欢或者厌恶一个人并不足以证明他的好坏，受到好人称赞而被坏人憎恶的人才是值得信赖的人才。《说苑·尊贤》篇记载：春秋时期晋国人杨因求见赵简子说：我住在乡里，三次遭到驱逐，事奉君主五次离开。听说您能够善待士人所以来拜见您。赵简子听后，立即停下饮食，长跪而行以迎之。赵简子左右的亲信劝阻说，这个人在乡里三次被驱逐，说明他为大家所不容；事奉君主又五次离开，这说明他不能忠信于主上。可见,这个人有八次过错了,怎么能用这样言而无信的人呢?但赵简子却认为"子不知也。夫美女者,丑妇之仇也。盛德君子,乱世所疏也;正直之行,邪枉所憎也"。于是赵简子大胆启用杨因为相,赵国因此大治。由此可见,像管仲、杨因这样的大才,往往都会有许多为俗世所不容的缺点,对这样的大才尤其要格外进行全面的认识与考察。

(三)人才任用应该因能任职、察能授官

选拔人才的目的是任用。孔子主张要对人才的能力大小、德行高低进行区别考察后给予相应的职位,充分做到因能任职,察能授官。尤其是对君子与小人要区别对待:对君子,不能用小事情去考验,可以让他接受大任务,将其放在重要的岗位;而对小人,不可以让他接受大任务,可以用小事情去考验。这里的"君子"是指德行才华比较突出的人;"小人"是指德行才华相对较低的人。君子与小人的品行不同,才华不同,在使用上要区别对待。这实际上是讲人的能力有大小之别,才华有高下之分。他以孟公绰为例,认为"孟公绰为赵魏老则优,不可以为滕薛大夫"①。这里的"老"是指古代的家臣。孔子认为,孟公绰担任晋国诸卿赵氏、魏氏的家臣绰绰有余,但他并不能担任滕薛这样的小国大夫。因为小国也有许多外交事务,而孟公绰则缺乏这方面的能力与才华。再如,对于自己的学生孔子也主张根据他们的实际能力和特长来任职。孔子认为,子路适合在拥有千辆兵车的国家负责兵役与军政事务;冉有则适合在千户人口的大县做县宰,或者在拥有百辆兵车的大夫之家做总管;公西华则适合接待外宾,应对诸侯;冉雍则适合做某个部门或者地方的长官。因此,因能任职、察能授官成为一条非常重要的选拔和使用人才的原则,为历代所尊奉。

第四节 孔子的人才培养思想

孔子深切地认识到国家的长治久安在于人才,而人才的培养造就在于教育,于是他创办私学,将人才培养当作终生追求的事业,不仅成为中国历史上平民教育的开创者,而且成为"文化下移"的拓荒者,文化发展的奠基者。

一、人才培养必须以德行为根本

春秋时期,列国兼并,诸侯争霸,天下纷乱,民生涂炭。孔子认为,导致

---

① 《论语·宪问》,见〔清〕刘宝楠《论语正义》,香港中华书局1978年《诸子集成》本,第307页。

社会动乱的根本原因在于礼乐制度的被践踏与先王之政的乖离。因而,诸侯不尊礼而行,政治失序,礼乐制度废弃,整个社会道德沦丧,你争我夺,杀伐不休,生民涂炭。要结束这种天下混乱不堪的局面,就必须改良政治,拯救人心,恢复社会秩序。要改良政治,恢复礼乐文明,就必须从人才培养入手。而人才培养,尤其是对于政治人才培养的重点应该放在以"仁"为核心的道德品质方面。在当时"民之于仁也,甚于水火"①。"仁"对于人民而言比水火都重要,但现实社会又是"吾未见蹈仁而死者也!""吾未见好德如好色者也"。在道德沦丧的现实环境下,孔子将道德培养作为救世的根本良方,企图从人才的道德品质培养入手,通过人才在政治上的导向作用扭转社会风气,改变现实社会的价值判断与价值追求,从而回到尧舜时代的"先王之政""先王之道"的正路上来,重建良好的社会风气与社会秩序。为了加强人才的道德修养,孔子提出了人才必须具备的一系列道德范畴,如仁、义、礼、智、信、恭、宽、敏、惠、孝、悌、忠、恕、让、俭、敬、慈、群、勇等,并对这些道德范畴的内涵、行为表现和修养境界进行了明确的说明与界定。孔子就是根据这些内容和标准来培养人才的道德品质。他说:"弟子入则孝,出则弟,谨而信,泛爱众,而亲仁,行有余力,则以学文。"②

　　孔子人才培养思想的主要内容有四个方面:"子以四教:文、行、忠、信。"(《论语·述而》)这里,"文"指的是历代的典籍文献,这是孔子教育学生的主要资料。"行"指的是社会实践活动,这是对政治人才的基本要求。也就是说作为政治人才,不仅要有品德和知识,还要有社会活动能力,要做到知行统一。"忠"就是对待别人要忠心、诚实,也就是孔子所讲的"为人谋而不忠乎"?"信"就是与人交往要诚实守信。这四个方面实际上包含三个主要内容:书本知识、道德修养和社会实践。具体的教育内容则是"六经"。之所以以"六经"为教材,主要是"其为人也,温柔敦厚,《诗》教也;疏通致远,《书》教也;广博易良,《乐》教也;洁静精微,《易》教也;恭俭庄敬,《礼》教也;属辞比事,《春秋》教也"③。《史记·孔子世家》记载:"孔子以诗、书、礼、乐教。"孔子本人也曾经表白"志于道,据于德,依于仁,游于艺"。在乱世之中,人才既要有济世之才,又要有为仁之德,因而,孔子在坚持德行教育、凡事"约之以礼"的同时,又注重进行智能教育,要人才"博

---

　　① 《论语·卫灵公》,见〔清〕刘宝楠《论语正义》,香港中华书局1978年《诸子集成》本,第347页。
　　② 《论语·学而》,见〔清〕刘宝楠《论语正义》,香港中华书局1978年《诸子集成》本,第10页。
　　③ 《孔子家语·问玉》,见〔清〕陈士珂辑《孔子家语疏证》,上海书店影印出版1987年版,第210页。

学以文"，对古代典籍知识进行广泛的学习，了解社会发展的客观规律，了解社会生活中不断出现的新知识、新情况、新变化。例如，他以《诗》为教，就是因为他认为"诗，可以兴，可以观，可以群，可以怨。迩之事父，远之事君。多识鸟兽草木之名"①。他之所以教育学生学习射箭、驾车、书法、数学以及礼、乐等实践性很强的科目，就是在于培养弟子们的综合知识与技能，培养他们适应社会需要和社会发展的能力。

二、注重知识与能力的培养

知识与能力获得的前提条件是好学。所以，孔子认为"好学"是成才的必要条件。他所提倡的人才必须具备的"仁、义、礼、智、信"等道德范畴以及对于诗、书、礼、乐、易的掌握都以"好学"为基础。反之，如果不好学，这些知识与能力就无从获得，就会成为"不可雕也"的朽木。他说："好仁不好学，其蔽也愚；好知不好学，其蔽也荡；好信不好学，其蔽也贼；好直不好学，其蔽也绞；好勇不好学，其蔽也乱；好刚不好学，其蔽也狂。"② 孔子说自己比别人高明的地方就在于好学。他说："我非生而知之者，好古，敏以求之者也。"③ "十室之邑，必有忠信如丘者焉，不如丘之好学也"④。孔子提倡"好学"是为了增长知识与技能，达到"知者不惑"⑤，学以致用，目的在于培养人才独当一面的行政工作能力。子贡曾经问："何如斯可谓之士矣？"孔子回答说："行己有耻，使于四方，不辱君命，可谓士矣"（《论语·子路》）。他认为不能独当一面的人，书本知识即使再丰富，书读得再多也是没有意义的。所以他说："诵诗三百，授之以政，不达；使于四方，不能专对；虽多，亦奚以为？"（《论语·子路》）由此可见，孔子人才培养的理想状态是既要有丰富的书本知识，更要有将书本知识转化为实际工作能力，提倡学以致用、学用结合。

知识是一个不断积累的过程，"譬如为山，未成一篑，止，吾止也；譬如

---

① 《论语·阳货》，见〔清〕刘宝楠《论语正义》，香港中华书局1978年《诸子集成》本，第374页。
② 《论语·阳货》，见〔清〕刘宝楠《论语正义》，香港中华书局1978年《诸子集成》本，第374页。
③ 《论语·述而》，见〔清〕刘宝楠《论语正义》，香港中华书局1978年《诸子集成》本，第146页。
④ 《论语·公冶长》，见〔清〕刘宝楠《论语正义》，香港中华书局1978年《诸子集成》本，第111页。
⑤ 《论语·子罕》，见〔清〕刘宝楠《论语正义》，香港中华书局1978年《诸子集成》本，第193页。

平地，虽覆一篑，进，吾往也"①。正如前面所说，孔子培养人才"好学"的目的在于知识与能力的积累，在于学以致用，在于道德品质的提升。为此他强调："为仁由己"。首先，德行要靠内在的自觉修养，要充分发挥自己的主观能动性与积极性。人才必须严格要求自己，从自己做起，通过自己的不断努力，不断提高自身的道德素质与知识技能。面对各种诱惑能够做到"从心所欲不逾矩"，如此便可以达到道德修养的理想状态。其次，要"见贤思齐焉""见不贤而内自省也"。对于那些不动脑筋、不能自省的人，要做到"不愤不启，不悱不发。举一隅而示之，不以三隅反，则不复也"②。从而促使他们反躬自省。对于自己的过失不要忌讳，"过则勿惮改"，犯错误不可怕，有错必改就是最宝贵的。最后，要做到身正令行。孔子反对言过其实和言而不行、言而无信的行为。"君子耻其言而过其行"，君子应该"讷于言而敏于行"。要以身为则，"其身正，不令而行；其身不正，虽令不从"，身教重于言教。这些人才培养的方式方法至今仍具有借鉴意义。

第五节 孔子与《管子》人才思想的差异

管仲和孔子的人才思想既有许多相同之处，也有不少差异。管仲是政治家、思想家，是治国的实践者。他的人才思想是与其治国实践相联系的，他的人才思想是与其政治思想的重要组成部分，因此，《管子》的人才思想是丰富的、有体系的、完整的。而孔子是思想家、教育家，他的主要贡献在于创立了以仁义为中心的儒学思想体系以及开创了私家办学的社会风气，使文化知识下移，打破了贵族垄断文化的局面，使平民有了参与社会政治的机会。总之，管仲和孔子的身份不同、目标不同、历史使命不同，他们的人才思想也不尽相同。

一、二者出发点与角度不同

管仲是从治国图霸的角度看待人才作用的，而孔子是从如何实现其改良社会政治、实现仁义礼乐、平世乱的角度论述人才作用的。《管子》突出强调人才的重要性，它不仅将人才的作用提高到国家兴废存亡的高度来看待，而且认为一个国家能否尊重人才、重用人才，关键在君主，所谓"一国之存亡在其

---

① 《论语·子罕》，见〔清〕刘宝楠《论语正义》，香港中华书局1978年《诸子集成》本，第189页。
② 《论语·述而》，见〔清〕刘宝楠《论语正义》，香港中华书局1978年《诸子集成》本，第139页。

主",这在当时是振聋发聩的远见卓识。《管子》不仅宽泛地论述了人才的重要作用,而且论述了君主、"中央之人",尤其是"相"的重要作用,也论述了士、农、工、商各种人才的重要作用,这比孔子要全面深刻得多。此外,《管子》全书,体现了人才关乎天下得失与国家兴亡的理念。齐桓公本人一生事功的成毁、管仲本人的成功都典型地体现了用人是否得当关乎国家兴亡与事功成毁的经验与教训。孔子的思路则是从人才与国家兴亡、社会治乱的关系入手,认为"为政在人",所以主张"举贤才"。他认为,选贤任能一是可以使国家治理得更好;二是可以避免坏人混进执政者队伍,祸害人民;三是贤人政治可以使人民拥戴,也可以对那些不直、不正之人进行教化,贤人政治还可以使人民相互勉励、积极追求上进。这充分体现了孔子"用贤则治"的人才思想。但孔子对人才作用的认识仅集中在"士"这个阶层,对于"士"之外的各类人才的作用则缺乏论述。尤其是对君主和"中央之人"的重要作用,以及农、工、商之人的作用缺乏论述,这是和《管子》有巨大差别的。

二、管仲和孔子人才标准不尽相同

管仲和孔子的人才标准有同有异,总的来看,《管子》的人才标准比较宽泛。《管子》认为:一是各行各业的优秀者皆为人才,这实际上突破了先秦各家的思想局限,提出了一种全新的"大人才观"。二是有德者即为人才。三是中央之人有特殊标准。

《管子》认为,各行各业都有大量的人才,也需要大量的人才,因此,《管子》的"大人才观"主要论述了士、农、工、商各行各业人才的作用与标准。管仲从人才职业化的角度出发,提出了士、农、工、商"四民"各从其业,以业定居,从而使各种职业的思想、技艺通过长辈的言传身教,自然而然地传授给下一代。职业世代相传,不断丰富完善,从而实现职业的固定化、专业化。这有利于培养专门的人才,不断提高各个行业的业务能力与水平。当然,各行各业中才能特别突出的人还可以选拔为地方官。这在当时的历史条件下,不失为一种强化职业教训、培养专门人才的有效途径和措施。《管子》"大人才"标准的确立与实施突破了传统的狭隘的人才观念,为各行各业培养及储备了大量的人才,这就使齐国的发展有了强大而雄厚的人才基础与人才保障。

孔子的人才标准是比较单一的,他只是论述了政治人才的标准,他的人才标准只仅局限于"士"这个阶层,对于"士"之外的各行各业的人才标准则缺乏关注。孔子强调人才必须要有良好的德行,不仅要有知识与智慧,而且要有通权达变的能力,要有实际工作的经验和智慧,要有求真务实的工作作风,要在实践中不断总结经验,善于分析与处理问题。尽管从表面上看,他的人才标准还是比较全面务实的,但实际上,孔子的人才标准仅局限于"政治人才",也就是"士"这一阶层,而忽视了社会其他阶层。

三、管仲和孔子对于人才任用与选拔的看法不尽相同

对于人才任用与选拔,管仲和孔子的看法不尽相同。《管子》认为,选好人、用好人的关键在于执政者的能力与水平。要想获得大批的人才,就必须冲破商周以来"尊尊亲亲"世袭用人制度的旧框框,"论材(才)、量能、谋德而举之",依法举人,"选贤论才,而待之以法"(《管子·君臣上》),并通过建立人才制度和法规使选拔人才工作制度化、法制化。这不仅在当时具有极大的历史意义,即使在今天依然具有重要的参考价值。

在管仲用人思想的指导下,齐国建立并推行了一整套自下而上、逐级选拔人才的制度。据《管子·立政》篇记载,管仲曾明令荐举人才并把它作为各级官员的一项任务,要求按照政府举荐孝悌、忠信、贤良、俊才等人才的规定及办法,由地方官吏逐级上报,再由朝中主管官吏进行登记,汇编成册。选拔过程必须坚持"贤""才"两个标准。他要求各级官吏"有则以告。有而不以告,谓之蔽才,其罪五"。这样,管仲不仅为齐国建立起一整套选拔人才的制度和办法,同时也提出了一些很有价值的关于任用官吏、贤才的原则。这些原则包括:一是重德原则;二是察能授官的原则;三是扬长避短的原则;四是拒用訾訾之人的原则;五是反对划圈拉派的原则;六是实行任用制的原则;七是赏功罚过的原则;八是废除官吏终身制的原则。此外,《管子》提出了一系列人才选拔的方法:一是不记恩仇,唯才是举;二是开设庭燎,引士自荐;三是不分国别,唯才是用;四是深入基层,选拔贤士;五是不计出身,三选贤士。在人才任用方面《管子》在其"大人才观"的基础上,对于人才任用问题不仅有十分精到的见解与论述,而且对于如何任用人才形成了一定的制度。首先,人才能否得到正确任用,人才能否发挥重要作用的关键,从某种程度上来说,取决于君主的贤明与否和君主的个人素质。"天下不患无臣,患无君以使之"。其次,人才任用要做到"察能授官"(《管子·权修》)。再次,在人才任用上要做到"任其所长,不任其所短"(《管子·形势解》),对于人才要看其主流,不求全责备。最后,要做到疑人不用,用人不疑,充分信任人才。这些至今都具有现实意义和借鉴作用。

孔子人才选拔与任用的思想也是比较丰富的。首先,他主张在选人用人方面不论亲疏、门第、年龄,唯才是举;主张冲破宗法制度的束缚以及任人唯亲的禁锢,不论亲疏,只要是有德有才者都可以大胆选拔与任用。其次,注意选

拔正直的人，抑制打击邪恶之人；认为选拔正直的人以此来教育感化那些不善之人，使之改恶从善，不但可以树立官场正气，而且可以净化政风，改变社会风气，这样就会使"不仁者远矣"。最后，在人才选拔与任用方面要坚持知人善任、不求全责备的原则。在人才的选拔与考核方法上，孔子主张：一是要听其言而观其行，对人才进行全面考察；二是要广泛听取各方面的意见；三是在人才任用上因能任职，察能授官。

孔子人才选拔与任用的原则和方法表面看来还是比较全面客观的，但一方面，他的人才选拔与任用的对象仅局限于"士"这一阶层，对于"士"之外的阶层人才有所忽视，另一方面，对如何保障选拔原则与方法的落实，缺乏必要的论述，更缺乏制度上的保障。尽管他的想法很美好，但这种选拔与任用只能寄希望于那些清廉正直的官员。对于如何保障这些选拔原则的贯彻执行，则没有约束力。这就难免成为一种美好的理想而已，缺乏实际操作性和现实可能性。

四、管仲和孔子对于人才培养的认识不尽相同

管仲在长期的治国实践中十分强调人才的突出作用。他认为，要想把国家治理好，必须要有一大批为之能用的人才，而人才的培养又是当务之急，终身之计，是涉及一个国家能否长治久安、稳定发展的战略性任务。因而，《管子》将人才的教育培养放到了国家存亡的战略高度来认识。"明主之务"在于"论贤人，用有能，而民可使治"，此"霸王之事也"。《管子》非常重视对将帅的培养与任用，认为国家的安危往往取决于将、相、大臣这些"中央之人"，因此必须重视对这类人才的培养与吸引，"收天下之豪杰，有天下之骏雄"（《管子·七法》）。

人才是国家的宝贵财富，但人才的成长有一个较长的过程，需要长期教育与培养。《管子·权修》篇记载："一年之计，莫如树谷；十年之计，莫如树木；终身之计，莫如树人。一树一获者，谷也；一树十获者，木也；一树百获者，人也。"谷、木属于"事"的范畴；树谷、树木是一个短期的现实既得利益的问题。这对人的教育与培养和树谷、树木是不同的，是一个执政者不得不重视的长远利益问题。如果急功近利，那是鼠目寸光；如果只盯着未来而不脚踏实地，那也只能是望梅止渴。要谋求国家的长治久安，既不能急功近利，也不能望梅止渴；既要考虑近期的既得利益，也要考虑长远利益；而短期利益与长远利益之间，长远利益显然又是十分重要的头等大事。如果意识不到这一点，就必然会犯战略上的错误。《管子》正是看到了这一点，从国家的前途和根本利益出发将人才的培养与教育放在了重要的战略位置。

在这种认识的指导下，《管子》对人才的培养与教育方式采取了一系列行之有效的具体措施，其主要内容有三个方面：一是重视礼、义、廉、耻的人文素质教育；二是实行"四民分业定居"的职业教育与环境教育；三是采取学校教育及特殊教育等多种方式培养各级各类人才。齐国的人才培养涉及素质教育、道德教育和职业教育等各个方面，其着眼点是将人才教育培养与当时的社会现实紧密联系在一起，为满足农业生产、商业发展、社会秩序的稳定、战争的胜利等现实需要而进行的。可见，齐桓公和管仲的人才培养与教育目的就是富国强兵、称霸诸侯。因此，齐国人才培养与教育的内容具有强烈的功利主义特点。

孔子人才培养的目的是从政，推行自己的一整套仁、义、礼、智的政治学说，他对于人才培养尤其重视人才的德行修养和智能两个重要方面。在这两个方面中，德行修养是最为重要的，也是孔子极力倡导的。人才的标准虽然是德才兼备，但德是第一位的。其次，注重知识与能力的培养。孔子人才培养的理想状态是既要有丰富的书本知识，更要有将书本知识转化为实际工作能力，提倡学以致用、学用结合，反对死读书、读死书的单纯追求知识的做法。孔子是伟大的教育家，因此，他在人才培养方法方面有许多独到的见解，这些还是值得肯定的。

总的来看，在人才培养方面，孔子也不如《管子》那样系统完整。《管子》的人才培养是有具体措施的，而且这些措施是行之有效的，并取得了良好的社会效果。如"四民分业定居"的环境教育与职业人才培养就收到了良好的社会效果。《管子》重视包括"中央之人"在内的各级各类专业人才的培养，尤其是对农、工、商各业人才的培养，这在先秦诸子中是独一无二的。孔子之所以和《管子》在人才培养方面有许多差别，关键就在于《管子》是治国实践经验的总结，而孔子只是从政治人才的角度出发，在如何实现社会政治的改良方面涉及人才的培养，因此他的人才培养并不像《管子》那样系统完整，也缺乏制度上的保障。

第十一章 《墨子》与《管子》人才思想的比较

在中国人才思想史上,《墨子》与《管子》在人才思想方面有许多相似之处。这两部著作都不同程度地对人才的作用、人才标准、人才选拔、人才培养和人才使用等进行了较为全面的论述。但由于墨子和管仲的时代不同、地位与身份不同,他们对于人才的论述也不完全相同。对《墨子》与《管子》的人才思想进行比较研究,有助于我们从更深层次上把握与研究《管子》的人才思想。

第一节 人才的重要作用

一、尚贤乃为政之本

《墨子》的核心思想之一就是"尚贤",而"尚贤"又是其人才思想的核心。《墨子》开篇即为《亲士》。"亲士者,尚贤之根本也,故以亲士冠其书"[①]。《墨子·亲士》篇载:"入国而不存其士,则亡国矣。见贤而不急,则缓其君矣。非贤无急,非士无与虑国。缓贤忘士,而能以其国存者,未曾有也。"贤士是国家的瑰宝,社稷的柱石,君主治理国家的依靠。如果君主不亲任贤士,国家有危难就无人效力,国家就会危亡。所以,君主只有依靠贤能来治理天下方可使"国家治而刑法正""官府实而财不散""菽粟多而民足乎食"。因而《墨子》说:"尚贤乃为政之本"。

《墨子》将人才的作用提高到关乎国家生死存亡的高度,这和《管子》的认识具有相同之处。"今者,王公大人为政于国家者,皆欲国家之富,人民之众,刑政之治。然而不得富而得贫,不得众而得寡,不得治而得乱。则是本失其所欲,得其所恶。是何故也?是在王公大人为政于国家者,不能以尚贤使能为政也。是故有贤良之士众,则国家之治厚;贤良之士寡,则国家之治薄。故

---

① 张纯一编著:《墨子集解》,成都古籍书店1988年版,第1页。

王公大人之务，将在于众贤而已。"①《墨子》列举了大量古代有作为的君主注意选拔有才能的人才成就自己事业的例子来论证人才的重要作用。"故古者尧举舜于服泽之阳，授之政，天下平；禹举益于阴方之中，授之政，九州成；汤举伊尹于庖厨之中，授之政，其谋得；文王举闳夭、泰颠于苴罔之中，授之政，西土服"（《墨子·尚贤上》），这说明古代的圣王都十分重视对人才的选拔与使用。由于他们能够重用有才能的人辅佐他们治理国家，因此国家就能长治久安，繁荣富强，百姓能够安居乐业，他们因而成为万世圣君的表率。如果今天的王公大人也能够像齐桓公重用管仲、鲍叔牙，如晋文公任用舅犯、高偃，如楚庄王任用孙叔、沈尹，似吴王阖闾任用伍员、文义，如越王勾践任用范蠡、文种那样，就可以"霸诸侯，功名传于后世"（《墨子·所染》）。《墨子·尚贤上》认为"士者所以为辅相承嗣也。故得士则谋不困，体不劳，名立而功成，美章而恶不生"。因此，"归国宝不若献贤而进士"（《墨子·亲士》）。由此可见，墨子认为国宝不若贤士。

二、能否重用人才是君主贤明的标志

由于贤能的人才是国家之瑰宝、社稷之栋梁，是国家长治久安的保证，因此，有作为的君主都应该做到"尚贤使能"。如果君主重用人才，那么"早朝晏退，听狱治政，是以国家治而刑法正"（《墨子·尚贤中》）。让贤能的人才管理官府，就会"夜寝夙兴，收敛关市、山林、泽梁之利，以实官府，是以官府实而财不散"（《墨子·尚贤中》）。用贤能的人才治理邑里，则"早出暮入，耕稼、树艺、聚菽粟，是以菽粟多而民足乎食"（《墨子·尚贤中》）。国家由各级各类贤能之士来治理，就会"国家治则刑法正，官服实则万民富。上有以洁为酒醴粢盛，以祭祀天鬼；外有以为皮币，与四邻诸侯交接，内有以食饥息劳，将养其万民。外有以怀天下之贤人。是故上者天鬼富之，外者诸侯与之，内者万民亲之，贤人归之，以此谋事则得，举事则成，入守则固，出诛则强"（《墨子·尚贤中》）。对于君主而言，如果重用人才，君主就会"勤则谋不困，体不劳，名立而功成，美彰而恶不生"（《墨子·尚贤上》）。首先，贤明的君主如果重用杰出的人才，就可以使自己的事业获得成功，声名远播，受到万世敬仰。其次，君主如果重用那些杰出的人才治理国家，不但会使社会安定，生产得到发展，经济繁荣，衣食富足，而且老百姓将获得更多的实惠。最后，能否重用真正的贤能人才，如管仲那样的大才，关乎国家的生死存亡。

---

① 《墨子·尚贤上》，见〔清〕孙诒让撰，孙启治点校《墨子间诂》，中华书局《新编诸子集成》本2001年版，第43页。

《墨子·尚贤中》篇记载："何以知尚贤之为政本也？曰：'自贵且智者，为政乎愚且贱者，则治；自愚且贱者，为政乎贵且智者，则乱。'是以知尚贤之为政本也"。

三、严厉批评不能重用人才之君

从小生产者的利益出发，在正面提倡重用人才的同时，墨子还对那些不能尚贤使能的君主提出了严厉的批评。"今王公大人有一衣裳不能制也，必借良工；有一牛羊不能杀也，必借良宰。故当若之二物也，王公大人未知以尚贤使能为政也。当王公大人之于此也，虽有骨肉之亲、无故富贵、面目美好者，实其不能也，不使之也。是何故？恐其败财也。当王公大人之于此也，则不失尚贤而使能。逮至其国家则不然，王公大人骨肉之亲、无故富贵、面目美好者则举之。逮至其国家之乱，社稷之危，则不知使能以治之"（《墨子·尚贤中》）。那些愚蠢的王公大人在小事情上可以做到"尚贤使能"，在治理国家的大事上却做不到重用贤能，这是明乎小而不明乎大，是极为愚蠢的做法。当然有的统治者不能尚贤使能，那是由于自身的品德和认识局限。"贪于政者，不能分人以事；厚于货者，不能分人以禄"（《墨子·尚贤中》）。他们因为贪婪吝啬，把权力看得高于一切，不能任用贤能之士，唯恐贤能之士架空他们手中的权力。此外，还有的统治者将尚贤使能仅仅挂在口头上，而行动上则做不到尚贤使能。"今天下之士君子，居处言语皆尚贤，逮至其临众发政而治民，莫知尚贤而使能"（《墨子·尚贤下》）。这些都是愚蠢昏庸的统治者，是碌碌无为之君，难以有大的作为。墨子对于儒家任人唯亲的现象也进行了严厉的抨击。他认为如果不尚贤而让那些天生亲者、富贵者、面目美好者来治理国家，由于他们未必都是有德有才的贤能之士，等到国家混乱社稷快要覆亡，才知道不该让他们来治理岂不为时已晚？因此，他对于儒家任人唯亲、任人唯美的主张和倾向进行了深刻的批评。这些批评是切中要害的。

四、"一国之存亡在其主"

管仲是在春秋初期列国争霸的时代背景下提出了"夫争天下者，必先争人"的著名论断。《管子》不仅论述了各级各类人才的重要作用，而且论述了君主的作用。这和儒家相比是十分深刻和具有远见卓识的。儒家强调"刑不上大夫，礼不下庶人"，"为尊者讳"，儒家往往是不敢评论君主本人的，管仲却将矛头直指君主本人，他认为一个国家能不能尊重人才、重用人才，关键在于君主。"一国之存亡在其主。天下得失，道一人出"（《管子·七臣七主》）。《管子·法法》篇载："世无公国之君，则无直进之士；无论能之主，则无成功之臣。"国君的素质能力直接影响着他对人才的选拔与使用。《管子·牧民》篇载:"御民之辔,在上之所贵;道民之门,在上之所先;召民之路,在上之所好恶。故君求之,则臣得之;君嗜之,则臣食之,君好之,则臣服之;君恶之,则臣匿之。"因此,《管子》认为国君能否重用人才、尊重人才,是君主治理国家、成就霸业的当务之急。君主的德才学识不仅对于他能否重用那些杰出人才具有决定作用,而且对于官场风气具有决定作用。《管子·五辅》载:"明王之务,在于……论贤人,用有能,而民可使治。"《管子·霸言》载:"是故圣王卑礼以天下之贤而任之,均分以钧天下之众而臣之。"此外,《管子》也将能否尊重人才、重用人才作为评价君主贤明与历史地位的重要标准。墨子站在劳动者的立场上,虽然提出了"尚贤使能"的主张,认为贤才乃国之宝,"尚贤为政之本",极力主张王公大人要尚贤,重用人才,但对于君主本人并没有提出更高的要求。在这方面,墨子由于出身与地位的限制以及立场不同,和《管子》的认识是有差距的。《管子》对于君主才能的要求显然要高于《墨子》。

五、用人的关键在于"中央之人"

管仲作为政治家、实践家,他深刻认识到"中央之人"的特殊作用。《管子·版法解》篇记载:"凡人君之所尊安者,贤佐也。佐贤则君安、国安、民治,无佐则君卑、国危、民乱。故曰:'备长在乎任贤。'"君主最重要的"贤佐"当然是一人之下、万人之上的"相"。相为君主的左膀右臂,纵览全局,在群臣中处于领袖地位,因此"相国"的人选是关乎国家安危的大事。君主本人未必事事亲躬、时时高明,所以有关国家根本利益、长期目标、战略决策等全局的战略性问题,都需要在相国的辅佐下制定与完成。《管子·形势解》篇记载:"明主与圣人谋,故其谋得;与之举事,故其事成。乱主与不肖者谋,故其事失;与之举事,故其事败。"所以,圣明的君主并不在于自己有多么高的智慧与能力,而在于他会利用群臣的智慧与能力,善于驾驭群臣,发挥群臣的聪明才智。尤其是相国这样重要的职位用人是否得当,关乎国家安危与事业成败,所以对于相国的人选君主务必严格把关。《管子·形势解》深刻地认识到了这一点,"明主不用其智,而任圣人之智""明主之治天下也,必用圣人而后天下治""治天下而不用圣人,则天下乖乱而民不亲也。"这里所谓的"圣人",无疑指的就是管仲那样的大才、杰出人才。相对而言,《墨子》在这方面的认识远远不及《管子》深刻。《墨子》仅要求"王公大人"要尚贤使能,至于"王公大人"本人是否是人才,则没有提出更高的要求。因此,《墨子》的尚贤使能仅是一种主张而缺乏政治实践性。

由此可见，作为学者的墨子和作为政治实践者的管仲，在人才方面的认识是有区别的。

第二节　关于人才的标准

一、《墨子》的人才标准

墨子作为平民阶层的代表提出了自己的人才标准。《墨子·尚贤上》载："况又有贤良之士，厚乎德行，辩乎言谈，博乎道术者乎？此固国家之珍，社稷之佐也。"墨子认为，人才就是指那些德行宽厚、言谈雄辩、博通道术、多才多艺、上下调和、清正廉洁的人。《墨子》的人才标准包括德行、才能、学问三个方面。在这三个方面中，德行是首要的、是根本的，其次才是才能与学问。人才在个人素质方面必须是德才兼备，在行为上必须要做到"有力者疾以助人，有财者勉以分人，有道者勤以教人"（《墨子·尚贤下》）。因此，《墨子》的人才标准实际上是指那些德才兼备、出类拔萃的优秀人才。

1. "厚乎德行"——《墨子》的第一个人才标准

和《管子》一样，《墨子》将德行作为人才的首要标准。他认为德行敦厚之士就是能够"兴天下之利，除天下之害""视人之国若视其国；视人之家若视其家；视人之身若视其身"（《墨子·兼爱中》）的"仁人""兼士"。《墨子》从农与工肆之人的利益出发，对德行敦厚的"兼士"要求做到"利"与"义"的结合。"所谓贵良宝者，为其可以利也……今用义为政于国家，人民必众，刑政必治，社稷必安。所谓贵良宝者，可以利民也，而义可以利人，故曰：义天下之良宝也"（《墨子·耕柱》）。"义"之所以是天下之良宝就在于它给人民带来实际的利益，使国家"民必众""刑必治，社必安"，否则"义"就是空谈，就是愚弄人民的幌子。这里《墨子》所倡导的"兼爱"有别于儒家的"爱有差等"。它是建立在人人平等的基础上的，并强调"兼爱"必须和"相利"统一，只有这样才能建立平等和谐的人际关系。《墨子》同时也强调"贤士"必须坚守"正义"，这是"兼相爱，交相利"的根本保证。

《墨子》要求人才在"厚德"的同时，更要注重"德"的实际社会效果。《墨子》认为行政的效果为"功"，而行为的动机则为"志"。他要求"志功合一"，强调动机与效果的一致性，二者不能偏废。《墨子·公孟》记载："仁义均，行说人者其功善亦多，何故不行说人也！"对于从事"上说下教"的贤良之士而言，谁的主张产生的实际效果大，谁的功劳自然就大。《墨子·鲁问》篇记载，鲁君谓墨子曰："我有二子，一人者好学，一人者好分人财，孰以为太子而可?"子墨子曰:"未可知也,或所谓赏与为是也。钓者之恭,非为鱼赐也;饵鼠以虫,非爱之也。吾愿主君之合其志功而观焉。"对于人才的评价不仅要看其"好学"与"好分人财"的动机,更要看这种动机所产生的实际效果,要"合其志功而观"。《墨子》对人才"德"的要求不是停留在理论层面,而是将其归结为实践问题。所谓人才"厚德",就是要按照道德的要求去做,在行动中要根据"德"对善恶行为进行取舍。正如《墨子·贵义》篇提出的:"天下之君子不知仁者,非以其名也,亦以其取也。"虽然"以德为先"是先秦诸子中对于人才标准的普遍要求,但《墨子》提出了"厚德"的功利原则,这是不同于其他学术流派和《管子》的。

2. "辩乎言谈"——《墨子》的第二个人才标准

《墨子》将"辩乎言谈"作为一项人才的基本标准,这是与春秋末期特殊的社会历史背景密切相关的。春秋战国时期周天子名存实亡,诸侯各自为政。各国诸侯为了能够在政治斗争与军事掠夺以及外交方面取得优势,争相吸纳人才,希望将那些能言善辩之士聚集在身边,为其攻城略地出谋划策。与此相适应,那些所谓的贤良之士要想得到诸侯的重用,就必须具备推销自己的高超的言谈技巧,必须是能言善辩之士,如孟轲、苏秦、张仪之流。在这种情况下,《墨子》非常重视人才的能言善辩技巧。《墨子·小取》篇记载:"夫辩者,将以明是非之分,审治乱之纪,明同异之处,察名实之理,处利害,决嫌疑,焉摹略万物之然,论求群言之比,以名举实,以辞抒意,以说出故,以类取,以类予。"[1]《墨子》强调"兼士"必须具备能言善辩的本领,具有纵横捭阖的不烂之舌,为他们进入社会"上说下教""劝以教人"做好充分的准备。他的目的是通过"上说下教"来推行自己的政治主张。这些主张如何才能被诸侯们接受,那就要以理服人,打动人主。说教者必须思路清晰,谈辞犀利,语言有严密的逻辑性,让对方无懈可击,使对方心服口服。他们必须利用最适当的语言,表达最合理的思想以折服对方。在墨子看来,"家欲不失其守,而使异己者得明其故,必资于辩说。"因此,他必然会将"辩乎言谈"作为塑造理想人才的标准之一。

3. "博乎道术"——《墨子》的第三个人才标准

人才不仅要能言善辩,而且还必须"博乎道术"。这种人才既有平治天下的抱负和方略,又有参与社会实践、服务社会的实际工作能力。"博乎道术"的"博"反映了墨子对人才道术要求的广泛性。人才说到底就是要有优良的品德、广博的学识和很强的实际工作能力并对社会能够做出贡献的人。对于这

---

[1] 〔清〕孙诒让撰,孙启治点校:《墨子间诂》,中华书局《新编诸子集成》本2001年版,第415页。

样的人才，墨子常常称之为"能"。他说："为贤之道将奈何？曰：'有力者疾以助人，有财者勉以分人，有道者劝以教人'"（《墨子·尚贤下》）。首先，人才要有自食其力的本领。他认为一个人只有"赖其力"，且能"强力从事"，才能维护自身的生存与发展。他要求弟子必须掌握一定的生产技术与技能。他的弟子不但是耕作的行家，而且是百工能手。其次，他认为人才在战乱的年代必须具备军事防御守备能力，这是人才既能保全自己又能保护百姓平安的必备能力。

二、《管子》的人才标准

在齐国实现由奴隶制向封建制转变的社会转型时期，管仲看到了社会发展变化的必然趋势和现实状况，认识到凡是不墨守古法、勇于创新、敢于突破成规，顺应时代变化、勇于创新的人都是社会急需的人才，因此《管子》的人才标准是"大人才观"。

首先，《管子》意识到社会是一个复杂的组织体系，除政治人才外，士、农、工、商各行各业都需要大批的人才。因此，他主张大人才观。《管子》大人才观的提倡与实施为齐国培养了一大批各个领域的优秀人才，使齐国的发展有了强大而雄厚的人才基础。其次，《管子》主张从君主到一般人才都要有"德"，人才以德行为本。《管子·宙合》篇记载："千里之路，不可扶以绳；万家之都，不可平以准。言大人之行不必以先常，义立之谓贤。"这就是说大人之行没有先例常规，合乎义者即为贤。而义有七体，这就是《管子·五辅》篇中提出的"孝悌慈惠……恭敬忠信，……中正比宜……整齐撙诎……纤啬省用……敦蒙纯固……和协辑睦。凡此七者，义之体也"。这些内容都是道德方面的要求。《管子·重令》篇载："察身能而授官，不诬于上；谨于法令以治，不阿党；竭能尽力而不尚德，犯难离患而不辞死；受禄不过其功，服位不侈其能；不以毋实虚受者，朝之经臣也。"这些主要是行为方面的要求。从这两项标准来看，前者注重贤臣的主观道德方面，后者侧重于贤臣的主观行为，但二者都是偏重于对人才的道德要求。《管子·宙合》认为，凡大德至于仁爱、见贤肯于让位的人为"德"；而行罚不避亲贵、好本业、务地利而不轻易搜刮民财民力的人为"能"。

《管子》对于不同层次的人才在道德方面有不同的要求。其一，君主要有良好的道德规范，对全国人民起表率作用。国君身败名裂的根本原因在于失去民心。因此，治理好国家的君主首先应该是有道德的人，要给全国人民起到表率作用。其二，官员作为政治方面的杰出人才必须要有礼仪规范。《管子·牧民》指出："守国之度，在饰四维。"管仲所讲的"四维"就是礼义廉耻这些道德要求。他主张"礼不逾节，义不自进，廉不蔽恶，耻不从枉"。

其次，对于以相为首的中央之人的标准要求。"相"的人选不仅要有政治、经济方面的才华，还要有外交和军事方面的杰出才能。治国需要各种各样的人才，有些人有德不一定有才；有些人有才却不一定有德。国家治理是一个综合体系，因此，治理国家不仅需要才德兼备的大人物，也需要那些有德的人，即使单纯有才的人也需要。只要将他们放在适合的位置做适当的工作，同样能为社会做出贡献。但无疑这些人才都不具备"相"的条件。在管仲眼里，隰朋品德高尚，有很强的感召力，工作能力足以处理好国君及各位大臣之间的关系。最难能可贵的是，他可以为了国家、百姓的利益，对臣下或者百姓较为宽容，具有包容之心，既不固守成规，又能顺应时势，勇于创新，敢于担当，宽容大度，善于开拓。这样的人才才是"相"的最佳人选。

可见，《墨子》的人才标准是比较客观务实的，涉及思想道德、思维逻辑、管理协调、办事能力各个方面。这在一定程度上体现了对人才"德才兼备"的要求。作为手工业者出身的墨子想通过人才在社会活动中行为的潜移默化做到"兼相爱、交相利"的终极目标。他所要求的人才是脚踏实地、为人民利益赴汤蹈火在所不辞的实干家。他的人才标准不像孔子所强调的是追求至高无上的"仁"的理想主义者，而是一个能为民排忧解难、解除百姓苦难的"贤良之士"。他将"厚乎德行，辩乎言谈，博乎道术"视为不可分割的整体，从德与才两个方面对人才提出要求。这在当时的历史条件下无疑具有一定的针对性与超前性，这说明墨子的人才思想达到了一定的高度。当然，和《管子》的人才标准相比较，《墨子》的人才标准更具有理想化的色彩，而《管子》的人才标准更具有政治实践的意义。这说明，作为学派创始人的墨子和作为政治实践家的管仲，他们的人才标准具有各自的特点。

第三节 关于人才选拔的思想

一、《墨子》的人才选拔思想

墨子生活于春秋末期与战国初年，当时各诸侯国为了在兼并之中取得优势地位都十分注重人才的选拔。但由于传统观念的影响与制约，人才选拔的范围依然局限于贵族之中，而民间大量的人才得不到选拔与重用。针对这种情况，墨子大胆提出了"官无常贵，民无终贱，有能则举之，无能则下之"的人才选拔原则。

墨子认为，"国有贤良之士众，则国家之治厚，贤良之士寡，则国家之治薄。故大人之务，将在于众贤而已"（《墨子·尚贤上》）。这就是说国家的治乱与贫富和贤士的多寡有着直接的关系。一个国家的贤士多，国家治理得就好，国家就会富强；贤士少，国家就治理不好，国家自然就贫穷。因此，墨子认为统治者最重要的职责之一就是广泛地选拔人才。统治者要实现"国家之治厚"，就必须广泛地从基层中选拔"贤良之士"，让这些贤良之士担任各级官吏。那么，如何广泛选拔人才呢？墨子认为，必须打破原来的"始我所恃者富贵""始我所恃者亲""始我所恃者近"的人才选拔范围，而扩大到社会各阶层，尤其是"农与工肆之人"的范围，这样就彻底打破了"亲亲尊尊"的选人用人原则。

为了突破以往人才选拔的界限，墨子提出了三条人才选拔的基本方法："举义不避贵贱""举义不避亲疏"和"举义不避远近"。这实际上就是要求打破"官无常贵，民无终贱，有能则举之"的具体要求。无论贵贱、亲疏、远近，只要是有能力、有德行的"贤能之士"，都可以被大胆选拔和使用。这也反映了当时作为一个特殊的社会阶层——士崛起后的迫切愿望和要求。当时，社会变革进一步深化与加剧，"农与工肆之人"随着社会变革的发展，他们有的已经拥有一定的经济实力，有的已经上升为"士"阶层。他们迫切希望得到社会的承认，寻求一定的社会政治地位，以实现自身的价值。墨子作为平民阶层的代表提出了打破贵族垄断政治的要求，这无疑是顺应历史潮流的。难能可贵的是，墨子不仅要求进一步扩大人才选拔的范围，而且要求对于那些无能的贵族，或者无能的官员，应该罢免他们。他从殷亡的历史教训中意识到，即使是贤者，如果不能严格要求自己，特别是在富贵与掌握权力之后，不再以仁义律己，倦于自己的本职工作，贪图享受，就必然成为祸国殃民之徒。这时就应该要求他们"无能则下之"。对于那些靠"恃贵""恃亲"和"恃近"而得到官职的人，不仅不能尸位素餐无所事事，而且必须严格考核，力不能者则下之，不能让他们久居高位，要使他们有危机感。这里墨子实际上已经涉及人才退出问题，他已经意识到人才随着时间的推移是会发生变化的，原来的"贤良之士"也可能会变质从而走向反面，成为罪魁祸首。对于这些腐败变质分子必须及时清理。对于那些"农与工肆之人"中优秀的分子，特别是那些以天下兴亡为己任的贤能之士，如果为政者抛开"贵贱""亲疏""远近"的成见，做到"有能则举之"，并"高予之爵，重予之禄，任之以事，断予之令"（《墨子·尚贤上》），那么就可以"欲其事之成"，委以重任，让他们放开手脚去做。

墨子从大量的历史经验教训中认识到广泛选拔人才的重要性。他说："舜染于许由、伯阳，禹染于皋陶、伯益，汤染于伊尹、仲虺，武王染于太公、周公。此四王者所染当，故王天下，立为天子，功名蔽天地。举天下之仁义显人，必称此四王者"（《墨子·所染》）。墨子以先王的事例正面论述选好人才可以"致君见尊"，使君主成为天下仁义的代表。但如果没有选好人才，结果自然就会完全相反。"夏桀染于干辛、推哆，殷纣染于崇侯、恶来，厉王染于厉公长父、荣夷终，幽王染于傅公夷、蔡公谷。此四王者，所染不当，故国残身死，为天下戮。举天下不义辱人，必称此四王者"（《墨子·所染》）。由此可见，人才选拔关乎成败毁誉。

墨子进一步从春秋时期的政治实践方面总结选拔人才的重大意义。他说："齐桓染于管仲、鲍叔，晋文染于舅犯、高偃，楚庄染于孙叔、沈尹，吴阖闾染于伍员、文义，越勾践染于范蠡、大夫仲。此五君者所染当，故霸诸侯，功名传于后世。范吉射染于长柳朔、王胜，中行寅染于籍秦、高彊，吴夫差染于王孙雒、太宰嚭，知伯摇染于智国、张武，中山尚染于魏义、偃长，宋康染于唐鞅、佃不礼。此六君者所染不当，故国家残亡，身为刑戮，宗庙破灭，绝无后类，君臣离散，民人流亡，举天下之贪暴苛扰者，必称此六君也"（《墨子·所染》）。正因为人才选拔极为重要，所以墨子主张"善为君者，劳于论人"（《墨子·所染》）。纵观历史，三代圣王尧舜禹汤文武都是因为选贤任能而使国家强盛，其个人也成为历史上著名的圣贤、圣王。三代暴君桀纣幽厉也都是因为任人不当而使国破家亡、身遭刑戮的。故墨子说："君子不镜于水，而镜于人。镜于水见面之容，镜于人则知吉与凶"（《墨子·非攻中》）。

墨子的人才选拔主张打破了贵族世袭以及贵贱、亲疏、远近之分和等级界限的限制，提出了在人才选拔方面人人平等的思想，使广大的"农与工肆之人"皆有被选拔、被重用的机会。同时呼吁各级行政长官要善于发现人才、珍惜人才、爱护人才、荐举人才，呼吁国君要有容才、用才的胸怀与雅量。反对官职的世袭，要求赋予手工业工人、农民等出身下层劳动者具有做官的权力。这在当时无疑具有深远的影响与历史意义。

二、《管子》的人才选拔思想

根据《国语·齐语》和《管子》的有关记载来看，春秋时期桓管时代的齐国在选人、用人方面是比较先进的，走在各个诸侯国的前列。齐国继承了姜太公"举贤尚功"的用人路线和方针，不仅注意广泛选拔各级各类人才，而且使人才选拔制度化、常态化，甚至法制化，从而在制度层面上保证了人才选拔的科学性、时效性与进步性。无论是什么样的人才，只要有"贤德"，有"功绩"，只要是确实有才干，都可以被推举；只要是为国建立了功劳就可以被任用。不受国家、地区、种族、地位的限制。

春秋之后是所谓的"礼崩乐坏"的社会大变革、大转型时代。各诸侯国之间围绕着称王称霸展开了激烈的兼并战争。在这种情况下，那些英明的君主充分意识到人才的决定性作用，于是纷纷开始改革用人方针与政策。齐桓公是一个"惕而有大虑"的英明君主。他曾经总结齐襄公治国的经验教训说，"优笑在前，贤才在后，是以国家不日引，不月长"（《国语·齐语》）。齐襄公"卑圣侮士"正是导致齐国动乱的主要根源。因此，齐桓公吸取齐襄公的教训，在任用人才上不拘一格。

《管子》人才选拔的原则是"论才、量能、谋德而举之"（《管子·君臣上》）。具体而言主要有五个方面：其一，不记恩仇，唯才是举；如齐桓公重用管仲就是最好的例证；其二，开设庭燎，引士自荐；其三，不分国别，他国选士；其四，深入基层，选拔贤士；其五，不计出身，三选贤士。

三、《墨子》《管子》关于人才选拔的差别

当然，《墨子》的人才选拔思想仅停留在理论层面而缺乏实践性。至于统治阶级能否真正做到"有能则举之，无能则下之"，选拔人才时不避亲疏、远近、贵贱，那就要看统治阶级对人才的需求程度和统治阶级的自身素质了。也就是说，《墨子》的人才选拔主张对于统治阶级缺乏执行的约束性，缺乏制度性的保障。而《管子》的人才选拔原则与方法更具有现实操作性，更具有实践性。尤其难能可贵的是，《管子》将人才选拔制度化、规范化、法制化。规定各级官员都必须推荐自己辖区内的人才，有贤才而不举荐便以蔽贤治罪。这无疑有利于督促各级官吏培养人才、发现人才、推荐人才。这样，选拔人才就不仅仅是一种道德上的感召与要求，而是一种严格的制度要求和具有法律的约束力。尤其是管仲实行的人才"三选"制度，既保证了人才选拔的科学性、可靠性，又保证了人才选拔的范围，更使人才选拔常态化、规范化与法制化。这就使人才选拔不再停留在理论层面而具有了划时代的现实意义。

第四节 人才培养

《墨子》的人才培养是紧紧围绕其人才标准而进行的。墨子认为贤良之士应该"厚乎德行，辩乎言谈，博乎道术"。他的人才培养也主要是体现在对于人才德行与能力的培养上，具体而言有以下四个方面。

一、重视对人才德行的培养

墨子认为，人才首先要具有良好的德行，能够做到"兴天下之利，除天

下之害"(《墨子·兼爱下》)。"视人之国若视其国,视人之家若视其家,视人之身若视其身"。他要求弟子在思想上与行动上必须与墨家学说保持高度的一致,要做到兼爱与公义并举。只要人人都具有兼爱之心,就能实现"强不执弱,众不劫寡,富不侮穷,贵不傲贱,诈不欺愚"(《墨子·兼爱中》)的大同社会。《墨子·修身》篇载:"志不强者智不达,言不行者行不果。据财不能以分人者,不足与友。"这三种人都是不值得信赖的,也是不足为友的,他们自然也不能算作"贤良之士"。"贤良之士"应该做到"四行":"贫则见廉,富则见义,生则见爱,死则见哀"(《墨子·修身》)。墨子认为,德行是一个人的灵魂,如果没有正确的行为准则,一切知识和技能也都失去了它应有的价值和作用。所以,他在评价巧匠公输子时说"利于人谓之巧,不利于人谓之拙"(《墨子·鲁问》)他认为人才要做到"利于人"而不是"利于己"。人才的德行包括"利"与"义"两个方面。也就是说,人才既要追求"利"更要坚持"义",二者不可偏废。他说:"所谓贵良宝者,可以利民也。而义可以利人,故曰,义,天下之良宝也。""义"之所以是天下之良宝,在于"义可以利人",它能给人民带来实际的利益,使国家"民必众","刑必治,社必安",否则,言"义"就毫无意义。墨子这里所说的"利"是对人类的"公利"而言,而不是指个人的私利或某一阶层的利益。也就是说,凡是正当而且有利于全人类的事情便叫作"义"。墨子要求人才要像尧、舜、禹、汤、文、武那样的明君圣人一样爱民,要实现仁政德治,拯民爱物,给百姓带来实惠。"彼其爱民谨忠,利民谨厚,忠信相连,又示之以利,是以终身不餍,殁世而不卷。古者明王圣人,其所以王天下正诸侯者,此也"(《墨子·节用中》)。古之"明王圣人"之所以受到墨子的推崇,在于他们具有良好的品德,仁民爱物,为天下百姓兴利除弊,给人民带来实实在在的利益。

墨子认为,对于人才要进行勤劳节俭的德行教育,培养人才勤俭节约的品质。墨子从小生产者的利益出发,提倡"节用""节葬",反对儒家所倡导的繁文缛节以及久丧、厚葬、佟乐的社会风气,他教育弟子要吃苦耐劳,反对奢侈浪费。墨子站在小生产者的角度十分强调物质生活资料和生产劳动的重要意义。他认为,物质生产劳动是人类社会生存与发展的基础,是人类不断进步、走向文明的标志。物质生产劳动也是人与动物的区别之所在。《墨子·非乐上》篇载:"今人固与禽兽、麋鹿、蜚鸟、贞虫异者也,今之禽兽、麋鹿、蜚鸟、贞虫,因其羽毛以为衣裘,因其蹄蚤以为裤屦,因其水草以为饮食。故唯使雄不耕稼树艺,雌亦不纺绩织纴,衣食之财固已具矣。今人与此异者也。"墨子意识到物质生产对于人的生存与社会的发展具有至关重要的作用,所以他反复强调"赖其力者生,不赖其力者不生"(《墨子·非乐上》)。他认为,每个人，无论贵贱高低，无论从事什么职业，都要参加物质生产劳动，都要创造社会财富，这样就可以解决"饥者不得食，寒者不得衣，劳者不得息"（《墨子·非乐上》）的民生与社会问题。墨子认为"故节于身，诲于民，是以天下之民可得而治"，"节俭则昌，淫佚则亡"（《墨子·辞过》）。墨子在生产过程中意识到了物质财富的创造对于人类发展和社会进步的重要意义，因而，他才将俭朴这一看似生活习惯的小事与定国安邦联系在一起。此外，墨子认为"言足以复行者，常之；不足以举行者，勿常。不足以举行而常之，是荡口也"（《墨子·耕柱》）。这就明确要求人才必须具备实践能力，反对妄说空谈，华而不实。

二、要培养人才的责任感与担当精神

墨子认为，良好的品德修养是人才必须具备的首要条件，但仅有德行是不够的，人才还必须具有社会责任感和担当精神。墨子告诫人们要成为一个有修养的人才，就应该仔细观察学习身边人的优秀品德，看到品行较差的人就应该躬身自省，这样自己的品行就可以得到不断修正。他强调"贤良之士"不能轻信谗言，不说恶语，不存害人之心，这样虽身处浊流之中也能做到洁身自好。《墨子·修身》载："志不强者智不达，言不信者行不果，据财不能以分人者，不足与友；守道不笃，遍物不博，辩是非不察者，不足与游。"他认为，那些意志不坚强、智力欠发达、言而无信、行为不果断的人，是难成大事的。拥有大量钱财不能与人分享的，是不能与之做朋友的。不能忠实于为人之道，不能明辨是非的人是不能与之交往的。墨子着力强调人才自身修养的重要性，他认为，人在社会上要想有所成就就必须从自身修养做起，要有坚定的意志，诚实守信，铸就高尚的品德，要有责任意识与担当精神。这是成为杰出人才的必备条件。

墨子对人才是这样要求的，而他自己也是这样做的。《墨子·贵义》："子墨子自鲁即齐，过故人，谓子墨子曰：'今天下莫为义，子独自苦而为义，子不若已。'子墨子曰：'今有人于此，有子十人，一人耕而九人处，则耕者不可以不益急矣。何故？则食者众而耕者寡也。今天下莫为义，则子如劝我者也，何故止我？'"他就是这样一位"知其不可为而为之"的具有责任感与担当精神的侠者。他曾经批评告子说："政者，口言之，身必行之。今子口言之，而身不行，是子之身乱也。"（《墨子·公孟》）有言论就必须付诸实施，不付诸实践的言论就叫作"荡口"。墨子本人虽然终身不仕，无爵无禄，但为了推行自己的主张，足迹踏遍宋、卫、齐、楚、越、魏等国家。他把"义"看得高于一切，为了行义不畏艰难险阻，不怕牺牲性命。正因为具有这样的责任感与担当精神,所以就连批评他的庄子也曾经感慨道:"墨者多以裘褐为衣,以跂𫏋为服,日夜不休,以自苦为极……墨子真天下之好也,将求之不得,虽枯槁不舍也,才士也夫!"① 墨子要求别人做到的首先自己要做到。墨子门徒之所以不惜以生命捍卫墨家学说,是因为他们坚信自己的学说是颠扑不破的真理,也因为他们具有拯救天下的责任感和担当精神,这是十分难能可贵的。

三、重视人才的实践教育

墨子充分意识到人和人之间是千差万别的,每个人的个性特点与知识结构都是不同的,所以在人才培养过程中应该充分发挥个体素质的优势,根据个体特点,扬长避短,制定具有针对性的培养方案。据《墨子》记载,墨家学派中的弟子根据各自的兴趣与爱好,可以分为谈论经世韬略的辩士、坐而言义的墨学传播者和进行防御守城武器制造的专业技术人才。墨子根据这些弟子的个性特点,有计划、有针对性地让他们到各诸侯国进行不同的实践活动,以增强他们的实际工作能力和处理纷繁复杂事务的能力,在实践中发挥他们的长处,锻炼他们的才干,提高他们的能力。这样,墨家中的各种人才就可以使"谈辩"者游说从政,"说书"者传播、发扬光大墨家学说,从事防御守城之器的制造者进一步钻研技能技巧,体现了墨家人才培养注重实践性的特点。

墨子一贯主张亲躬、实践,主张根据人才的实际情况分类培养。他曾举例说:"譬若筑墙然,能筑者筑,能实壤者实壤,能欣者欣,然后墙成也。为义犹是也,能谈辩者谈辩,能说书者说书,能从事者从事,然后义事成也。"(《墨子·耕柱》)这实际上和孔子的"因材施教"具有不谋而合的理念。同样,墨子在确定辨别是非标准的"三表法"中也非常强调实践的重要性。何谓"三表"?"有本之者,有原之者,有用之者"(《墨子·非命上》)。这里的"本"就是依据,指上古历史事实;"原"指考察、推究,也就是指现实情况;"用"指实际应用能力。墨子对当时社会上的王公大人们满口仁义道德,而从来不付诸实践的行为深恶痛绝。他教育弟子的方法就体现了实践性的特点。据《墨子·大取》记载,墨子育人的方法,他的传授方式是该深的就深,该浅的就浅,该增加的就增加,该减少的就减少。讲授内容的多少以及理论的深浅都要看教育的对象来选定。由此可见,墨子的人才培养方式不仅具有实践性的特点而且具有现实针对性。他培养出来的弟子都能有一技之长,在社会实践中能

---

① 《庄子·天下》,见郭庆藩撰,王孝鱼点校《庄子集释》,中华书局 2012 年《新编诸子集成》本,第 1075 页。

够充分发挥他们的作用。

四、重视环境对人才的潜移默化作用

墨子在社会实践中注意到环境对人的巨大影响，他非常重视环境对人才的潜移默化作用。《墨子·所染》记载："染于苍则苍，染于黄则黄，所入者变，其色亦变。"由"染丝"他意识到非独染丝如此，"国亦有染"，"士亦有染"，因此，"染不可不慎也"。墨子意识到人性本无善恶之分，就像纯白的素丝一样，放到黑色的缸里就染成了黑色，放到黄色的缸里就会染成黄色。不同的是，丝既染成就不可复白。人性虽已陷溺，还可以有机会顿悟、醒悟。师友的启迪、机缘的暗示、环境的刺激，都可能使其恢复以前的本性。当然对于人才而言，主要是人际环境。《墨子·所染》篇列举了大量相互影响的事例，尤其是大臣对君主的影响。墨子对弟子的教育，或褒之，或贬之，或诱之，或导之，都是为了创造一种适宜人才成长的良好环境，从而促使人才奋进。《墨子·大取》篇指出，一种环境对人才产生了良好的影响，人才就会形成良好的行为；由个人的好行为累积感化，就会形成一种良好的社会风气。这种社会风气又会对他人形成良好的习染和熏陶。这样循环往复，习染的洪流演化不已，社会风气就会得到改善与净化，人的道德水平以及社会的文明素质都会得到相应的提高。当然，环境只是起到一种潜移默化的作用，而起决定性作用的还是人才自身的修养和努力程度。墨子注意到环境对于人的影响和熏陶，同时认为人也具有改造环境的主观能动性。这些认识在当时无疑是先进的，对于人才培养具有积极意义。

管仲在治国实践中认识到人才的巨大作用，他十分重视对人才的培养与教育。《管子·幼官》篇提出国家的强盛关键在于人才的培养与使用，"收天下之豪杰，有天下之称材"，而且论述了各种人才的特殊作用："尊贤授德则帝，身行仁义，服忠用信则王；审谋章礼，选士利械则霸；定生处死，谨贤修伍则众；信赏审罚，爵才禄能则强。"尊重贤者，任命有德之士就能成就帝业。亲行仁义，讲究忠信就能成就王业。审度谋略，彰明军礼，挑选战士，磨快武器就能成就霸业。安定民生，料理丧事，礼遇贤士，善待百姓就能拥有民众。赏功有信，罚过审慎，把爵位和官禄授给有才能的人就能使国家强大。因此，管仲非常重视对将帅的培养与使用，认为国家的安危往往取决于将相大臣这些"中央之人"，因而必须重视对这类人才的培养与吸引，"收天下之豪杰，有天下之骏雄"（《管子·七法》）。

由上可见，尽管《墨子》和《管子》都重视对于人才德行的培养，但《墨子》仍然停留在理论与学术的层面上，不及《管子》深刻。《墨子》从兼

爱的角度出发，强调人才必须要有良好的德行，要做到"视人之身若视其身"，"视人之家若视其家"，要行天下之公义。但这些都只是笼统的要求，至于人才如何才能做到这些？如何才能培养人才的这些品质？则没有具体的措施。而《管子》将礼义廉耻视为"国之四维"，认为对于人才的礼义廉耻教育和德行培养是为政的关键，并具体通过"官授有德，爵授有能"的人才使用方针来实现。尽管《墨子》重视对人才的实践教育，注重环境对人才的潜移默化作用，但和《管子》相比，这些都缺乏实际可操作性，不像管子那样真正都能做到。其原因就是一个是政治家与政治实践者；另一个只仅是学者，所持的是学术主张。

第五节　人才任用

人才的培养、选拔目的都在于任用，因而如何用人是关键。墨子十分重视人才的任用，他认为"入国而不存其士，则国亡矣；见贤而不急，则缓其君矣。非贤无急，非士无以虑国，缓贤忘士，而能以其国存者，未曾有也"（《墨子·亲士》）。一个国家的君主能否招贤纳士，实行贤人政治，是否尊重人才、大胆任用人才，这关乎国家的兴旺与命运。一个国家如果能广纳贤才，积累人才，那么，这个国家无论政治、经济、文化都会是繁荣的；否则，这个国家就会动荡不安，社会就会积贫积弱。他告诫统治者，治国的第一要务就是大胆使用人才。因为人才的质量与数量决定着国家的前途与命运。

一、《墨子》提出"列德尚贤"的用人主张

墨子极力主张打破等级身份的局限，面向全社会选拔和任用人才。他说，"古者圣王，甚尊尚贤而任使能，不党父兄，不偏富贵，不嬖颜色，贤者举而上之，富而贵之，以为官长，不肖者抑而废之，贫而贱之，以为徒役"（《墨子·尚贤中》）。"古者圣王之为政，列德而尚贤。虽在农与工肆之人，有能则举之"。"官无常贵，民无终贱。有能则上之，无能则下之"（《墨子·尚贤上》）。这就是说，无论身份贵贱，哪怕是出身低贱的农与工肆之人，只要有才能都可以大胆使用，委以重任。这实际上代表了当时绝大多数贫民阶层的要求，要求打破等级界限和权力世袭制度，大胆使用出身微贱而有实际才能的人。这就无疑冲击了当时人才使用方面的等级制度，为下层人才提供了晋升之阶。

《墨子·尚贤上》篇记载："以德就列，以官服事，以劳殿赏，量功而分禄"。所谓"以德就列"，德是指德才，列是指官位，就是根据一个人的品德

与能力来安排他的官位。"可使治国者使治国,可使长官者使长官,可使治邑者使治邑"(《墨子·尚贤中》)。这就要求统治者根据人才能力的大小安排其职位。人才如果不能放在相应的职位上,就不可能发挥应有的作用。无论是大材小用或者是小材大用,都是用人失当的表现,都不可能起到应有的作用,甚至会起反作用。如果官不当其位或大材小用,就不可能发挥人才的长处,致使人才空有救国经世之才华却无法施展抱负,这样不仅会造成人才的极大浪费,而且必然会挫伤人才的积极性和主动性,使人才另谋出路,造成人才的流失。相反,小材大用不但不能担当其职,而且可能会造成混乱不堪以至于不可收拾的地步。所以说,"是故不能治百人者,使处乎千人之官……不能治千人者,使处乎万人之官……则此治一而弃九矣……以下贤为政而乱……"(《墨子·尚贤中》)。因此,对于人才必须量才录用。

所谓"以官服事"就是要根据自己职位的高低承担相应的责任,当什么官就应该做什么事,绝不能弃重就轻,逃避责任。"贤者之治国也,早朝晏退,听狱治政,是以国家治而刑法正。贤者之长官也,夜寝夙兴,收敛关市、山林、泽梁之利,以实官府,是以官府实而财不散。贤者之治邑也,早出莫入,耕稼、树艺、聚菽粟,是以菽粟多而民足乎食"(《墨子·尚贤中》)。无论是"治国""长官""治邑",各级官吏都有自己相应的职责要求,既不能越位,也不能怠政,无所作为。这样,国家政治就会清明,国库就会充盈有余,人民生活就会安康。如果这些目标没有达到,那说明或者用人不当,或者没有做到人尽其才。

所谓"以劳殿赏",这里的"劳"是指劳动业绩,"殿"是定的意思。这就是说,要根据每个人的劳动业绩来确定赏赐的多少。所谓"量功而分禄",就是要根据人才功劳的大小来确定俸禄的高低。俸禄的高低体现了人才的价值。此外,对于那些能够担当大任的杰出人才一定要委以重任,真正实现大材大用。但在对这些人的使用过程中,为了防止恃才傲物、"良才难令"现象的出现,就必须对他们加强教育与引导,培养他们的责任意识与担当精神。例如,墨子的得意门生耕柱就是大家公认的优秀人才,墨子对他的教育就十分严格,经常责备。墨子曰:"我将上大行,驾骥与羊,子将谁驱?"耕柱子曰:"将驱骥也。"子墨子曰:"何故驱骥也?"耕柱子曰:"骥足以责。"子墨子曰:"我亦以子为足以责。"

二、无论贵贱、亲疏、远近,唯才是举

《墨子》强调人才使用必须做到"举义不避贵贱""举义不避亲疏""举义不避远近"。无论贵贱、亲疏、远近,只要是有德行、有能力的人就应该大

胆使用。相反,对于那些无德无能的人,即使是贵族或者亲戚,或者身边之人,也不能重用。这实际上就提出了在人才使用上彻底打破阶级、阶层、远近、亲疏的界限,最大限度地发挥贤能的作用,实现真正的"唯才是举"。同时,墨子还希望国君要有容才的胸怀与雅量,各级行政长官要善于发现人才,举荐人才,保护人才,只有这样才能将社会治理得好。他希望学习古代圣王"尊尚贤而任使能,不党父兄,不偏富贵,不嬖颜色"。在选用人才时,不要因为是父兄而结党;不要因为出身富贵而偏重;不要因为有姿色而宠爱。在人才使用上,他反对"亲戚则使之",反对"将宗族父兄故旧以为左右,置以为政长"。因为亲戚未必有智慧,故旧未必有才能。如果是那些愚昧而又无能无德之人掌握了政权,就必然会给国家带来无穷的灾难。所以,他反对任用"骨肉之亲",主张"不党父兄"。

为了确保当政者自身的贤明,墨子认为必须做到以下三点:一是所有当政者自上而下实行选举制,"选天下之贤可者,立以为天子……置立之以为三公……立诸侯国君……置立之以为政长"(《墨子·尚同上》),自天子以至于各级官员,都应该是大家共同推举出来的。这一观念彻底打破了"尊尊亲亲"的用人原则,无疑具有划时代的振聋发聩的历史意义。尤其是要求天子也必须经过选举产生,这无疑是最为彻底的革命。二是要求统治者"染不可不慎"。不仅要选好自己的辅助臣子,正确发挥他们的辅弼作用,还要净化自己的交友圈,"志不强者智不达,言不信者行不果。据财不能分人者,不足与友;守道不笃、遍物不博、辩是非不察者,不足与游"(《墨子·修身》),防止受其不良习气的影响。三是要加强自身修养。要不断向圣人学习,大修君之道,使"贫则见廉,富则见义,生则见爱,死则见哀"(《墨子·修身》)。墨子认为,如果当政者在人才使用方面能够做到以上三个方面,那么就能够对社会起到表率作用,使人才使用走向正道,形成良好的用人传统。这样"国之富贵人""亲者""近者""远者"皆退而谋,认为"我不可不为义"(《墨子·尚贤上》)。如果整个社会能做到这样,那么,就会"民皆劝其赏,畏其罚,相率而为贤。为贤者众,而不肖者寡"(《墨子·尚贤中》)。贤者多了,自然就会为实现"众贤"提供可靠、丰富的人力资源。此外,以德授职,不避卑贱,无须亲亲,使得人尽其才,各司其职,各享其禄,而无才便无官无禄,这既是对贤良之士的重大激励,也是对小人、无才者坚决地否定与打击,使他们不能再依靠自己的"歪才"而立足生存。这样就会起到育民、化民的社会作用。

三、要注意提高人才的政治经济地位

墨子认为,人才也是人,也有普通人的七情六欲。要充分发挥人才的作

用,就要提高人才的政治、经济地位,对人才要"富之,贵之,敬之,誉之","高予之爵,重予之禄,任之以事,断予之令"(《墨子·尚贤上》)。显然,墨子要求既要给人才提供优厚的物质待遇,又要赋予他们崇高的荣誉和社会地位。这样不仅可以充分发挥人才的潜能,而且可以形成尊重人才、爱护人才、重用人才的良好的社会风气,形成人才辈出的大好局面。反之,如果不能在爵、禄、事三方面善待人才,那么"爵位不高,则民不敬也;蓄禄不厚,则民不信也;政令不断,则民不畏也"。首先,用人者要使真正的人才在政治上具有崇高的地位,经济上是富有的,生活上是有保障的,名誉是尊崇的,这样才能解除他们的后顾之忧而专心于国事。其次,要给人才相应的社会地位与权力,这是他们施展才能的前提与保障。没有地位则名不正,言不顺;没有权力保障,再有才能的人也难以施展他们的才华。因为无权便无威,无威则难以服众。再次,无论是一国之主,还是领导者,都要有礼贤下士的诚恳态度,全社会要有尊重人才、爱护人才的良好社会风气。而尊重人才的具体表现则是尊敬人才。最后,要给人才以崇高的荣誉。人才在很大程度上并不看重物质利益,而将精神生活、名誉看得更重。要制造舆论给人才以荣誉,他们取得了成绩就应该大力表彰,使他们在精神上得到满足。只有这样,才能更好地发挥人才的作用。这和管仲公开要名、要权、要地位是不谋而合的。

《墨子》站在小生产者的利益上,要求统治阶级在人才使用上,打破阶级、出身、贵贱、亲疏、远近的界限,在全社会范围内选拔使用人才。即使是"农与工肆之人",只要有才能,无论出身如何都应该大胆使用,真正做到"唯才是举"。在人才使用上,还要注意提高人才的政治经济地位,要"富之,贵之,敬之,誉之","高予之爵,重予之禄,任之以事,断予之令"(《墨子·尚贤上》)。这样不仅可以充分发挥人才的潜能,而且就会在社会上形成一种尊重人才、爱护人才、重用人才的良好的社会风气,形成人才辈出的大好局面。但《墨子》的这些思想显然带有空想的性质,缺乏一定的可行性与制度保障。而《管子》认为,人才能否得到正确使用,人才能否发挥重要作用的关键,从某种程度上来说取决于君主的贤明与否,取决于君主的个人素质。"天下不患无臣,患无君以使之"。这一认识显然要比《墨子》深刻得多。《管子》主张人才使用要做到"察能授官"(《管子·权修》)这一点和《墨子》具有相似或相同之处。《管子》主张在人才使用上要做到"任其所长,不任其所短"(《管子·形势解》),对于人才看其主流,不求全责备,这一点也比《墨子》认识深刻。最后,要做到疑人不用,用人不疑,充分信任人才,这一点却是《墨子》所不及的。

综上所述,我们通过对《管子》和《墨子》人才作用、人才标准、人才选拔和人才使用等思想的比较研究,可以看出《管子》的人才思想是从治国的政治实践中产生的,具有系统化、科学化、制度化、法制化和实践性的特点。而《墨子》虽然也提出了一系列重要的人才思想与主张,例如,"尚贤者,政之本也",主张"列德而尚贤,虽在农与工肆之人,有能则举之,高予之爵,重予之禄,任之以事,断予之令""国有贤良之士众,则国家之治厚;贤良之士寡,则国家之治薄"。但其尚贤的目的在于实现其"尚同""兼爱""非攻"的社会理想,从而建立一个"国富""民众"的桃花源。此外,《墨子》认为,从用人之道的角度看,"举贤""众贤"应该注重对贤良之士的认识、选拔与合理使用,而非单方面的控制与驾驭,更不是玩弄权术。尽管他的主张代表了平民,尤其是"农与工肆之人"要求提高社会政治地位以及平等参政的愿望,但这种愿望在诸侯兼并的年代是不可能实现的。而《管子》毕竟是政治实践与治国经验的总结,因此,《管子》的人才思想具有可操作性与现实可行性。当然,《墨子》"官无常贵,民无终贱"的呼吁以及提倡官民平等的观念至今仍具有现实意义。《墨子》尚贤主张的进步意义和作用远远超过了过去人们对墨学的评价与估计。任继愈先生说:"我们研究墨子,并不是孤立地研究他个人的思想,而是透过对墨子所代表的学派的研究,可以具体地了解古代社会、古代历史的发展面貌,认识昨天的中国更有利于认识当前的中国。"[①]

---

① 任继愈:《墨子与墨家》,商务印书馆1998年版,第65-66页。

第十二章 孟子与《管子》人才思想的比较

孟子不仅是伟大的政治家、教育家、思想家，也是先秦儒家的重要代表人物。孟子所生活的战国中期，是列国争夺不已、社会由奴隶制转变为封建制的剧烈变革的转型时期，也是由世官制向选贤任能制的人才制度转化的关键时期。"当是之时，秦用商君，富国强兵；楚魏用吴起，战胜弱敌；齐威王、宣王用孙子、田忌之徒，而诸侯东面朝齐"①。这是一个需要人才而又人才辈出的时代。尽管孟子并没有专门论述过人才问题，但处在全社会重士、尊士、养士、尊贤重能的大背景下，孟子自然也会涉及人才问题。他的人才思想渗透在他的哲学思想、政治思想和社会思想之中。此外，"孟子先后两次居齐，在齐国的时间长达二十余年，是稷下先生的代表性人物"②，因而，孟子的人才思想也受到齐国和《管子》人才思想的影响。因此，我们将孟子的人才思想和《管子》的人才思想做比较研究就不无意义了。

第一节 孟子人才思想的哲学基础

孟子没有专门的人才论述，他的人才思想是包含在他的政治思想之内的；而他的政治思想又是建立在其哲学思想基础之上的，我们要探讨他的人才思想，首先就要研究他的哲学思想。孟子的哲学思想是建立在其人性论基础上的，人才思想也同样是建立在人性论基础上的，其人性论就是著名的人性善学说。孟子的性善论是他从人的共同的、区别于动物的自然属性出发，进行一系列的演绎类比并通过严密的论证得出来的结论。

一、人性善是与生俱来的

《孟子·告子上》篇记载："人性之善也，犹水之就下也。人无有不善，

---

① 〔汉〕司马迁：《史记》，中华书局1982年版，第2343页。
② 战化军：《从孟子在齐看稷下学宫的人才政策》，载《管子学刊》2005年第2期。

水无有不下。"人之性善就如同水自然而然向低处流一样,这是水的自然本性;性善也是人的自然本性。孟子认为,人性之善是先天的、固有的,不是后天学习所得或者外在环境强加于人的。他说:"人之所不学而能者,其良能也;所不虑而知者,其良知也。孩提之童无不知爱其亲者。及其长也,无不知敬其兄也。"① 他认为,道德观念不用学习和思考就自然知道,就像小孩子都知道爱自己的父母,长大之后有知道尊重兄长一样,这是自然而然的本性。"人皆有不忍人之心……所以谓人皆有不忍人之心者,今人乍见孺子将入于井,皆有怵惕恻隐之心——非所以内交于孺子之父母也,非所以要誉于乡党朋友也,非恶其声而然也。由是观之,无恻隐之心,非人也;无羞恶之心,非人也;无辞让之心,非人也;无是非之心,非人也。"② 因此,"恻隐之心,人皆有之;羞恶之心,人皆有之;恭敬之心,人皆有之;是非之心,人皆有之。"③ 这四种善良的本心不是外界强加于人的,而是人心固有的自然属性;这四种善良的本心也是人与动物的本质区别;这四种本心也是仁、义、礼、智"四端"产生的基础。"恻隐之心,仁也;羞恶之心,义也;辞让之心,礼也;是非之心,智也。"④ 这"四端"不仅是人的善良本性的体现,也是人才必备的条件。

二、人性善是主观内在的

孟子在告子"仁内义外"的理论基础上 提出了"仁内义内"的理论。《孟子·告子上》:"告子曰:'食色,性也。仁,内也,非外也;义,外也,非内也。'孟子曰:'何以谓仁内义外也?'曰:'彼长而我长之,非有长于我也;犹彼白而我白之,从其白于外也,故谓之外也。'曰:'异于白马之马也,无以异于白人之白也;不识长马之长也,无以异于长人之长与?且谓长者义乎?长之者义乎?'曰:'吾弟则爱之,秦人之弟则不爱也,是以我为悦者也,故谓之内。长楚人之长,亦长吾之长,是以长为悦者也,故谓之外也。'"⑤ 告子认为,人对饮食和美好事物的需求属于人性的自然范畴。仁是根植于内心的,不是外在的规定。义是外在的道德规范,并不生于内心。相反,孟子则认为义由内心所生。在这场辩论中,告子认为道德观念是由客观事物所决定的,是对客观事物的反映;孟子实际上回避了这一问题,却从另外一个角度认为,道德观念只有人类才具有,而道德观念是人的主观性的东西。实际上孟子一方

---

① 〔清〕焦循:《孟子正义》,香港中华书局1978年《诸子集成》本,第529页。
② 〔清〕焦循:《孟子正义》,香港中华书局1978年《诸子集成》本,第138页。
③ 〔清〕焦循:《孟子正义》,香港中华书局1978年《诸子集成》本,第446页。
④ 〔清〕焦循:《孟子正义》,香港中华书局1978年《诸子集成》本,第446页。
⑤ 〔清〕焦循:《孟子正义》,香港中华书局1978年《诸子集成》本,第438页。

面有意将"义"的问题引向主体性的人，这样不仅可以发掘人的自觉性，而且可以用此来支撑仁义礼智"四心"皆根源于善心的性善论；另一方面是想将作为外在的道德原则放进人的内心之中，使伦理原则成为人之为人的本性，成为人与生俱来的本能。

孟子说："人皆有所不忍，达之于其所忍，仁也；人皆有所不为，达之于其所为，义也。"① 又说："仁，人心也；义，人路也。"② 他认为，做人必须要讲仁，仁是人之所以为人的根本。人只有具备仁的品质才符合道义的要求，仁就是人心。义就是人路，也就是人实现"恻隐之心"的途径。人只要能将这种"恻隐之心"表现出来并扩而充之，就做到了仁。这样，孟子就十分清楚地强调了人心对于人才品质的决定性作用。

三、人性善具有普遍性、一致性

孟子的性善论是建立在人性普遍性的前提之上的。他说："口之于味也，有同嗜焉；耳之于声也，有同听焉；目之于色也，有同美焉；至于心，独无所同然乎？"又说："口之于味也，目之于色也，耳之于声也，鼻之于臭也，四肢之于安佚也，性也。"③ 孟子用人的感官有相同的感觉来证明人的"心"也是相同的，并说明感官的感觉就是"性"。因此，他得出结论："故凡同类者，举相似也，何独至于人而疑之？圣人，与我同类者！"④ 由此可见，孟子认为，人性是共同的，是普遍一致的，人"性善"也是共同的，是具有普遍性的。

四、人能否为善取决于后天

既然人性善具有普遍性和一致性，那么，为什么社会上会有善恶、君子与小人、大人与庶民的区别呢？孟子认为，这并不是人性造成的，而是后天的各种因素造成的。他说："若夫为不善，非才之罪也。"⑤ 这里的所谓"才"就是指人的禀赋与天性。他进一步指出："今夫水，搏而跃之，可使过颡；激而行之，可使在山。是岂水之性哉？其势则然也。人之可使为不善，其性亦犹是也。"这就是说，水的倒流与人之"为不善"并非其本质属性，而是由于外部的"势"所造成的。他认为善良之人性"非独贤者有是心也，人皆有之，贤者能勿丧耳"。而那些为恶之人是由于"失其本心"所导致的。也就是由于他

---

① 〔清〕焦循：《孟子正义》，香港中华书局1978年《诸子集成》本，第592页。
② 〔清〕焦循：《孟子正义》，香港中华书局1978年《诸子集成》本，第464页。
③ 〔清〕焦循：《孟子正义》，香港中华书局1978年《诸子集成》本，第451页。
④ 〔清〕焦循：《孟子正义》，香港中华书局1978年《诸子集成》本，第449页。
⑤ 〔清〕焦循：《孟子正义》，香港中华书局1978年《诸子集成》本，第443页。

们"放其良心"①,才导致了他们善良本性的丧失。至于为什么会出现君子与小人、大人与庶民的区别,那是由于那些小人、庶民不能保持其善良的本性所造成的。他说:"人之所以异于禽兽者几希?庶民去之,君子存之。"人之所以不同于禽兽就在那么一点点,普通人忽略了这一点,而君子则将这一点保留住了。"大人者,不失其赤子之心者也"。"君子所以异于人者,以其存心也"。② 孟子认为,君子与小人、大人与庶民之间的根本区别就在于能否保持"其赤子之心",也就是所谓的能否"存心"。

由此可见,孟子所谓的"是心""本心""赤子之心"等都是指同一个东西——良心、善心,也就是所谓的善良的本性。他认为人性本来是善的,之所以后来出现善恶之分、大人与小人之别,都在于对"良心""善性""存之""不失"或者"放""失""去"的差别上。造成人性的这种差异不是天生的,也不是人性本身的差别,而是后天的原因造成的。

五、人人都有实现善的能力

孟子认为性善是因为心善,心善所以才能性善。但是这并不是说孟子就认为人生来就具有完美的德性、就是道德完善之人,而是说人人都具有善良之本心,也就是"四心"。这"四心"是成就道德的内在根据,只有将这"四心"扩而充之,才能发展为完整的善性。"夫人岂以不胜为患哉?弗为耳。徐行后长者谓之弟,疾行先长者谓之不弟。夫徐行者,其人所不能哉?所不为也"(《孟子·告子下》)。人人都有实现善的能力,不能实现善并不是因为人没有实现善的能力,而是由于他们没有努力去做。所以,人才成长、成功的关键在于人才自身的不断努力提高。

六、人皆可以为尧舜

在人性善的基础上孟子进一步提出了"圣人与我同类""人皆可以为尧舜"(《孟子·告子下》)的著名论断。他认为每个人从人格上来讲都有可能成为尧舜那样的圣人。人类具有"同美"之心,就像对于美色的认同一样。圣人之所以能成为圣人,只不过他是先知先觉者,先发现了自己心中与人共同的善良本性和理义罢了。人性本来是善良的,只要能发现自己的善良本性并努力去实行,每个人都可以成为尧舜那样的圣人。《孟子·告子下》:"曹交问曰:'人皆可以为尧舜,有诸?'孟子曰:'然。''交闻文王十尺,汤九尺,今交九

---

① 〔清〕焦循:《孟子正义》,香港中华书局1978年《诸子集成》本,第457页。
② 〔清〕焦循:《孟子正义》,香港中华书局1978年《诸子集成》本,第350页。

尺四寸以长，食粟而已，如何则可？'曰：'奚有于是？亦为之而已矣。有人于此，力不能胜一匹雏，则为无力人矣；今曰举百钧，则为有力人矣。然则举乌获之任，是亦为乌获而已。夫人岂以不胜为患哉？弗为耳。徐行后长者谓之弟，疾行先长者谓之不弟。夫徐行者，其人所不能哉？所不为也。尧舜之道，孝弟而已矣。子服尧之服，诵尧之言，行尧之行，是尧而已矣；子服桀之服，诵桀之言，行桀之行，是桀而已矣。'"① 似乎在孟子看来，只要穿上尧的衣服，说尧所说的话，做尧所做的事情，就能成为尧舜那样的圣人。这看起来似乎有点荒唐，似乎太容易了，似乎人人都能照猫画虎，成为圣人，实则不然。这里关键是"行尧之行"。那么何谓"尧之行"呢？孟子说："尧舜之知而不偏物，急先务也；尧舜之仁不偏爱人，急亲贤也。"又说："古之贤王好善而忘势"②。《孟子·公孙丑上》说："禹闻善言，则拜。大舜有大焉，善与人同，舍己从人，乐取于人以为善。"③ 又说："古之君子，过则改之……古之君子，其过也，如日月之食，民皆见之；及其更也，民皆仰之。"《孟子·离娄上》说："圣人，人伦之至也。欲为君，尽君道；欲为臣，尽臣道。二者皆法尧舜而已矣。"④ 由《孟子》的以上论述可以看出，孟子所谓的"尧之行"，大致可以概括为五个方面：第一，尧舜那样的圣人具有仁爱之心，能够亲贤爱人。第二，要具有"好善而忘势"，也就是乐于善言善行，不惧富贵权势的品行。第三，要有舍己从人，与人为善的美好品德。第四，要有闻过则喜、知过必改的良好素质。第五，要恪守人伦之道，要有君臣之义。

孟子认为，尧舜的一切美德善行都是出于人的善良本性，也就是人的天性；而商汤、周武王等那些比尧舜稍逊一筹的君主只有努力实践、亲身体验，才能够逐渐达到圣人的境界与层次；至于像齐桓公那样的霸主又是比汤武等而下之了。由此可见，尧舜那样的圣人是孟子心目中最高层次的人才。这样的人才自然应该成为天下的主宰者，所以说"惟仁者宜在高位"。他们所实行的政治可以被称之为"仁政"。孟子认为人才是有层次的，人人都可以成为人才，但最终能否成为尧舜那样或者汤武那样的杰出人才，关键还要看他能否保持善良的本性并不断扩充这种"善性"。如果能够充分扩充这种善性，并按照这种善性而行政，那么就可以达到"仁政"的境界。如能实行"仁政"，那也就接近"王道"了。

---

① 〔清〕焦循：《孟子正义》，香港中华书局1978年《诸子集成》本，第477－480页。
② 〔清〕焦循：《孟子正义》，香港中华书局1978年《诸子集成》本，第523页。
③ 〔清〕焦循：《孟子正义》，香港中华书局1978年《诸子集成》本，第142页。
④ 〔清〕焦循：《孟子正义》，香港中华书局1978年《诸子集成》本，第288－289页。

第二节 人才的理想状态——尊王道、施仁政

从"心性善"出发,孟子进一步推出"人性善",再从"人性善"进一步推导出人行为的善。他的目的就是由人的"不忍人之心"要推导出"不忍人之政"。这样"不忍人之政"就源自人性中的"恻隐之心",是人心的外露。他的仁政学说、王道思想都是建立在其"人性善"的基础之上的。当然,孟子的仁政思想也是直接面对现实社会而提出的,是为了解决现实社会的纷争,是其性善论与现实社会相结合的产物。性善论是孟子仁政、王道思想的心理学和伦理学基础。

一、人才施行仁政的最高标准就是实行"先王之道"

孟子游说各国到处宣扬自己的政治主张,他"道性善,言必称尧舜"①,通过宣扬所谓的"先王之道"来阐述自己的王道仁政学说。他以人的"善端",特别是人所具有的不忍人之心为立足点,从而推导出君主也应该具有不忍人之心,这是君王施行仁政王道的基础。所以,王道仁政的施行实质上就是君王的善心在政治上的体现。《孟子·公孙丑》篇载:"人皆有不忍人之心,先王有不忍人之心,斯有不忍人之政矣。以不忍人之心,行不忍人之政,治天下可运之掌上。"这里孟子所讲的"先王",实际上指的是尧、舜、禹、汤、文、武、周公,而又常常以最古的尧舜作为代表,所谓"言必称尧舜","非尧舜之道不敢以陈"②。《孟子·离娄上》篇载:"为高必因邱陵,为下必因川泽,为政不以先王之道,可谓智乎?"又说:"遵先王之法而过者,未之有也。"他所谓的"先王之道"就是"尧舜之道"。《孟子·离娄》篇载:"欲为君,尽君道;欲为臣,尽臣道;二者皆法尧舜而已矣。不以舜之所以事尧事君,不敬其君者也;不以尧之所以治民治民,贼其民者也。"又说:"师文王,大国五年,小国七年,必为政于天下矣。"

当然,孔子也曾极力称颂尧、舜、禹、汤、文、武,但和孟子不同的是,孔子在谈到周以前时往往感到"文献不足"③,在谈到具体问题时往往只是说"吾从周"④。孟子比孔子更加喜欢赞美尧舜。他曾引孔子的话赞美尧舜说:"大哉!尧之为君,惟天为大,惟尧则之,荡荡乎民无能名焉!君哉舜也!巍

---

① 〔清〕焦循:《孟子正义》,香港中华书局1978年《诸子集成》本,第186页。
② 〔清〕焦循:《孟子正义》,香港中华书局1978年《诸子集成》本,第153页。
③ 《论语·八佾》,见〔清〕刘宝楠《论语正义》,香港中华书局1978年《诸子集成》本,第49页。
④ 《论语·八佾》,见〔清〕刘宝楠《论语正义》,香港中华书局1978年《诸子集成》本,第56页。

巍乎有天下而不与焉!"① 实际上孔子是将尧、舜看作道德上的"天子"、圣人,而孟子是将尧、舜看作政治人才上的典范。孟子说:"尧舜,性者也,汤武,反之也。"② "尧舜,性之也;汤武,身之也;五霸,假之也"③。在论及税收问题时,孟子认为收税"欲轻之于尧舜之道者,大貉小貉也;欲重之于尧舜之道者,大桀小桀也"④。据《孟子·万章》篇记载:万章问孟子"人有言,伊尹以割烹要汤,有诸?"孟子回答说:"吾闻其以尧舜之道要汤,未闻以割烹也。"伊尹"畏天下之民,匹夫匹妇有不被尧舜之泽者,若己推而内之沟中"。在《孟子·公孙丑》篇中孟子称赞"子路,人告之以有过,则喜。禹闻善言,则拜"。接着他进一步赞扬"大舜有大焉,善与人同,舍己以从人,乐取于人以为善。自耕稼、陶、渔以至为帝,无非取于人者。取诸人以为善,是与人为善者也。故君子莫大乎与人为善"。由此可见,孟子极力推崇的所谓"先王之道"实际上就是"尧舜之道",也就是仁政。他曾经说"三代之得天下也,以仁"⑤。又说:"得天下有道,得其民斯得天下矣;得其民有道,得其心斯得民矣。""民之归仁也,犹水之就下"。一句话,"先王之道"就是行仁政、得民心。

二、政治人才施行仁政的首要措施就是"得民心"

孟子仁政思想的基础就是所谓的"保民而王,莫之能御也"。他认为统治者只有得民心才能得天下,失民心则会失天下。他说:"得道者多助,失道者寡助。寡助之至,亲戚畔之;多助之至,天下顺之。"⑥ 能否得到民众的支持与拥戴就成为这种施政方案是否被采纳的主要依据。而要使某种施政方案得民心,最基本的就是要富民,使百姓"仰足以事父母,俯足以畜妻子"。他说:"以德行仁者王……以力服人者,非心服也,力不赡也;以德服人者,中心悦

---

① 《孟子·滕文公上》,见〔清〕焦循《孟子正义》,香港中华书局1978年《诸子集成》本,第230页。
② 《孟子·尽心下》,见〔清〕焦循《孟子正义》,香港中华书局1978年《诸子集成》本,第595页。
③ 《孟子·尽心上》,见〔清〕焦循《孟子正义》,香港中华书局1978年《诸子集成》本,第544页。
④ 《孟子·告子下》,见〔清〕焦循《孟子正义》,香港中华书局1978年《诸子集成》本,第506页。
⑤ 《孟子·离娄上》,见〔清〕焦循《孟子正义》,香港中华书局1978年《诸子集成》本,第289页。
⑥ 《孟子·公孙丑下》,见〔清〕焦循《孟子正义》,香港中华书局1978年《诸子集成》本,第150页。

而诚服也。"① 要得民心就必须首先富民，要富民就必须"制民之产"。孟子曾经描绘了一幅社会蓝图："五亩之宅，树之以桑，五十者可以衣帛矣。鸡豚狗彘之畜，无失其时，七十者可以食肉矣。百亩之田，勿夺其时，八口之家可以无饥矣。谨庠序之教，申之以孝悌之义，颁白者不负戴于道路矣。老者衣帛食肉，黎民不饥不寒，然而不王者，未之有也。"又说："养生丧死无憾，王道之始也。""是故，明君制民之产，必使仰足以事父母，俯足以畜妻子；乐岁终身饱，凶年免于死亡；然后驱而之善，故民之从之也轻。"足够的产业是民众生存的基本依据，也是社会安定的基本前提。孟子意识到"若民则无恒产，因无恒心。苟无恒心，放辟邪侈，无不为已"②。孟子的这一思想显然和管仲的"仓廪实而知礼节，衣食足而知荣辱"的思想是一脉相承的。

那么如何"制民之产"呢？孟子认为制民之产的主要措施就是实行井田制。滕文公使毕战问井田于孟子，孟子回答说："子之君将行仁政，选择而使子，子必勉之！夫仁政，必自经界始。经界不正，井地不均，谷禄不平。是故暴君污吏必慢其经界。经界既正，分田制禄可坐而定也。"③ 孟子认为仁政的实现从正经界开始，而正经界是为了均井田。所谓"井田"，就是"方里而井，井九百亩，其中为公田，八家皆私百亩，同养公田"。这就是说，郊外之地每平方里按"井"字形经界划分为九百亩。八家农户各分一百亩私田，收获归己。同时要共同助耕一百亩公田，收获之后交公。这种劳役地租方式就是所谓的"野九一而助"。至于郊内土地则因不便划分井田，而采用什一而税的办法，这就是所谓的"国中什一使自赋"④ 的税收方式。当然，孟子所提出井田制的目的是保障人民基本的生存权利，也就是要让百姓有恒产、有恒心，这是施行仁政的基础。

由此可见，孟子仁政思想的基础是政治人才要施行王道仁政，必须首先解决民众的生存问题。如果人民没有固定的产业，就不会有坚定的道德观念，自然就会做出违法乱纪的事情，以至于犯罪。这样社会自然不会稳定，国家自然难以发展。孟子认为只有让百姓有衣穿、有饭吃、有屋住，解决百姓的温饱问题才有可能对百姓进行仁义道德的教育。只有这样，国家才能实现长治久安。这一思想显然和管仲是一致的。

---

① 〔清〕焦循：《孟子正义》，香港中华书局 1978 年《诸子集成》本，第 130－131 页。
② 〔清〕焦循：《孟子正义》，香港中华书局 1978 年《诸子集成》本，第 56 页。
③ 〔清〕焦循：《孟子正义》，香港中华书局 1978 年《诸子集成》本，第 205 页。
④ 〔清〕焦循：《孟子正义》，香港中华书局 1978 年《诸子集成》本，第 207 页。

三、政治人才施行仁政的根本是以民为本

政治人才如何对待老百姓、如何使用好手中的权力，这是他们必须面对和认真思考的问题。孟子认为，政治人才施行仁政的根本就是要以民为本。他说："民为贵，社稷次之，君为轻。是故得乎丘民而为天子，得乎天子为诸侯，得乎诸侯为大夫。诸侯危社稷，则变置。牺牲既成，粢盛既洁，祭祀以时，然而旱干水溢，则变置社稷。"① 在民众、社稷国家和君主三者的关系之中，民众是一个国家最为重要和基础的，社稷国家则是建在拥有民众的基础之上的，因此，社稷国家和民众相比处于次要地位。君主是国家的统治者，是以民众和国家为前提的，如果没有民众、没有国家，也就不会有君主，君主处于更次要的地位。统治阶级应该关心老百姓的生计与切身利益，要仁民爱物而不能残民害物。因为至高无上的天就是以民为本的。所谓"天视自我民视，天听自我民听"（《尚书·泰誓》）。判断统治者是否有德，是否仁民爱物，关键就看他是否能体恤民情，贴近民心，顺乎民意。"得天下有道，得其民斯得天下矣"。"暴其民甚，则身弑国亡；不甚则国危身削；名之曰幽厉，虽孝子慈孙，百世不能改也"。② 统治者如果不爱惜百姓、重视人民，最终必然会落得身败名裂，甚至身首异处的下场；而行仁政、实行王道、爱护老百姓，就会得到民众的支持与拥戴而获得天下。得民的关键在于争取人心，"得其民有道，得其心，斯得民矣"。"桀纣之失天下也，失其民也；失其民者，失其心也"。③ 怎样才能得到民心呢？孟子说："得其心有道，所欲与之聚之，所恶勿施尔也。"又说："善政不如善教之得民也。善政民畏之，善教民爱之。善政得民财，善教得民心。"④ 孟子甚至认为，君主不贤，不能治国，那么就会殃及社稷与人民。如果这样的话，人民就有权利对统治者进行流放，就像伊尹放太甲，甚至可以君臣移位。《孟子·梁惠王下》载："孟子谓齐宣王曰：'王之臣有托其妻子于其左右而至楚游者，比其反也，则冻馁其妻子，则如之何？'曰：'弃之。''士师不能治士，则如之何？'王曰：'已之。'曰：'四境之内不治，则如之何？'王顾左右而言他。"⑤ 这里显然意在说明如果君主不能治理国家就应该让贤。

孟子民贵君轻的可贵之处还在于，他认为如果君主不能治理国家、残害人

---

① 〔清〕焦循：《孟子正义》，香港中华书局1978年《诸子集成》本，第573页。
② 〔清〕焦循：《孟子正义》，香港中华书局1978年《诸子集成》本，第289页。
③ 〔清〕焦循：《孟子正义》，香港中华书局1978年《诸子集成》本，第295页。
④ 〔清〕焦循：《孟子正义》，香港中华书局1978年《诸子集成》本，第529页。
⑤ 〔清〕焦循：《孟子正义》，香港中华书局1978年《诸子集成》本，第83-84页。

民，甚至如夏桀殷纣王那样的暴君，那么人民就可以起来反抗，甚至可以杀掉这样的昏君。《孟子·梁惠王下》记载："齐宣王问曰：'汤放桀，武王伐纣，有诸？'孟子对曰：'于传有之。'曰：'臣弑其君可乎？'曰：'贼仁者谓之贼，贼义者谓之残，残贼之人，谓之一夫。闻诛一夫纣矣，未闻弑君也。'"当然，我们必须清楚，孟子重视人民的出发点还是为了维护君权，他要求国君实行仁政也是为了维护君权，以更好地统治人民。《孟子·离娄上》记载："君仁莫不仁，君义莫不义，君正莫不正。一正君而国定矣。"孟子为民请命的倾向是极为明确的。他最为可贵的是，当君主的个人利益和统治阶级的地位与人民利益发生矛盾冲突时，他认为必须将人民利益放在第一位。所谓"诸侯危社稷，则变置""诛一夫纣"就是这个意思。此外，他还以周太王的事迹为例，说明一个圣贤的君主在必要时就应该自觉牺牲自己的君位以保全民众。"昔者大王居邠，狄人侵之。事之以皮币，不得免焉；事之以犬马，不得免焉；事之以珠玉，不得免焉。乃属其耆老而告之曰：'狄人之所欲者，吾土地也。吾闻之也：君子不以其所以养人者害人。二三子何患乎无君？我将去之。'去邠，逾梁山，邑于岐山之下居焉。邠人曰：'仁人也，不可失也。'从之者如归市。或曰：'世守也，非身之所能为也。'效死勿去。'君请择于斯二者。'"①

和民贵君轻、仁民爱物思想相联系的另一个方面就是他对君臣关系的深刻论述。孟子说："君之视臣如手足，则臣视君如腹心；君之视臣如犬马，则臣视君如国人；君之视臣如土芥，则臣视君如寇雠。"② 君臣关系中的主导方面自然是君，君待臣如何，臣就会待君如何。孟子心目中理想的君臣关系是尧舜式的，不把君臣之间上下、尊卑、统治与被统治的关系绝对化。

民贵君轻思想是孟子民本思想的一个重要方面，是对君尊臣卑观念的一个重大冲击。这为后来儒家"为天下立心，为生民立命，为万世开太平"的历史使命感注入了强大的精神动力和力量源泉。这种思想与精神造就了儒家圣贤们积极入世、建功立业的仁民爱物情怀以及批判社会现实的精神与勇气。从关心、重视民众的物质需求到得民心；从得民心到得其民；从得其民到得其政，显示了孟子的权力观源自民众的思想观念。他认为民众是国家的基础与柱石，统治者的权力来源于人民，所以必须为人民服务。只有这样才能做到本固邦宁、深得人心。

四、为政者要乐民之乐、忧民之忧

孟子认为统治者的权力来自人民，自然也要为人民服务，以百姓的利益为

---

① 〔清〕焦循：《孟子正义》，香港中华书局1978年《诸子集成》本，第96 – 99页。
② 〔清〕焦循：《孟子正义》，香港中华书局1978年《诸子集成》本，第322页。

利益，以百姓的好恶为好恶。"乐民之乐者，民亦乐其乐；忧民之忧者，民亦忧其忧。乐以天下，忧以天下，然而不王者，未之有也"①。统治者如果把天下之乐视为己乐，把天下之忧视为己忧，这样，老百姓的利益和统治者的利益就是一致的，百姓就会和统治者具有共同的价值取向。只有当老百姓和统治者的利益相一致时，全社会无论哪个阶层，才会形成心往一处想、劲往一处使的强大凝聚力与向心力。这样，老百姓才能和统治者同心同德，国家才能长治久安，社会才能和谐稳定。

从乐民之乐、忧民之忧的角度出发，孟子认为，统治者在治理国家的过程中要效法先王勤政爱民，乐民之乐。孟子称赞尧舜禹说："当尧之时，天下犹未平，洪水横流，泛滥于天下。草木畅茂，禽兽繁殖，五谷不登，禽兽逼人，兽蹄鸟迹之道，交于中国。尧独忧之，举舜而敷治焉。舜使益掌火，益烈山泽而焚之，禽兽逃匿。禹疏九河，瀹济、漯而注诸海；决汝、汉，排淮、泗而注之江。然后中国可得而食也。当是时也，禹八年于外，三过其门而不入。"②甚至"禹思天下有溺者，由己溺之也"③。"后稷教民稼穑，树艺五谷；五谷熟而民人育。人之有道也：饱食暖衣，逸居而无教，则近于禽兽。圣人有忧之，使契为司徒，教以人伦。""尧以不得舜为己忧，舜以不得禹、皋陶为己忧"④。孟子赞扬周文王关心人民疾苦："昔者文王之治岐也，耕者九一，仕者世禄，关市讥而不征，泽梁无禁，罪人不孥。老而无妻曰鳏，老而无夫曰寡，老而无子曰独，幼而无父曰孤。此四者，天下之穷民而无告者。文王发政施仁，必先斯四者。"⑤孟子也曾经高度评价周文王尊敬长者说："西伯善养老者，制其田里，教之树畜，导其妻子使养其老。"以至于"文王之民无冻馁之老者"⑥。周文王尊老敬老产生了巨大的影响力，据《孟子·离娄上》记载："伯夷辟纣，居北海之滨，闻文王作兴，曰：'盍归乎来！吾闻西伯善养老者。'太公辟纣，居东海之滨；闻文王作兴，曰：'盍归乎来！吾闻西伯善养老者。'二老者，天下之大老也，而归之：是天下之父归之也；天下之父归之，其子焉往？诸侯有行文王之政者，七年之内，必为政于天下矣。"由此可见，关心百姓，与百姓同乐，那么百姓就会"民亦乐其乐"了。《孟子·梁惠王上》记载："孟子见梁惠王，王立于沼上，顾鸿雁麋鹿，曰：'贤者亦乐此乎？'孟子对曰：'贤

---

① 〔清〕焦循：《孟子正义》，香港中华书局1978年《诸子集成》本，第70页。
② 〔清〕焦循：《孟子正义》，香港中华书局1978年《诸子集成》本，第219页。
③ 〔清〕焦循：《孟子正义》，香港中华书局1978年《诸子集成》本，第352页。
④ 〔清〕焦循：《孟子正义》，香港中华书局1978年《诸子集成》本，第229页。
⑤ 〔清〕焦循：《孟子正义》，香港中华书局1978年《诸子集成》本，第79–81页。
⑥ 〔清〕焦循：《孟子正义》，香港中华书局1978年《诸子集成》本，第537页。

者而后乐此，不贤者虽有此，不乐也。《诗》云：'经始灵台，经之营之，庶民攻之，不日成之。经始勿亟，庶民子来。王在灵囿，麀鹿攸伏，麀鹿濯濯，白鸟鹤鹤。王在灵沼，于牣鱼跃。'文王以民力为台为沼，而民欢乐之，谓其台曰灵台，谓其沼曰灵沼，乐其有麋鹿鱼鳖。古之人与民偕乐，故能乐也。《尚书·汤誓》曰：'时日害丧？予及女偕亡。'民欲与之偕亡，虽有台池鸟兽，岂能独乐哉？'"① 像周文王这样勤政爱民、仁民爱物的君主得到天下百姓的爱戴、平治天下不是很自然的吗？所以，"乐以天下，忧以天下，然而不王者，未之有也"。

孟子的"乐以天下，忧以天下"的仁民爱物的思想是建立在民本思想的基础之上的。他将政治的稳定与老百姓的利益、忧乐相联系，具有深刻的哲理。这一思想为统治阶级提供了基本的治国理念，明白地告诉统治者"得民心者得天下"的道理。统治者只有将老百姓的利益和忧乐放在心中，才能得到老百姓的支持，才能拥有天下，才会使国家稳定，百姓乐业。孟子认为，得民的关键在于得民心，而得民心的关键又在于"行王道"，也就是仁民爱物，一切从百姓的利益出发，为百姓着想。民心的向背不仅关系到国家的长治久安，而且关系到政权的兴衰成败和统治者的身家性命。作为统治阶级，得民心的基本要求就是与民同乐，所谓"乐民之乐者民亦乐其乐，忧民之忧者民亦忧其忧"。统治者只有不断满足民众的欲望和需求，随时听取民意，将老百姓的忧乐喜利作为执政的立足点和出发点，就会得到百姓的支持与拥护。

五、实现王道与仁政的根本保证在于"尊贤使能，俊杰在位"

"尊贤使能，俊杰在位"是孟子在《公孙丑上》论王道五事中的首要之事。执政者如果尊重人才，重视人才的作用与使用，让有德有能的人治理国家，那么，天下的人才就会高兴地听从国家的召唤，愿意为国家服务。这样就会实现仁政与王道，无敌于天下了。

首先，孟子从人才与国家兴亡、社会治乱的关系入手，主张行仁政、王天下就应该"莫如贵德而尊士，贤者在位，能者在职"。只有这样，国家才能无内忧外患。反之"不信仁贤，则国空虚"②。他在《孟子·公孙丑下》中说："汤之于伊尹，学焉而后臣之，故不劳而王；桓公之于管仲，学焉而后臣之，故不劳而霸。"③ 根据《孟子·告子下》记载，当齐国狂士淳于越向孟子发难，

---

① 〔清〕焦循撰，沈文倬点校：《孟子正义》，中华书局1987年《新编诸子集成》本，第44－50页。

② 〔清〕焦循撰，沈文倬点校：《孟子正义》，中华书局1987年《新编诸子集成》本，第972页。

③ 〔清〕焦循撰，沈文倬点校：《孟子正义》，中华书局1987年《新编诸子集成》本，第261页。

说鲁缪公当政的时候,公仪子主持朝政,子柳、子思这些贤人担任大臣,然而鲁国不但没有因此而强盛,反而越来越削弱,由此看来,人才对于国家并无多么大的作用。针对淳于越的谬论,孟子反驳道,秦国任用百里奚而称霸,然而,虞君因为不能重用百里奚而导致国家灭亡。由此可见,对于贤人不但要重用,而且一定要信任。如果勉强任用,贤人就不能发挥应有的作用,那么,他们就不会使国家强大的。鲁国之所以削弱,正是由于鲁缪公对于子思"悦贤而不能举,又不能养"①造成的。正因为如此,孟子认为"以天下与人易,为天下得人难"。"尧以不得舜为己忧,舜以不得禹、皋陶为己忧"。孟子极为重视人才作用的思想是为其新兴地主阶级不满足于春秋战国以来的用人制度,积极要求改革并取得相应的政治地位,以打破世卿世禄制的贵族垄断政治的局面服务的。尽管如此,但这种尚贤使能、俊杰在位、仁者在职的思想,无论对当时社会剧烈变革、竞相争夺人才的局势下,还是对于后世的影响,都是具有积极意义的。

其次,实现仁政德治的关键是选好用好人才。在选人用人的问题上,孟子仍然是以"仁"为其原则的。他说:"为天下得人者谓之仁。"但这种"仁"并不是所有人都能达到的,只有像尧舜那样的人才能称之为"仁人"。因为"尧以不得舜为己忧,舜以不得皋陶为己忧"。可见,他极力推崇尧舜的善于发现人才和使用人才。认为只有善于发现人才和爱惜人才的人方可以称之为"仁人"。孟子肯定古代的禅让制,尤其肯定传贤不传子的原则,实际上也是主张选贤与用贤。

在《孟子·万章上》中孟子认为,舜帮助尧治理天下长达二十八年之久,尧死后,舜为了避嫌逃到了南河边,但是天下朝拜天子的诸侯、打官司的人、用歌声赞美天子圣明的人,他们都不到尧的儿子那里去,却纷纷舍近求远地跑到舜的住处来朝拜于舜。在这种情况下舜才回到都城,登上天子的宝座。如果没有大家都朝见舜的这样一个过程,而是舜直接跑到尧的宫中逼走了尧的儿子,那就不叫禅让而是篡夺了。可见,舜之所以能"践天子位","非人之所能为也,天也"。孟子认为,所谓"天授之",实际上就是"民授之"。他说:"使之主祭,而百神享之,是天受之;使之主事,而事治,百姓安之,是民受之也。""天子不能以天下与人"。②舜之所以能得到天下,得到天下百姓的认可与支持,完全是因为民心所向的结果,是百姓的自然选择。舜是靠自己的才能与威望得到天下的。

---

① 〔清〕焦循撰,沈文倬点校:《孟子正义》,中华书局1987年《新编诸子集成》本,第717页。
② 〔清〕焦循撰,沈文倬点校:《孟子正义》,中华书局1987年《新编诸子集成》本,第643页。

当然，人才的才能有的有机会表现出来，有的则没有表现的机会，这就要靠人们去发现。孟子说："匹夫而有天下者，德必若舜禹，而又有天子荐之者"①，他认为这才是舜和禹得以践"天子位"的关键所在。这就是说，如果你是人才，你还必须有表现的机会，还要有人赏识你、推荐你、使用你，你的才能才有发挥的机会。孟子举例说，孔子"不有天下"的根本原因，不是他没有才能与德行，而是他的时代已经不实行禅让制了。尽管他"德必若尧舜"的主观条件是具备的，然而却缺乏"天子荐之"这一客观条件，所以他只能是个"素王""百世之师"。孟子认为，"推荐"是人才得以重用的基本方式之一。《孟子·万章下》记载："天子能荐人于天，不能使天与之天下；诸侯能荐人于天子，不能使天子与之诸侯；大夫能荐人于诸侯，不能使诸侯与之大夫。"

既然推荐是人才得以重用的关键，那么，什么样的人才能为天子所推荐呢？荐贤的标准又是什么呢？孟子认为，选拔和任用人才一定要十分慎重，要广泛听取各方面的意见，此外还要进行全面的考察。无论是提拔还是罢黜官员，都不能轻易偏听偏信亲近自己人的意见。《孟子·梁惠王下》记载："国君进贤，如不得已，将使卑逾尊，疏逾戚，可不慎欤？左右皆曰贤，未可也；诸大夫皆曰贤，未可也；国人皆曰贤，然后察之；见贤焉，然后用之。"由此可以看出，首先，一般情况下国君用人是以"尊"和"戚"为选择标准的。这实际上也是当时真实的历史情况，是世卿世禄制所造成的。但是"尊"和"戚"并不一定有能有德，不得已时国君才会选"贤"。可见在当时历史条件下，选贤只不过是"尊""戚"原则的一个补充。其次，选贤是一件十分慎重的事情，左右亲近的人都说此人是贤人，可以不听；全国的人都认为他是贤人，那就要十分重视了。再次，即使国人皆曰贤，也不一定要马上任用，还必须对此人进行全面的考察，如果发现他确实有真才实学、品德高尚，然后再予以重用。可见孟子对于人才的选拔与任用是何等的慎重！

在人才选拔方面，孟子提出了几种观察人才的方法。这几种观察实际上是对人才德能的全面考查，具有一定的借鉴意义。首先是孝悌观察法。《孟子·滕文公下》载："入则孝，出则悌，守先王之道，以待后之学者，而不得食于子，子何尊梓匠轮舆而轻为仁义者哉？"如果一个人在家孝顺父母，出外尊敬长辈，能恪守圣王的礼法仁义，按照先王之道培养、教育后代学者，这样的人就可以认为是仁义之士，是合格的人才，应该受到尊重和重用。其次是对人才品德的观察方法。《孟子·告子下》记载：鲁欲使乐正子为政。孟子曰："吾

---

① 〔清〕焦循撰，沈文倬点校：《孟子正义》，中华书局1987年《新编诸子集成》本，第649页。

闻之，喜而不寐。"公孙丑曰："乐正子强乎？"曰："否。""有知虑乎？"曰："否。""多闻识乎？"曰："否。""然则奚为喜而不寐？"曰："其为人也好善。""好善足乎？"曰："好善优于天下，而况鲁国乎？夫苟好善，则四海之内皆将轻千里而来告之以善；夫苟不好善，则人将曰：'訑訑，予既已知之矣。'訑訑之声音颜色拒人于千里之外。士止于千里之外，则谗谄面谀之人至矣。与谗谄面谀之人居，国欲治，可得乎？"孟子认为，如果喜欢听取善言并以此来治理天下就会做到兼听则明；此外，喜欢听取善言，那么四方之人就会不远千里赶来将善言告诉他。相反，如果将士人拒之于千里之外，那么，那些善于拍马逢迎说奉承话的小人就会乘虚而入，如此，国家怎么能治理好呢？这里的"善言"实际上是指人的善良的品德。再次是通过交往观察人才。《孟子·万章下》记载："一乡之善士斯友一乡之善士，一国之善士斯友一国之善士，天下之善士斯友天下之善士。以友天下之善士为未足，又尚论古之人。颂其诗，读其书，不知其人，可乎？是以论其世也。是尚友也。"人常言物以类聚，人以群分，即通过观察他所交往的人就可以知道他是怎样的人。孟子认为，通过观察他的朋友来了解他的为人，这是一种较为简便而可靠的人才考察方法。最后，是通过观察人的眼睛来考察一个人。《孟子·离娄上》记载："存乎人者，莫良于眸子。眸子不能掩其恶。胸中正，则眸子瞭焉；胸中不正，则眸子眊焉。听其言也，观其眸子，人焉廋哉？"这种方法有一定的道理。因为眼睛是心灵的窗户，人的眼睛最能表现一个人的善良与否，通过观察人的眼睛可以直截了当地了解一个人的品性。

  当然，人才考察是一个复杂的过程，并不是那么简单和程式化的。孟子认为，通过上述方法并不一定能够真正得到贤者，所以，他一再告诫人们要格外警惕那些"狂士""乡原"之类的假贤者。因为这些人往往志大才疏，言行不一，自以为是，成事不足、败事有余，貌似忠厚，实则奸佞之徒。尤其是那些"乡原"之徒，"阉然媚于世也者，是乡原也。""非之无举也，刺之无刺也，同乎流俗，合乎污世，居之似忠信，行之似廉洁，众皆悦之，自以为是，而不可与入尧舜之道。"[①] 这种人是"乱苗"的"恶莠""乱德"的贼子。孟子这种考察与鉴别人才的方法，对后世的人才思想产生了深远而巨大的影响，即使在今天仍然具有借鉴意义。

六、实现仁政德治还要注意有意识地培养人才

  孟子不仅特别重视人才的作用及选拔与使用，也十分重视人才的培养与教

---

① 〔清〕焦循撰，沈文倬点校：《孟子正义》，中华书局1987年《新编诸子集成》本，第1031页。

育。他把"得天下英才而教育之"作为人生的一大乐事。

首先，孟子认为"人皆可以为尧舜"。孟子从人性论出发，认为无论是君子还是小人，是治人者还是治于人者，人们在天赋与精神人格上都是平等的、一致的。只要依据人的自然本性去发展、拓展人的善性，就可以实现"人皆可以为尧舜"的目标。因此，孟子特别注重圣贤对人民的引导与感化作用。"圣人，百世之师也。""圣人，人伦之至也，欲为君，尽君道；欲为臣，尽臣道。二者皆法尧舜而已矣"（《孟子·离娄上》）。"尧舜之道，孝悌而已矣；子服尧之服，诵尧之言，行尧之行，是以尧而已矣。"① 尧舜之类的圣人是孟子心目中最高层次的人才，也是人才培养的最高境界与目标。人皆可以为尧舜是因为"尧舜与人同耳"。因此，凡是尧舜能够做到的，普通人同样可以做到。当然"人皆可以为尧舜"，并不是说人人都能成为尧舜那样的圣人。之所以有如此差别，是因为有的人不为而不是不能为。这就像"挟泰山以超北海，语人曰'我不能'，是诚不能也；为长者折枝，语人曰'我不能'，是不为也，非不能也"②。孟子常常鼓励人们要学习效法尧舜，并将达不到圣人标准当作自己的"终身之忧"。他说"君子有终身之忧，无一朝之患也。乃若所忧则有之：舜，人也；我，亦人也；舜为法于天下，可传于后世，我由未免为乡人也，是则可忧也。忧之如何？如舜而已矣"③。

孟子为什么号召人们学习圣人呢？因为圣贤对社会具有十分重要的影响力，他们是社会的楷模，是人们效法学习的榜样。《孟子·尽心下》说："圣人，百世之师也。闻伯夷之风者，玩夫廉，懦夫有立志；闻柳下惠之风者，薄夫敦，鄙夫宽。"这就是说，听到伯夷风操的人，贪鄙之徒也会清廉起来，懦弱之辈也会有独立不屈的意志与品质；听到柳下惠风操的人，刻薄者也会厚道，胸襟狭小的人也会心胸开阔起来。他又说："由尧舜至于汤，五百有余岁；若禹、皋陶，则见而知之；若汤，则闻而知之。"④ 尧舜的表率作用，大禹、皋陶是经过亲身接触才受到熏陶的，而商汤则是从有关尧舜的传说中受到感染的。《孟子·离娄下》记载"君子之泽，五世而斩"，也就是说，圣贤的影响力可以达到五百年左右。圣贤不仅以其楷模、表率作用对社会有引领作用，而且他们的言行事迹成为不言之教，为全体社会成员效法学习的榜样。孟子这种以圣贤为人才榜样和效法学习对象的思想，不仅引导人们树立积极向上的自信心，而且可以鞭策人们树立为圣为贤的远大理想与抱负，见贤思齐焉。

---

① 〔清〕焦循撰，沈文倬点校：《孟子正义》，中华书局1987年《新编诸子集成》本，第816页。
② 〔清〕焦循撰，沈文倬点校：《孟子正义》，中华书局1987年《新编诸子集成》本，第85页。
③ 〔清〕焦循撰，沈文倬点校：《孟子正义》，中华书局1987年《新编诸子集成》本，第596页。
④ 〔清〕焦循撰，沈文倬点校：《孟子正义》，中华书局1987年《新编诸子集成》本，第1034页。

一个人只有在崇高理想和远大抱负的鼓舞下，他的才华才能得到最大限度发挥，潜能得到彻底的释放，取得最为理想的成就，成为对社会有用之最高人才模范。

其次，环境对于人才的成长与培养具有很大的影响力。"孟母三迁"的典故是历史上著名的重视环境教育的故事之一。孟子本人也极为重视环境对于人才的造就作用。据《孟子·滕文公下》记载，孟子在与楚国大夫戴不胜交谈时曾问，假如一个楚国的官员想让他的儿子学习齐国话，是跟齐国人学呢，还是跟楚国人学呢？戴不胜回答：当然是跟齐国人学。孟子却不以为然。他认为如果让一个齐国人（在楚国）教他，每天都会有许多楚国人来打扰他，这样即使每天鞭打他，逼他说齐国话，也不可能。但如果让他在临淄庄街岳里的闹市住上几年，即使每天鞭打他让他说楚国话，也是做不到的。同样的道理，要使人才得到良好的环境教育，就必须给人才创造良好的教育环境。他认为，人虽然从小就具有善良的天性，但如果放任自流不加约束，天天受外界的影响而被物欲所引诱，长期受不良环境的影响，就会成为品德不良的人。但这并非人的本性使然，而是环境所造成的。因此，他主张要由贤父兄来教育子弟，排除其足以"陷溺其心"的不良环境影响。

再次，孟子一方面强调人们要尽量减少不良环境对人的不良影响，另一方面又强调人才不能只在顺境中去努力，更要在逆境、困境、艰难困苦中去奋斗，锻炼意志，磨炼品质。孟子认为，大凡那些杰出的人才往往都经历过艰难困苦环境的磨炼。《孟子·尽心上》记载："人之有德慧术知者，恒存乎疢疾，独孤臣孽子，其操心也危，其虑患也深，故达。"① 这就是说，人之所以有道德、聪明、本领、才能，经常是因为他有灾患。只有那些孤臣孽子，他们时常提高警惕，考虑灾患也深，所以才能通达事理。由于他们所处环境与地位的卑劣，所以他们常常需要为自己的险恶处境而操心。他们考虑问题往往就比别人更为深刻细致周到，因此才能通达事理，有所成就。例如，"舜发于畎亩之中，傅说举于版筑之间，胶鬲举于鱼盐之中，管夷吾举于士，孙叔敖举于海，百里奚举于市"②。可见，一个人只有经过艰苦环境的磨炼，经历过种种磨难才能成为有用之才。"故天将降大任于斯人也，必先苦其心志，劳其筋骨，饿其体肤，空乏其身，行拂乱其所为，所以动心忍性，增益其所不能。"③ 大凡杰出人才都需要经历艰难困苦环境的磨炼才能最终成就大业，坎坷的经历和艰

---

① 〔清〕焦循撰，沈文倬点校：《孟子正义》，中华书局1987年《新编诸子集成》本，第902页。
② 〔清〕焦循撰，沈文倬点校：《孟子正义》，中华书局1987年《新编诸子集成》本，第864页。
③ 〔清〕焦循撰，沈文倬点校：《孟子正义》，中华书局1987年《新编诸子集成》本，第864页。

难困苦的磨炼是人才成功的试金石。

人才在成长的过程中总会遇到这样那样的困难，遭遇到种种挫折。孟子认为苦难和挫折总是难免的，只要处理得好，那坏事也可以变成好事。因为一个人只有经历过错误和失败的教训，才能不断地总结、反思，改过自新，走上正路。人只有经过艰苦的思想斗争和错综复杂的纷繁事物的深入思考，然后才能不断地提高自己的鉴别能力、认识能力和判断水平。孟子说："人恒过，然后能改；困于心，衡于虑，而后作；徵于色，发于声，而后喻……然后知生于忧患而死于安乐也。"[①] 人才只有正视自己的错误与失败并能够不断总结，从中吸取经验教训，不断改正自身的缺点与弱点，才能真正有所提高。这也是一种痛苦的磨炼，是不少人所难以做到的。所以像周公那样的"古之君子，过则改之；今之君子，过则顺之。古之君子，其过也，如日月之食，民皆见之；及其更也，民皆仰之。今之君子，岂徒顺之，又从为之辞"（《孟子·公孙丑下》）。

第三节 人才成圣成贤的理想人格

孟子所处的战国时期是封建专制制度正在建立的时代。伴随着社会制度的变革，人才的尊严、价值以及独立意识日益为封建专制主义所吞噬。面对这种社会现实，孟子在其性善论的基础上提出了一系列成圣成贤的理想人格设计。要求人才志于道，依于仁；要善于养浩然之气；要做兼济与独善两手准备；要保持人格的独立与人的尊严。他高扬了主体人格与理想精神，表现出"仰不愧于天，俯不怍于人"的人生价值观、自信心和奋斗精神。

一、人才要"志于道"，为理想而奋斗

"士"是一个具有特定含义的社会阶层。士和农、工、商都是所谓的"四民"。《孟子·梁惠王上》记载："王曰：'何以利吾国？'大夫曰：'何以利吾家？'士、庶人曰：'何以利吾身？'""王"对应的是"国"；"大夫"的地位次于"王"，与"大夫"对应的是"家"；"士"和"庶人"的地位又低于"大夫"，与之对应的是"身"，也就是自身。由此可见，"士"和农、工、商属于同一社会阶层，他们只是职业上的分工不同而已。"士"不同于"王"和"大夫"。他们没有俸禄可言，他们仅是能被国君征聘启用的智者，凭借自己的学识与能力，借助于国君"尊贤使能，俊杰在位"达到"立于朝"的政治

---

① 〔清〕焦循撰，沈文倬点校：《孟子正义》，中华书局1987年《新编诸子集成》本，第871-872页。

目的,来实现自己的人生价值与治国理想。"士"的最佳目标和出路就是"立于朝",也就是通过做官来实现自己的人生目标,实现兼济天下的理想和抱负。但做官并不是"士"的唯一出路,他们可以"仕",也可以"不仕"。据《孟子·滕文公下》记载:周霄问孟子曰:"古之君子仕乎?"孟子毫不犹豫地回答说:"仕。"并且以孔子为例加以论证,"孔子三月无君,则皇皇如也,出疆必载质。公明仪曰:'古之人,三月无君则吊。'"周霄问曰:"三月无君则吊,不以急乎?"孟子回答得很干脆:"士之失位也,犹诸侯之失国。"由此可见,孟子认为士的根本任务和职责就在于出仕。

孟子认为,士人在什么样条件下步入仕途、如何步入仕途都是有条件的。如果统治者实行仁政,能够"贵德尊士"、尊重人才、重用人才,那么就可以大胆出仕,实现自己的人生理想和价值目标。如果统治者不能"贵德尊士",那么"士人"就可以采取不合作的态度,就应该"独善其身"了。《孟子·滕文公下》记载:"古之人未尝不欲仕也,又恶不由其道。不由其道而往者,与钻穴隙之类也。"《孟子·公孙丑下》记载:"有官守者,不得其职则去;有言责者,不得其言则去。我无官守,我无言责也,则吾进退,岂不绰绰然有余裕哉?"这就是说,有固定官职者,如果无法尽其职责就可以辞官;有进言责任者,如果国君听不进他的话就可以不干。我既无固定职务又没有进言的责任,那我的行动不是很自由的吗?在《孟子·尽心下》中孟子对宋勾践说:"人知之,亦嚣嚣;人不知,亦嚣嚣。"① 也就是说别人知道我,我自得其乐;别人不知道我,我也自得其乐。我的意志与情趣并不因他人的态度而变化。宋勾践问,怎样才能自得其乐呢?孟子回答道:"尊德乐义,则可以嚣嚣矣。故士穷不失义,达不离道。穷不失义,故士得己焉;达不离道,故民不失望焉。古之人,得志,泽加于民;不得志,修身见于世。穷则独善其身,达则兼善天下。"在这里,孟子提出了人才出仕的原则:士在"穷"时要"不失义",要加紧自身修养,等待时机而现于世。在"达"的时候要"不离道",做到"泽加于民",也就是实行仁政德治,使自己的善行仁政得以实现。但无论穷达都不能违背仁义原则。

孟子认为"士人"出仕的最主要任务就是实行仁义之道而不是谋取个人私利。据《孟子·尽心上》记载,王子垫问孟子曰:"士何事?"孟子曰:"尚志。"曰:"何谓尚志?"曰:"仁义而已矣。杀一无罪非仁也,非其有而取之非义也。居恶在?仁是也;路恶在?义是也。居仁由义,大人之事备矣。"这里孟子显然提出了政治人才的人生理想和社会责任就在于尚其志,也就是实行

---

① 〔清〕焦循撰,沈文倬点校:《孟子正义》,中华书局1987年《新编诸子集成》本,第899页。

仁义之道，处心在仁，行事于义。这是和孔子的"士志于道"、做君子式的政治人才、成圣成贤的理想人格一脉相承的。曾子曾经说过："士不可以不弘毅，任重而道远。仁以为己任，不亦重乎？"① 所谓"仁以为己任"就是要求士入仕的价值集中体现为如何使仁政得以实行。但是在"天下方务于合纵连横，以攻伐为贤"② 的战国时期，孟子的主张显然正如司马迁所说"迂远而阔于事情"③。即使如此，孟子对于自己的理想也绝不轻言放弃，丝毫不让步。公孙丑曾认为，"道"确实崇高伟大，却如登天一样遥不可及，"何不使彼为可及而日孳孳也？"孟子回答说："大匠不以拙工改废绳墨，羿不为拙射变其彀率。"君子也是如此。士应该"引而不发，跃如也。中道而立，能者从之"④。"道"不得行的情况经常发生，这在孟子看来是士人的耻辱。《孟子·万章下》记载："立乎人之本朝，而道不行，耻也。"一旦出现这种情况，那么士人就只能有一种选择了，那就是离去。也就是说在兼济不能实现的情况下，只有独善其身了。尽管"独善"并非士人的自觉追求，但士人不能兼济者往往十之八九，能将求道与谋生统一起来当然再好不过了。但现实往往并不是鲜花满径、莺歌燕舞，而是荆棘丛生、坎坷困顿。求道、卫道之艰巨更多的是可能出现贫穷与困顿。对此，孔子倡导士人保持安贫乐道的精神，要求士人"君子谋道不谋食，忧道不忧贫"⑤ 认为，"士志于道，而耻恶衣恶食者，未足与议也"⑥。他赞赏颜回的安贫乐道精神说："一箪食，一瓢饮，在陋巷，人不堪其忧，回也不改其乐。贤哉，回也！"孟子继承了孔子的思想，提出了士应该有忧道不忧贫的担当精神，能够为追求与捍卫道义而忍辱负重。他说过"天将降大任于斯人也，必先苦其心志，劳其筋骨，饿其体肤，空乏其身，行拂乱其所为，所以动心忍性，增益其所不能"（《孟子·告子下》）。他要求"士穷不失义，达不离道。穷不失义，故士得己焉；达不离道，故民不失望焉"，"古之人，得志，泽加于民；不得志，修身见于世"。⑦

在孟子设计的人生理想与价值追求中，士人自觉的人生价值追求目标是兼济天下；而"独善其身"只是不得已的情况下一种无可奈何的选择。但无论

---

① 《论语·泰伯》，见〔清〕刘宝楠《论语正义》，香港中华书局1978年《诸子集成》本，第159－160页。
② 〔汉〕司马迁：《史记》，中华书局1982年版，第594页。
③ 〔汉〕司马迁：《史记》，中华书局1982年版，第594页。
④ 〔清〕焦循撰，沈文倬点校：《孟子正义》，中华书局1987年《新编诸子集成》本，第944页。
⑤ 《论语·卫灵公》，见〔清〕刘宝楠《论语正义》，香港中华书局1978年《诸子集成》本，第346页。
⑥ 《论语·里仁》，见〔清〕刘宝楠《论语正义》，香港中华书局1978年《诸子集成》本，第78页。
⑦ 〔清〕焦循撰，沈文倬点校：《孟子正义》，中华书局1987年《新编诸子集成》本，第890－891页。

"兼济"或者"独善",都以不损害仁义为前提。只不过"修身见于世"是士人的人生价值在另外一个维度上的实现。因为"独善"只是前提,其终极目标还在于推己及人。所以孟子说:"万物皆备于我矣,反身而诚,乐莫大焉。强恕而行,求仁莫近焉。"① 士人坚守"善道",在"得志"的时候在政治上推行仁政王道;但在实现自我价值的途径被堵塞之后,修身见于世。"正己而物正"的方式不仅是士人坚持操守最好的方式,也是实现价值的最佳途径。也就是说,士人在缺少政治仕途的便利时,以道德人格的培养来影响政治和世道人心的任务依然存在。所以"独善其身"并不是目的,也不是士人所追求的终极目标,"强恕而行,求仁莫近焉",这就给士人指出了更高的目标追求。"正己"是为了使得"物正","独善"的背后隐藏着"众善"的远大理想与目标。所以,孟子所设计的士人"穷"与"达"的二元选择,并没有让士人在价值体现上有所缺憾,反而最终形成合流,殊途同归,既可以实现自身价值,也为社会进步和老百姓的利益做出贡献。

孟子关于士人的价值追求的思想,明确规定了士的社会角色就在于作为"仁义之道"的承担者与践行者,从而奠定与形成了中国古代"士"的人格传统,赋予古代知识分子与政治人才胸怀天下、忧国忧民的高尚情怀,以及为"平治天下,舍我其谁"的强烈的自信心与自尊精神。正是在这种精神的影响与培育下,一代又一代正直的知识分子唱响了壮怀激烈的人生乐章,像"虽九死其犹未悔"的屈原、"先天下之忧而忧,后天下之乐而乐"的范仲淹、"天下兴亡,匹夫有责"的顾炎武等等,都显示出对孟子"士志于道"的人格思想传统的继承与弘扬,彰显出"士"人格的无穷精神魅力,成为中华优秀传统文化精神的代表。

二、兼济与独善:人才的政治品格

"士"作为政治人才,其人生理想和价值追求就在于政治上有所作为,像管仲那样,胸怀天下,兼济苍生,建永世之业,留金石之功。但这只是人生理想状态下的情况,在现实社会生活中士人更多的是"不得志"。也就是说,"穷"是士人的常态,"达"则是少数,概率很低。士人在"穷"的情况下"独善其身",而"达"的情况下就要兼济天下。但无论"兼济",还是"独善",都要保持人格的独立,要以师道尊于君。

孟子认为,"士"在君王面前一定要保持自己的人格尊严与个性独立。在古代中国,君王的权力高于一切,在主宰生杀大权、天下独尊的君主面前,一

---

① 〔清〕焦循撰,沈文倬点校:《孟子正义》,中华书局1987年《新编诸子集成》本,第882-883页。

般士人往往没有独立的人格可言。但孟子却能够在游说君主的过程中保持自己的人格尊严与独立。他说:"说大人则藐之,勿视其巍巍然。"① 孟子在游说人主的时候能够做到不卑不亢,谈锋犀利,机敏睿智。他曾当着梁惠王的面毫不留情地批评讽刺梁惠王所说的"察邻国之政,无如寡人之用心者"的自我吹嘘是"以五十步笑百步"。斥责梁惠王是以政杀人,认为梁惠王的假仁假义和那些"杀人以梃与刃"的盗贼没有什么区别。他也曾当面斥责齐宣王"恩足以及禽兽,而功不至于百姓"的假仁假义,质问齐宣王齐国"四境之内不治"的责任应该由谁来负责,问得齐宣王面红耳赤,十分尴尬,顾左右而言他。

那么,孟子为何能够做到在至高无上的君王面前保持人格的尊严与独立?能够做到"说大人则藐之,勿视其巍巍然"呢?这与孟子对于"士"的地位与价值观念的认识有关。孟子曾说:"有天爵者,有人爵者。仁义忠信,乐善不倦,此天爵也;公卿大夫,此人爵也。古之人修其天爵,而人爵从之。今之人修其天爵,以要人爵;既得人爵,而弃其天爵,则惑之甚者也,终亦必亡而已矣。"② 他认为"士"是修天爵者,其道德地位比王公大夫更为尊贵。王公大夫如果不修仁义道德就会很快败亡。基于上述认识,他提出了仁政、王道的思想,并强调仁义是关系国家兴废存亡乃至王公大夫命运的关键。他说:"三代之得天下也,以仁;其失天下也以不仁。国之所以废兴存亡者亦然。"③ 正因为这个道理,所以他说:"民为贵,社稷次之,君为轻"。君王如果能够"以不忍人之心,行不忍人之政",那么"治天下可运之掌上"④。可见,从仁义、仁政的角度出发,孟子认为,道统高于政统,而专门从事道统的"士"在人格地位上就应该高于帝王,无须在王公大臣面前奴颜婢膝,表现出媚态。

当然这只是理论上的可能性。在现实社会中往往是王公大人凭借手中的权力与地位,仗势欺人、以权压人。面对此种情况,"士人"该如何对待呢?孟子认为,首先,对于那些以权势地位相威胁的发问、召见,士人可以拒不应答、拒不赴召。在《孟子·尽心上》中,他曾明确提出对于有损人格尊严的五种提问可以不予答复。"挟贵而问、挟贤而问、挟长而问、挟有勋劳而问、挟故而问,皆所不答也"。在这"五问"中,前三问都是针对王公大夫而言的。据《孟子·尽心上》记载,滕国国君的弟弟滕更曾向孟子发问,但孟子不予答复,原因就是滕更以不平等的身份、地位向孟子发问,孟子感到滕更有仗势压人、恃强凌弱的做派。不仅如此,孟子对于那些不礼敬士人的君王的召

---

① 〔清〕焦循撰,沈文倬点校:《孟子正义》,中华书局1987年《新编诸子集成》本,第1014页。
② 〔清〕焦循撰,沈文倬点校:《孟子正义》,中华书局1987年《新编诸子集成》本,第796页。
③ 〔清〕焦循撰,沈文倬点校:《孟子正义》,中华书局1987年《新编诸子集成》本,第492页。
④ 〔清〕焦循撰,沈文倬点校:《孟子正义》,中华书局1987年《新编诸子集成》本,第232页。

见也不予以理睬。《孟子·公孙丑下》记载:"孟子将朝王,王使人来曰:'寡人如就见者也,有寒疾,不可以风。朝,将视朝,不识可使寡人得见乎?'对曰:'不幸而有疾,不能造朝。'明日,出吊于东郭氏。公孙丑曰:'昔者辞以病,今日吊,或者不可乎?'曰:'昔者疾,今日愈,如之何不吊?'王使人问疾,医来。孟仲子对曰:'昔者有王命,有采薪之忧,不能造朝。今病小愈,趋造于朝,我不识能至否乎?'使数人要于路,曰:'请必无归,而造于朝!'不得已而之景丑氏宿焉。景子曰:'内则父子,外则君臣,人之大伦也。父子主恩,君臣主敬。丑见王之敬子也,未见所以敬王也。'曰:'恶!是何言也!齐人无以仁义与王言者,岂以仁义为不美也?其心曰:'是何足与言仁义也云尔,则不敬莫大乎是。我非尧舜之道,不敢以陈于王前,故齐人莫如我敬王也。'景子曰:'否,非此之谓也。《礼》曰:'父召无诺,君命召不矣驾。'固将朝也,闻王命而遂不果,宜与夫礼若不相似然。'曰:'岂谓是与?'曾子曰:'晋楚之富,不可及也;彼以其富,我以吾仁;彼以其爵,我以吾义;吾何慊乎哉!夫岂不义而曾子言之,是或一道也。天下有达尊三:爵一,齿一,德一。朝廷莫如爵,乡党莫如齿,辅世长民莫如德。恶得有其一以慢其二哉?故将大有为之君,必有所不召之臣;欲有谋焉,则就之……故汤之于伊尹,学焉而后从之,故不劳而王;桓公之于管仲,学焉而后臣之,故不劳而霸。'"①他认为,历史上这些有名的君主都是向大臣学习并非常尊重他们的,所以,管仲才能辅助齐桓公建立王霸之业。而当今的齐王却以权势来召见我,对于这种不尊重士人的做法,我自然不能听命于他。

其次,士人也应该有独立的意志与人格。孟子认为君臣、士人与王公大人各有权利与义务,不能牺牲一方来适应、迁就另一方。他说:"君之使臣如手足,则臣视君如腹心;君之视臣如犬马,则臣视君如国人;君之视臣如土芥,则臣视君如寇雠"(《孟子·离娄下》)。为此他提出"可以仕则仕,可以止则止,可以久则久,可以速则速"②。他曾经指出:"规矩,方圆之至也;圣人,人伦之至也。欲为君,尽君道;欲为臣,尽臣道。二者皆法尧舜而已矣"(《孟子·离娄上》)。这就明确地提出了道义高于王权的惊世骇俗的价值观念。

再次,孟子认为士人和统治者之间的合作是有原则的。如果君主尊重、重用就合作;如果不尊重、不重用就可以不合作。《孟子·告子下》记载,"陈子曰:'古之君子何如则士?'孟子曰:'所就三,所去三。迎之致敬以有礼;言,将行其言也,则就之。礼貌未衰,言弗行也,则去之。其次,虽未行其言

---

① 〔清〕焦循撰,沈文倬点校:《孟子正义》,中华书局1987年《新编诸子集成》本,第260页。
② 〔清〕焦循撰,沈文倬点校:《孟子正义》,中华书局1987年《新编诸子集成》本,第215页。

也，迎之致敬以有礼，则就之。礼貌衰，则去之。其下……免死而已矣。'"①这里孟子将古之君子取士之道概括为"所去三，所就三"这样三种不同的选择原则。其中，第一种选择是最佳的取士境界。它最能体现士人的人格尊严与价值取向。所谓"迎之致敬以有礼"，那只不过是形式上的尊重，尽管士人很在乎这些表面上的尊重，但只有"言，将行其言也"才是对士人的真正尊重与重用。它表明士人的政治理想与抱负可以付诸实施，士人对此尤为重视。如果君主能做到以上两条，那么，士人就应该毫不迟疑地出来做官。居官之后如果君主礼貌未减，但对自己的政治主张却不听从、不采纳，那么，就不要再留恋这个官位而应该立即辞职。因为这只是表面上的尊重，实际上已经不尊重、不重用。士人没有实现理想的机会，所以没有再留恋这个官职的必要。这就清楚地表明了孟子在取士上不屈其志、保持人格尊严的原则。孟子不仅是这样说的，而且也是这样做的。他不仅在梁惠王、齐宣王这些君主面前表现出不卑不亢、不趋炎附势、凛然不可侵犯的铮铮傲骨和浩然正气，而且能够从仁政的观念出发，对统治者有违仁政的做法予以淋漓尽致的揭露与批判。他那种为民请命、大义凛然、疾恶如仇的大无畏气概为万世所敬仰。

三、优秀政治人才要有浩然正气与大丈夫气概

在《孟子·公孙丑》中孟子提出了著名的关于士人培养高尚人格的养气之说。公孙丑问曰："敢问夫子恶乎长？"孟子曰："我知言，我善养吾浩然之气。"公孙丑曰："敢问何谓浩然之气？"孟子曰："难言也！其为气也，至大至刚，以直养而无害，则塞于天地之间。其为气也，配义与道；无是，馁也。是集义所生者，非义袭而取之也。行有不慊于心，则馁矣。我故曰，告子未尝知义，以其外之也。必有事焉而勿正，心勿忘，勿助长也。"②孟子所说的"气"是一种最伟大、最刚强的"气"。这种"气"只能用正义去培养，一点不加伤害，它就会充满上下四方，无所不在。这种气必须与道和义相配合，缺乏道义，这种气就没有力量。这种"气"是由正义的日积月累所产生的，不是偶然的正义行为所能取得的。只要做一件于心有愧的事情，那么这种"气"就会消散了。所以孟子说告子未曾懂得义，因为告子把义看成心外之物。因此，应当把义看成内心所具有的，一定要认真培养它而不能中断；心里随时记住它，但是也不要学习宋国人拔苗助长那样，违背规律地去帮助它生长。

可见，孟子所说的"浩然之气"是指人的一种正大、刚直的精神状态，

---

① 〔清〕焦循撰，沈文倬点校：《孟子正义》，中华书局1987年《新编诸子集成》本，第863－864页。
② 〔清〕焦循撰，沈文倬点校：《孟子正义》，中华书局1987年《新编诸子集成》本，第199－203页。

也就是"气节""气概""气质""志气"之类的综合概念。从性质上来说，浩然之气是和"义与道"相配合的，而"义与道"都属于人的精神状态，不属于物质的范畴，如《管子》所讲的"精气"之类。从力量上来看，浩然之气又是最为伟大刚强的，一旦人具有了这种浩然之气，便可以立于天地之间，就可以做到"仰不愧于天，俯不怍于地"。可见，孟子所讲的"浩然之气"，实际上就是理想人格所具有的精神状态与精神风貌，也是理想人格的巨大力量的生动体现。

孟子提倡的"浩然之气"并不是自然而然、与生俱来的，只能靠"养"才能获得。这种"浩然之气"只能靠日积月累，而不能靠一时的冲动或者偶然的善行造就。这里，孟子是从伦理道德的角度来强调主体人格的自我修养。但这种主观的自我修养不是外力所加，而是从个体内在的自觉心理需求和愿望中自然而然地生发出来的，是与强烈的情感心理要素紧密联系在一起的一种自觉的主观情感欲求。所以，这种自我修养的结果是个体生命呈现出人格上的巨大变化。"浩然之气"充盈全身，这种"气"是很难言其中奥妙的，所以，孟子也说"难言也"。他只能用"至大至刚""塞于天地之间"这样描述性的语言。这种对"浩然之气"的描写显然已经包含了强烈的赞美之情，是具有主体人格美的一腔浩然之气，也是一种正义、光明、宏伟、充沛的精神道德力量。这种"浩然之气"是"配义与道"，是"集义所生"。也就是说，这种浩然之气必须用"道"和"义"与之相配，必须经常积累才能使之不匮乏。显然，孟子要求主体人格伦理道德的自我欲求与主体情感意志心理要求相统一才能产生"浩然之气"的壮美人格。这表明社会伦理道德不是外在于情感的东西，而是渗透到主体的情感意志和心理之中，已被主体看作他内在的生命意义和价值追求的一种东西，这就是"浩然之气"。而这样的"浩然之气"正是士人主体人格精神的完美体现，"我善养吾浩然之气"也成为历代志士仁人的自觉追求。

孟子认为，具有这种"浩然之气"的人应该是"大丈夫"式的理想道德人物。《孟子·滕文公下》记载："居天下之广居，立天下之正位，行天下之大道；得志，与民由之；不得志，独行其道。富贵不能淫，贫贱不能移，威武不能屈，此之谓大丈夫。"① 这里，孟子所说的"天下之广居"指仁道，"天下之正位"指的是礼法，"天下之大道"指的是义理。大丈夫要"居仁""立礼""行义"，这正是志于"仁道"的士的基本品性。这样的士人在面对名利、地位、贫穷、卑贱、强权等各种外在环境因素的诱惑或压力下，能够坚守道义

---

① 〔清〕焦循撰，沈文倬点校：《孟子正义》，中华书局1987年《新编诸子集成》本，第419页。

的志向和节操，决不变节，始终不动心，从而体现出一种超越于世间功名利禄或成败得失的高尚情操，一种类似于宗教出世精神的对人生价值的终极追求。这种大丈夫的浩然正气表现出一种"志士不忘在沟壑，勇士不忘丧其元"[①]、时刻准备献身正义的英雄气概和牺牲精神，一种"仰不愧于天，俯不怍于人"的正直品质和坦荡胸怀。特别是在面对道义与生命发生冲突而不能两全的极端情况下，浩然之气体现为一种舍生取义的精神。正如《孟子·告子上》提出的："鱼，我所欲也，熊掌，亦我所欲也；二者不可得兼，舍鱼而取熊掌者也。生，亦我所欲也，义，亦我所欲也；二者不可得兼，舍生而取义者也。"[②]后世的荆轲、苏武、张骞、屈原等人物都是这种具有"浩然之气"的典型代表。

孟子提倡的士人应该具有"浩然之气"的"大丈夫"英雄气概，这是对儒家理想人格思想的独创性贡献。它强调发挥道德主体的能动作用，注重"内圣"功夫，要求培养讲道义、重气节、宽厚仁慈、坚韧不拔的优秀品格。要求做到为国为民，甚至"杀身成仁""舍生取义"，从而达到了人格修养的最高境界。这种人格培育与修养为古代政治人才指明了实现理想人格的目标与方向，在历史上为培养中华民族的道德正气和民族气节产生了积极而又深远的影响。它直接间接地培育出无数仁人志士，为捍卫正义和真理、为国家民族的大义前仆后继、奋斗牺牲，留下了无数可歌可泣的英雄壮歌。这种"浩然之气"的"大丈夫"精神品格在历史上具有无穷的凝聚力与向心力，对巩固民族团结、促进社会发展、实现中华大一统过程中起过重大作用，它已成为中华民族奋发向上、自强不息的优秀思想文化传统。两千多年来，在孟子"浩然之气""大丈夫"人格理想的感召下，我国历史上涌现出了许许多多以天下为己任的具有理想人格的伟大人物。如出使匈奴誓死不降的民族英雄苏武；为"究天人之际，通古今之变，成一家之言"、受奇耻大辱，忍辱负重、顽强生存下来的司马迁；为抵御匈奴侵略，保家卫国的李广、卫青、霍去病；有"不为五斗米折腰"的陶渊明；义薄云天的关云长；精忠报国的岳飞；宁死不屈的文天祥以及郑成功、于谦、戚继光、林则徐、邓世昌等无数的民族英雄，无不体现出大丈夫的浩然正气和英雄气概。

第四节 《孟子》与《管子》人才思想的比较

孟子是思想家兼政治活动家，其主要贡献并不在政治实践方面，而在于他

---

① 〔清〕焦循撰，沈文倬点校：《孟子正义》，中华书局1987年《新编诸子集成》本，第410页。
② 〔清〕焦循撰，沈文倬点校：《孟子正义》，中华书局1987年《新编诸子集成》本，第783页。

的学术思想及其贡献，在于使儒家思想体系化、理论化，在于对儒家思想的完善与发展。他的人才思想是在论述其"仁政"思想及其"王道"社会理想化模式时所提出的通过"仁政"实现其"王道"政治的一个保障而已。总的来看，《孟子》的人才思想没有《管子》全面、丰富、深刻，也没有可实际操作性。其不同之处如下：

一、论述人才作用的角度

《孟子》是从如何实现其"王道理想"和"仁政"社会的角度来论述人才作用的，而《管子》是从治国图霸的角度论述人才作用的。《孟子》的思路是从人才与国家兴亡、社会治乱的关系入手，主张行仁政、王天下，"莫如贵德尊士，贤者在位，能者在职"。只有这样，国家才能无内忧外患，趁这时修明政治，则"虽大国，必畏之也"（《孟子·公孙丑上》）。尽管《孟子》也曾提出了"以天下与人易，为天下得人难"①的观点，但《孟子》对人才作用的认识，只仅集中在"士"这个阶层，对于"士"之外的各类人才的作用则缺乏论述。这是和《管子》作为治国的实践家的人才思想还是有巨大差别的。

《管子》突出地强调了人才的作用，将人才提高到国家兴废存亡的高度来认识。一个国家能否尊重人才、重用人才，关键在君主。国君对于一个国家具有巨大的影响力与示范作用，所以"世无公国之君，则无直进之士；无论能之主，则无成功之臣"（《管子·法法》）。《管子》不仅论述了人才的重要作用，而且论述了君主、中央之人，尤其是相的重要作用，也论述了士农工商各种人才的重要作用，这比《孟子》要全面深刻得多。此外，从《管子》全书来看，整部《管子》都体现了人才是关乎天下得失与国家兴亡的头等大事。齐桓公本人一生事功的成毁，就典型地体现了用人是否得当的经验与教训。

二、关于人才的标准

人才的选拔与使用关系国家的兴亡与事业的成败，因而，每个有作为的政治家都把人才选拔作为治国的头等大事。《管子》不仅论述了人才选拔的标准，而且形成了一套完整的人才选拔规章制度，使人才选拔不仅常态化，而且法制化，这在当时的诸侯国中是最为先进的。在先秦诸子中唯有《管子》将人才选拔提高到人才强国的战略高度来看待。《管子》的人才标准大致有三：一是各行各业的优秀者皆为人才，这实际上突破了先秦各家的思想，提出了一种全新的"大人才观"；二是有德者即为人才；三是"中央之人"有特殊

---

① 〔清〕焦循撰，沈文倬点校：《孟子正义》，中华书局1987年《新编诸子集成》本，第391页。

标准。

管仲从人才职业化的角度出发,提出了士、农、工、商"四民"各从其业,以业定居,从而实现"定民之居,成民之事"的"四民分业定居"理论和政策。"四民分业定居"使社会分工职业化,加强了国家对不同职业的专业化管理,促进了社会生产力的发展。这在当时的历史条件下不失为一种强化职业教训、培养专门人才的有效途径和措施。《管子》"大人才"标准的确立与实施,突破了传统的狭隘的人才观念,为各行各业培养与储备了大量的人才,这就使齐国的发展有了强大而雄厚的人才基础与人才保障。

《管子》认为治国理政的关键在于中央之人的人选。"中央之人"不仅要有德行,更要有足够的智慧与能力,要有驾驭全局的大德大智。"中央之人"必须是才德兼备的人物。

《孟子》的人才标准实际上只是论述了政治人才的标准。尽管《孟子》主张社会必须有分工,强调所谓"有劳心者,有劳力者;劳心者治人,劳力者治于人"。但《孟子》并未论述"士"之外的各行各业的人才标准,而且对政治人才的标准主要集中在人才的"德行"方面。关于人才的标准,孟子以尧舜的一切品质和善行为标准。这样"尧舜"便是孟子心目中最高层次的理想人才。"先王之道"也就是"尧舜之道",只有实现"先王之道"才能实现"仁政"。而先王之道的标准就是:有仁心,能亲贤;好善而忘势;舍己从人,与人为善;闻过则改;恪守人伦,遵从君臣之道。可见,孟子的人才标准是以"先王之道"为标准的,是典型的"道德"人才观。

三、人才选拔与任用的观念

孟子在人才的选拔与任用上也提出了一些原则与方法。一是选拔和任用人才一定要十分慎重,要广泛听取各方面的意见,同时还要做认真细致的考察,无论是提拔还是罢免官吏都不能偏听偏信。二是对于杰出人才可以破格选拔使用,但这种破格选拔使用必须慎重。在人才鉴别方面,孟子提出了一些具有独到见解的人才观察法:孝悌观察法;好善观察法;爱物观察法;尚友观察法;观眸观察法;等等。但这些人才观察法显然依然停留在对于人才的品德考察方面,至于人才的能力、水平以及功绩等方面都缺乏论述。由此可见,学者与政治家的人才思想还是存在较大差异的。

《管子》的人才思想不仅是全面的、丰富的,而且具有先进性。它不仅提出了一系列的人才选拔原则与方法,而且使人才选拔制度化、法制化。这不仅在当时具有极大的历史意义,即使在今天依然具有重要的参考价值。《管子》认为,社会上贤德之士大有人在,问题在于执政者能否发现和任用。"天下不患无臣，患无君以使之。"(《管子·牧民》)"国未尝乏于胜任之士，上之明达不足以知之"(《管子·君臣上》)。要想获得大批的人才，就必须冲破商周以来流行的亲亲世袭用人制度的旧框框，"论材（才）、量能、谋德而举之"，依法举人，"选贤论才，而待之以法"(《管子·君臣上》)，并力图通过建立人才制度和法规使选拔人才工作制度化、法制化。

在管仲用人思想的指导下，齐国不仅建立并推行了一整套自下而上、逐级选拔人才的制度，同时也提出了一些很有价值的任用官吏、贤才的原则。这些原则包括：一是选拔人才的重德原则；二是察能授官的原则；三是扬长避短的原则；四是拒用訾訾之人的原则；五是反对划圈拉派的原则；六是实行使用制的原则；七是赏功罚过的原则；八是废除官吏终身制的原则。在人才选拔的方法上：一是不记恩仇，唯才是举；二是开设庭燎，引士自荐；三是不分国别，唯才是用；四是深入基层，选拔贤士；五是不计出身，三选贤士。在人才使用方面要做到："察能授官"；"任其所长，不任其所短"；看其主流，不求全责备；疑人不用，用人不疑，充分信任人才。这些至今都具有现实意义和借鉴作用。

四、对人才培养的认识

《管子》从国家的前途和根本利益出发，将人才的培养与教育放在了战略位置。其人才的培养与教育的方式主要有三个方面：一是重视礼义廉耻的人文素质教育；二是实行"四民分业定居"的职业教育与环境教育；三是采取学校教育及特殊教育等多种方式培养各级各类人才。尽管齐国的人才培养涉及素质教育、道德教育和职业教育等各个方面，但总的来看，其着眼点是将人才培养和教育与当时的社会现实紧密联系在一起，为满足农业生产、商业发展、社会秩序的稳定、战争的胜利等等现实需要而进行的。因此，齐国的人才培养与教育具有功利化的特点。可以说，齐桓公和管仲的人才培养与教育目的就是富国强兵、称霸诸侯。

尽管孟子将"得天下英才而教育之"视为"君子三乐"之一，但他的人才培养主要还是偏重于人才的成贤、成圣方面，主要着眼点依然是人才的德行问题。他认为只有实行"善教"这一积极的感化教育政策，才能培养出"事君人者""安社稷者""天民""大人"等各种不同类型的忠实臣民。不过，在此基础上孟子也提出了一系列具有价值的人才培养思想。

首先，孟子认为人才应该效法圣人树立远大的奋斗目标。孟子从性善论出发，认为无论是君子还是小人，是治人者还是治于人者，其在天赋和人格精神上都是一致的，只要顺着人性去发展，"人皆可以为尧舜"。而"圣人，百世之师也",他们是社会的楷模,是君王和人才效法的对象,也是天下臣民借以安身立命的"规矩",所以"尧舜"一类的圣人是孟子心目中最高层次的人才,也是人才培养的最高目标。只不过在孟子看来,"尧舜之道,孝悌而已矣""尧舜与人同耳"。凡是尧舜能够做到的,普通人就没有做不到的道理。当然,尽管"人皆可以为尧舜",但并非人人都能为尧舜,原因就是"不为"而非"不能"也。孟子鼓励人们要学习尧舜,并把达不到圣人标准当作"终身之忧"。孟子这种学为圣人的思想不仅启迪人们积极向上的自信心,并且鞭策人们要树立有为圣人的远大理想。实践证明,一个人只有在崇高的理想和远大志向的鼓舞下,其才华才能得到最大的发挥,取得杰出的成就。

其次,孟子特别重视环境对人的培育作用。他一方面主张为人才尽量营造良好的环境,使他们在良好的环境中受到良好的教育,培养优良的品性;另一方面又强调人才不可能总是在顺境中生活,还要经受艰难困苦环境的磨炼与锻炼,认为艰苦的环境更能锻炼人才的意志与品质。"舜发于畎亩之中,傅说举于版筑之间,胶鬲举于鱼盐之中,管夷吾举于士,孙叔敖举于海,百里奚举于市"。大凡杰出的人才都经受过艰难困苦的磨炼。人才只有经过"苦其心志,劳其筋骨,饿其体肤,空乏其身,行拂乱其所为"的艰苦历程,才能最终成为成就大事业的圣贤之类的杰出人才。最后,孟子十分重视人才的品德修养,提倡人才要"养浩然之气",培养"大丈夫"的人格风范。

总之,《管子》的人才培养是有具体措施的,而且这些措施是有效可行的,并且取得了良好的社会效果。如"四民分业定居"的环境教育与职业人才培养就收到了良好的社会效果。《管子》重视包括"中央之人"在内的各级各类专业人才的培养,尤其是对农、工、商各业人才的培养,这在先秦诸子中是独一无二的。《孟子》之所以和《管子》在人才培养方面有许多差别,关键在于《管子》是治国实践经验的总结,而《孟子》只是从学术的角度、从学者的立场出发,在谈及他的社会理想时偶尔涉及人才的培养,所以对于人才培养并不像《管子》那样系统完整且有独到的见解。

第十三章 《管子》人才思想及其当代价值

《管子》一书是先秦诸子时代百科全书式的巨著。其人才思想坚持"以人为本",十分重视人才的作用。在人才培养与教育方面,树立"终身之计,莫如树人"的理念;在人才选拔方面,坚持"举贤尚功"与"三选制"的机制;在人才任用方面,推行"三本""四固""五务"的原则与省官考核制。这种系统的人才学思想,不仅在先秦之际具有重要的进步性与创新性,是独树一帜的理论创新与治国实践经验的总结,而且对于当今人才强国战略工程的实施也具有十分重要的借鉴价值和参考意义。《管子》中的许多人才思想,即使在今天看来,仍不过时,仍然具有重要的启示意义。

第一节 《管子》"以人为本"的理念

春秋时期,管仲在辅佐齐桓公建立霸业的过程中,曾鲜明地提出并阐释了"以人为本"的人才学思想,在"以人为本"理论指导下,尤为重视人才作用的发挥,他的人才学思想在治国富民的实践中取得了丰硕的成果。

管仲坚持以人为本,十分重视各级各类人才的作用。

其一,注重任用"中央之人"。《管子·君臣下》:"为人上者,制群臣百姓,通中央之人。是以中央之人,臣主之参。制令之布于民也,必由中央之人。中央之人,以缓为急,急可以取威;以急为缓,缓可以惠民。威惠迁于下,则为人上者危矣。贤不肖之知于上,必由中央之人。财力之贡于上,必由中央之人。"作为君主,统治群臣百姓,是通过"中央之人"来实现的,因而"中央之人"是群臣与君主之间的桥梁和纽带。一方面,制度法令向人民传达,必须经过"中央之人",这样可以把缓办的命令改为急办,不仅可以获取权威,又可以将急办的命令改为缓办,以此显示对人民的恩惠。君主的权威与恩惠转移到中央之人手里,做君主就危险了。"中央之人是大政方针的决策者,掌握着制定政策和实施法令的实际权力。反之,若此权力不出中央,则君权必然会发生动摇。另一方面,中央还控制着人权和财产,如果掌管人事、财政大权的人用之不当,必将出现用人失控、财政失控、吏治败坏、朋党宗派风气盛行的恶劣后果。"① 因此,对"中央之人"的任命与使用,要有一个良性、合适的限度,君主对于"中央之人"一定要有驾驭和控制能力。

其二,主张贤者入政。《管子·版法》记载:"备长在乎任贤,安高在乎同利。"唯贤者当政,才能更好地使国家长治久安,国家长治久安后,要懂得与民同利,二者相互影响,彼此互渗。君主应该怎样重视人才,又应该如何对待贤者呢?《管子·霸言》记载:"圣王卑礼以下天下之贤而任之,均分以钓天下之众而臣之。"若要治理好国家,一则圣王对贤才要礼遇、要尊重,进而加以任用;二则为任用好人才,更要懂得用战略性的眼光和视野,来聚拢与储备天下精材、骏雄。《管子·牧民》指出"天下不患无臣,患无君以使之;天下不患无财,患无人以分之"。天下从来不缺少有贤才与股肱之臣,关键是君主如何发现,又怎样加以任用。由此,《管子》发现人才、重视人才,始于对人才的摸排普查。《管子·问》:"问国之有功大者,何官之吏也?问州之大夫也,何里之士也?今吏,亦何以明之矣?问刑论有常以行,不可改也,今其事之久留也何若?问五官有度制,官都其有常断,今事之稽也何待……问兵官之吏、国之豪士,……问所以教选人者何事?问执官都者其位事几何年矣?"

上述可见,管子对人才调查涵盖面比较广,涉及官、吏、士、子、弟、群臣、大夫、技工等不同阶层、不同行业人才,内容有州里籍贯、家庭成员、德育面貌、从事职业、能力擅长、经济状况、交游情况等。这种以大力普查为手段的求贤访贤、广泛搜罗人才、发现人才的方式方法,《管子》首开风气之先,同时也反映管仲在人才重视上,既立足社会现实考察人才,又推崇高效务实的人才使用理念。考察的最终目的还是对人才的培养与任用。《管子·君臣下》篇提出:"上稽之以数,下什伍以征,近其巽升,以固其意;乡树之师以遂其学。官之以其能,得年而举,则士反行矣。称德度功,劝其所能,若稽之以众风,若任以社稷之任。若此,则士反于情矣。"管仲认为,依据相应制度来征集人才,这样可缩短选拔迁升的期限,再由乡树之师予以教育,官府依能授官,度功授禄,以此鼓励士人的干劲和信心。

管仲是最早提出"以人为本"的思想家,堪称中国古代政治思想史上的重大创举。《管子·霸言》记载:"夫霸王之所始也,以人为本。本治则国固,本乱则国危。"管仲"以人为本"中的"人"实指"民",即"百姓"。他认为,百姓是国家的基石,没有百姓也就没有国家,国家的安危存亡决定于百姓是否安居乐业。《管子·说苑》:"王者何所贵?"对曰:"贵天",桓公观天。

---

① 张少红:《论〈管子〉的用人思想》,载《东岳论丛》1997年第5期。

管仲曰："所谓之天者，非谓苍苍莽莽之天也；君人者，以百姓为天。百姓与之则安，辅之则强，非之则危，背之则亡。"君主治理国家，不因上天的意识来统治世界，而是尊奉百姓为上天，国家的存亡及其安危来源于百姓的人心向背。这种人才思想观念上的重大变化，是当时社会进步的体现。管仲相齐期间，为适应社会发展和民众需求，因时因地而宜，采取一系列爱民、富民、安民的举措，概之如下。

一、主张"本厚民生"，关心弱势民众

管仲结合自身早年的落魄境遇，能感同身受，体察并捕捉到弱势群体的各种疾苦，因此强调："昔者，圣王本厚民生，审知祸福之所生。"（《管子·君臣下》）管仲体恤民众的苦痛，将古之帝王先贤厚生爱民的思想提高到治国之根本的高度上来强调，足以看出他在"本厚民生"中的用心和决心。管仲关心弱势群体，《管子·禁藏》要求："赐鳏寡，振孤独，贷无种，与无赋，所以劝弱民。"而且管仲尽力做到"饥者得食，寒者得衣，死者得葬，不资者得济"（《管子·轻重甲》)，他祈望饥饿者有饭吃，寒冷者有衣穿，死者能得到安葬，生活贫困者能得到周济。

二、强调"取民有度"，注重培养民力

管仲深知君主和民众之间有一种不可调和的矛盾，即君王无穷的欲望，民众有限的财力。倘若两者关系不能正确处理，必然会引发国家和人民之间的矛盾。在《管子·权修》中，管仲说："地之生财有时，民之用力有倦，而人君之欲无穷。以有时与有倦，养无穷之君，而度量不生于其间，则上下不相疾也。"因此，管仲反复强调："故取于民有度，用之有止，国虽小必安；取于民无度，用之不止，国虽大必危。"（《管子·权修》）管仲讽谏君王在民力与财富之间，一定要权衡利弊，把握度量与分寸，取于民有度，切勿滥用手中的民力与财富，否则将会给国家带来危险。

三、既"忠爱"民众，又兼顾利民富民之事

《管子·五辅》中记载："薄税敛，毋苛于民，待以忠爱，而民可使亲。"一般而言，在上者对民众忠爱，在下者就可亲。《管子·五辅》中又说："夫民必得其所欲，然后听上；听上，然后政可善为也。"倘若百姓看到统治者爱民的实际行动，又得到实惠，那么，便会听从上层的管理，就会齐心协力为国家贡献力量。管仲在施政时，做到一则体恤民众的内心，一则了解民众的需求。《管子·牧民》中管仲说："民恶忧劳，我佚乐之；民恶贫贱，我富贵之；

民恶危坠，我存安之；民恶灭绝，我生育之。"唯有做到以民众之忧为忧，以民众之乐为乐，才能上下和同，君民和谐，实现"乐民之乐者，民亦乐其乐；忧民之忧者，民亦忧其忧"的美好愿景。因此，管仲制定的一系列政策，不仅切合百姓的实际需求，而且能够严格实施，令行禁止，凸显效用。

第二节 《管子》的人才培养与教育

培养与教育人才，是《管子》一书的旨归。管仲十分强调人才培养与教育的战略性意义。"一年之计，莫如树谷；十年之计，莫如树木；终身之计，莫如树人。"其认为倘若治理好国家，人才是关键，而人才的培养，既是终身之计，又是事关国家长远发展的战略性任务。遍览《管子》，对于人才的教育，主要凸显在"社会教育""职业教育""学校教育"三个层面。

一、社会教育

《管子》注重道德教育的特殊社会作用。道德教育可以调整人与人之间、人与社会之间的关系，使社会协调一致、安定有序。道德教育可以约束统治者，帮助统治者维护和巩固国家的统治。《管子·牧民》记载："国有四维，一维绝则倾，二维绝则危，三维绝则覆，四维绝则灭。""何谓四维？一曰礼，二曰义，三曰廉，四曰耻。礼不逾节，义不自进，廉不蔽恶，耻不从枉。故不逾节，则上位安，不自进，则民无巧诈，不蔽恶，则行自全，不从枉，则邪事不生。"反之"四维不张，国乃灭亡"。管仲将道德教育的中礼、义、廉、耻与国家盛衰兴亡联系起来，足见管仲在人才培养上对于道德教育的重视程度。

管仲首先指出物质生活是道德教育的基础，在《管子·牧民》中指出："凡有地牧民者，务在四时，守在仓廪。国多财，财远者来；地辟举，则民留处；仓廪实，则知礼节；衣食足，则知荣辱。"这里不仅强调了物质基础是道德教育的先决条件，更重要的是，在中国思想史上第一次明确而深刻地阐释了道德教育受社会生活决定和制约这一独特的现象，已经初步认识到物质与精神的关系。管仲认为道德教育对于国家的治理，一方面可以约束统治者；另一方面可帮助统治者稳操国柄，从而使国家长治久安。《管子·立政》载："君之所慎者三：一曰，德不当其位……故德厚而位卑者谓之过，德薄而位尊者谓之失。宁过于君子，而毋失于小人。过于君子，其为怨浅，失于小人，其为祸深。"管仲主张在选拔和人才使用上，必须正确处理好"德"和"才"的关系，宁要"德厚而位卑"，也不要"德薄而位尊"，因为前者"为怨浅"，后者"为祸深"。这种在人才选拔中注重道德品质的指导思想，至今仍有一定的借鉴意义。

管仲的社会教育范围颇为宽泛，除重视德育中"尚贤""崇礼""贵民""劝孝""重法"等之外，还包括加强军事方面的教育。管仲曾提出"三官""五教""九章"之说。《管子·兵法》曰："三官：一曰鼓。鼓所以任也，所以起也，所以进也。二曰金。金所以坐也，所以退也，所以免也。三曰旗。旗所以立兵也，所以利兵也，所以偃兵也。此之谓三官，有三令而兵法治也。"鼓声、鸣金、战旗三者均是配合战事需要而设置，在战争中极其重要。"五教：一曰，教其目以形色之旗。二曰，教其耳以号令之数。三曰，教其足以进退之度。四曰，教其手以长短之利。五曰，教其心以赏罚之诚。五教各习，而士负以勇矣"。此五教在内教其心，在外练其手足耳目，这样可协同作战，完胜制敌。"九章：一曰，举日章则昼行。二曰，举月章则夜行。三曰，举龙章则水行。四曰，举虎章则行林。五曰，举鸟章则行陂。六曰，举蛇章则行泽。七曰，举鹊章则行陆。八曰，举狼章则行山。九曰，举韟章则载食而驾。九章既定，而动静不过"。九章之旗，在不同的战争环境中各有所指，需要平日艰苦训练，方能攻无不克，战无不胜。《管子·兵法》论三官、五教、九章的成效时云："三官、五教、九章，始乎无端，卒乎无穷。始乎无端者，道也。卒乎无穷者，德也。道不可量，德不可数也。……故全胜而无害，因便而教，准利而行。……畜之以道，则民和；养之以德，则民合。和合故能谐，谐故能辑，谐辑以悉，莫之能伤。"即要达到畜民以道，养民以德，士兵与军官和合作战，才能克敌制胜，取得胜利。

二、职业教育

管仲是最早提倡发展职业教育的政治家。周代封建制度确立后，士、农、工、商之分亦随之确定，但受教育的机会当然还是士比较多。管仲主张不允许四民杂处，而是将职业相同或相近者居住在一起，这样以各就其业，进行初步的社会分工，使每个阶层每个行业各学所学，各执其业，不至于见异思迁，无所专长。《管子·小匡》："士农工商四民者，国之石民也，不可使杂处，杂处则其言咙，其事乱。是故圣王之处士必于闲燕，处农必就田壄，处工必就官府，处商必就市井。"管仲主张将齐国的民众按照职业的异同，进行有序的分业聚居，如将贤士安置在安静的书院，将农民安置于田野附近，将手工业者集聚在官府的作坊中，将商贾之人安置在市井之中。其实，管仲对不同职业之人进行划分，目的是强化并保障职业教育的顺利实施，做到各就其位，各司其职，在加强职业教育专业化的同时，亦可保证职业教育的质量。

管仲对四民职业教育具体的措施体现在《管子·小匡》中。首先，对

"士"则"令夫士群萃而州处,闲燕则父与父言义,子与子言孝,其事君者言敬,长者言爱,幼者言悌。旦昔从事于此,以教其子弟,少而习焉,其心安焉,不见异物而迁焉。是故,其父兄之教,不肃而成;其子弟之学,不劳而能。夫是故士之子常为士"。其中的"义""孝""敬""爱""悌"是道德层面的再教育,以此达到《管子·大匡》中的"敬老于与贵,交不失礼",保证了士人的道德素养。另外,子弟随父兄旦夕相处,父兄言传身教,子弟的耳濡目染,从小就培养他们安居乐业的思想,使其不会见异思迁。其次,对"农",则"审其四时,权节其用,备其械器,比耒耜枷芨。及寒击槁除田,以待时乃耕,深耕、均种、疾耰。先雨芸耨,以待时雨。时雨既至,挟其枪刈耨鎛,以旦暮从事于田壄,税衣就功,别苗莠,列疏遬。首戴苎蒲,身服袯襫,沾体涂足,暴其发肤,尽其四肢之力,以疾从事于田野"(《管子·大匡》)。即根据四季的变换,准备不同的农具,天气尚冷时,铲除杂草修正田地,以待时而耕,耕得深,种得均,覆土又快。在降雨前除草松土,以等待时雨,遂展开种植工作。再次,对"工","令夫工群萃而州处,相良材,审其四时,辩其功苦,权节其用,论比、计制、断器,尚完利。相语以示,相示以功,相陈以巧,相高以智。旦昔从事于此,以教其子弟"。严格要求工匠者寻找质地精良的材料,按四季渐变,通过对比、计算、锻制等工序,最后打造出精美的产品,以满足社会之需。最后,对"商",则要求"令夫工群萃而州处,观凶饥,审国变,察其四时而监其乡之货,以知其市之贾。负任担荷,服牛辂马,以周四方;料多少,计贵贱,以其所有,易其所无,买贱鬻贵。是以羽旄不求而至,竹箭有余国。奇怪时来,珍异物聚。旦昔从事于此,以教其子弟。相语以利,相示以时,相陈以知贾"。商人要观察年景凶饥,了解国家情况,观察四时,注意本乡货物,预知市场价格,以其所有,易其所无,教子弟于商业活动之中。管仲的重商意识,《史记·货殖列传》亦有记载:"故太公望封于营丘,地潟卤,人民寡,于是太公劝其女功,极技巧,通鱼盐,则人物归之,繦至而辐辏。故齐冠带衣履天下,海岱之间敛袂往朝焉。其后齐中衰,管子修之,设轻重九府,则桓公以霸,九合诸侯,一匡天下。"

管仲这种"四民分业定居"的职教形式,其显著特征就是理论与实践相结合,使之职业教育家族化、职业化、世传化。士、农、工、商四民各种职业之间长期的交流磨合,不断地从实践中获得相应的理论,用理论来指导现实,二者相辅相成、彼此影响。管仲职业教育的方式方法符合齐国当时的发展实际和社会需求,取得了良好的社会效果,为其称霸诸侯奠定了坚实的经济基础。

三、学校教育

管仲相齐期间重视办学。在地方办"士舍",中央则设"稷下学宫"——

齐国当时设在都城临淄的最高学府。据《史记·田敬仲完世家》记载："宣王喜文学游说之士，自如邹衍、淳于髡、田骈、接子、慎到、环渊之徒七十六人，皆赐列第，为上大夫，不治而议论。是以齐稷下学士复盛，且数百千人。"南朝·宋裴骃集解："刘向《别录》曰：'齐有稷门，城门也。谈说之士期会於稷下也。'"① 稷下学宫网罗了当时众多名家学者在此授业讲学，齐国在图谋霸业中，既尊崇他们，又给予他们优渥的俸禄和待遇。稷下学人有"数千百人"，可谓人才云集，场面壮观，各家学说于此碰撞融汇。"稷下学宫由于有良好的学术风气，因此形成了'百家争鸣'的空前盛况，而且在'百家争鸣'的同时，还有百家相互影响和融合，这才是当时历史的真实面貌"②。稷下学宫的开办既能促进各家学术上的争鸣，又可大力推动齐国的教育发展。陈鼓应认为稷下学宫具有三种功能：一是广纳贤才的学府，二是为国献策的智库，三是学术交流的中心。③

管仲在地方开办"士舍"，以《管子·弟子职》为教育之学规，让子弟民众在学校中受到良好的教育。其教育方式强调见微知著，从大处着眼，从小处入手。《管子·权修》："凡牧民者，欲民之修小礼、行小义、饰小廉、谨小耻、禁微邪，此厉民之道也。民之谨小礼、行小义、饰小廉、谨小耻、禁微邪，治之本也。"治民的根本是对民众进行教化与训诲，让民众从小处入手，从点滴做起。若放纵对民众的教育与规范，会导致"四维不张，国乃灭亡"的后果。因此，学校教育从以下五个方面入手。

（1）尊师明礼方面的教育："先生施教，弟子是则。温恭自虚，所受是极。见善从之，闻义则服。温柔孝悌，毋骄恃力。志毋虚邪，行必正直。""若有宾客，弟子骏作。对客无让，应且遂行。趋进受命，所求虽不在。必以反命，反坐复业。""出入恭敬，如见宾客"。先生施教，弟子遵照学习，谦恭虚心，所学自能彻底。见善就跟着去做，见义就身体力行，性情温柔孝悌，不要骄横而自恃勇力。心志不可虚邪，行为必须正直。弟子在学，若遇宾客来访，应迅速起立，客人若有要求，立刻答应办理，若应求之事无法完成，需要返回复命，有所交代。

（2）衣食起居方面："少者之事，夜寐早作，既拼盥漱，执事有恪。摄衣共盥，先生乃作。沃盥彻盥，泛拼正席，先生乃坐。""夙兴夜寐，衣带必饰"是也。早起早睡，作息有规律；穿衣要整洁，讲究配饰，凡事要有节制。用餐

---

① ［汉］司马迁：《史记》，中华书局1982年版，第1895页。
② 孙开泰：《稷下学宫的百家争鸣与相互影响》，载《管子学刊》1987年（创刊号）。
③ 陈鼓应：《管子四篇诠释》，三民书局2003年版，第9页。

时须老师先食,待老师允许后弟子方可。而且弟子在进餐时,要懂礼貌、遵循长幼之序,如"以齿相要"。进餐时坐姿端正,礼貌用餐,正谓"坐必尽席,饭必奉擥,羹不以手。亦有据膝,毋有隐肘"。用餐结束,要搽口,其"既食乃饱,循咡覆手"是也。离席时亦要"振袵扫席,已食者作,抠衣而降。旋而乡席,各彻其馈,如于宾客",清理自己杂物,整理好自己衣服,离开时不影响宾客用餐。

(3) 待人接物方面:"三饭二斗,左执虚豆,右执挟匕,周还而贰,唯嗛之视。同嗛以齿,周则有始。""昏将举火,执烛隅坐。错总之法,横于坐所。栉之远近,乃承厥火。居句如矩,蒸间容蒸。然者处下,奉椀以为绪。右手执烛,左手正栉。有堕代烛,交坐毋倍尊者。乃取厥栉,遂出是去。"这里主要教育弟子有二:一是学会进餐时添饭的规章;二是天黑时做好举烛掌灯的服务工作。

(4) 生活卫生方面:"凡拚之道:实水于盘,攘臂袂及肘,堂上则播洒,室中握手。执箕膺揲,厥中有帚。入户而立,其仪不忒。执帚下箕,倚于户侧。凡拚之纪,必由奥始。……先生若作,乃兴而辞。坐执而立,遂出弃之。既拚反立,是协是稽。暮食复礼。"此为生活中的点滴细节之属,并非大事,然论述极其翔实。首先教育弟子洒水之法,因堂与室不同,所执箕方式亦有讲究,由里而外,依次打扫。洒水时仪表须整齐,穿着贴切,而且姿势要大方,动作要适中,更要细心小心,且勿使灰尘飞扬。种种细节,均有规定,让弟子在生活点滴之间,培养成一丝不苟的工作态度,掌握层次分明的工作方法,足见其教育的用意颇深。

(5) 读书研习方面:"若有所疑,捧手问之。师出皆起。""相切相磋,各长其仪""朝益暮习,小心翼翼。一此不解,是谓学则"。劝诫学生若有疑难问题相问时,要双手捧之,以示恭敬。先生下课离开,弟子要起立示敬。同学之间虚心互学,戒骄戒躁,懂得相互之间交流与学习。朝学暮习,总要小心谨慎,对这些要坚持不懈,可谓学习的规则。

管仲《弟子职》所载录的多数是当时小学所授之礼、乐、射、御、书、数等初步学科的实习内容,通过这些学习来认识社会。综观管仲弟子教育,以生活教育为基础,教导弟子为学,将品德修养冠于首位。《管子·弟子职》不仅对生活中的仪表礼节十分讲究,而且对弟子早起健身、饮食、洒扫、应对,举凡日常生活之细枝末节,均有严格的要求。管仲认为从小养成良好的生活习惯,学习知识和技能,将来才能成为德才兼备的栋梁之材。《朱子语类》谓:"《弟子职》一篇,若不在《管子》中,亦亡矣。此或是他存得古人底,亦未可知。或是自作,亦未可知,窃疑是他作内政时,士之子常为士,因作此以教之。想他平日这样处都理会来，然自身又却在规矩准绳以外！"① 以此可知其价值。诚然，这种明礼节、重知识、重人才、重教育的良好传统，对当今教育依然具有很好的启示作用。

第三节　《管子》的"举贤"与"三选"

发现人才、选好人才是用好人才的关键问题。管仲在选人、用人方面的一系列原则、方式方法至今仍具有借鉴意义与现实意义。

一、举贤尚功

管仲继承了姜太公的"举贤尚功"的人才思想。举贤，是对人才的发掘；选贤，则是对人才的遴选。管仲不仅注重举贤的基础工作，而且意识到选贤才是关键。管仲选拔人才往往视野开阔、范围较宽，不拘一格重用人才。据《国语·齐语》记载，管仲选拔举措"是故匹夫有善，可得而举也；匹夫有不善，可得而诛也"。管仲打破礼乐教化的藩篱，广泛任用各类人才，发挥不同人才的长处，为齐国发展出谋划策，尽心尽力。据《管子·小匡》记载，时人通过礼数教化之后，则会出现诸如"秀异之才"，"以耕则多粟，以仕则多贤"。管仲对人才的使用主张因材施教，用其所长，《管子·权修》记载他坚持"察能授官"，然后遵循"任其所长，不任其所短"（《管子·形势解》）的任用原则。

二、"三选"体系

管仲为使人才选拔工作常态化、制度化，依据齐国的实际而总结经验，制定了一套完善的选拔制度和体系，即"三选"制。《管子·小匡》："正月之朝，乡长复事，公亲问焉，曰：'于子之乡，有居处为义、好学、聪明、质仁、慈孝于父母、长弟闻于乡里者，有则以告。有而不以告，谓之蔽贤，其罪五。'有司已于事而竣。公又问焉：'于子之乡，有拳勇、肱骨之力，筋骨秀出于众者，有则以告。有而不以告，谓之蔽才，其罪五。'""于是乎乡长退而修德，进贤。桓公亲见之，遂使役之官。""公令官长，期而书伐以告，切令选官之贤者而复之。曰：'有人居我官有功，修德维顺，端悫以待时使……公宣问其乡里，而有考验。乃召而与之坐，省相其质，以参其成功成事。可立而时。设问国家之患而不疚，退而察问其乡里，以观其所能，而无大过，登以为

---

① 〔宋〕黎靖德编，王星贤点校：《朱子语类》，中华书局1994年版，第234-235页。

上卿之佐。名之曰三选。'"

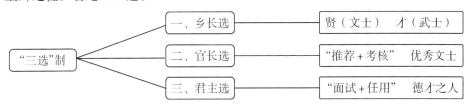

"三选制"示意图

简而言之,"三选"制即由基层向上逐级选拔的一种机制。其大体顺序为：一选,乡长荐举德才兼备者。二选,由乡选优秀者,经过各级官员的审核考察,再以文书样式递呈君主。三选,君主将举荐上来的贤才经过亲自面试后,最终确定任用。管仲的"三选"制人才学思想,对当今从基层选拔优秀干部具有有益的借鉴价值。因此,"三选"制也具有重要现实意义和历史价值,"第一,'三选'制确立了进贤责任制。第二,管仲开创的'三选'制与惩治恶人相结合。第三,管仲的选贤方法有利于社会教化和人才培养。第四,管仲所实行的'三选'制之选贤制度有力地扩大了选贤范围。"① 管仲认为："闻贤而不举,殆；闻善而不索,殆；见能而不使,殆。"管仲把选贤工作不仅当作国家的基本用人原则和制度,而且将其提升到治国成败的高度上来,足以证明管仲在人才选拔方面的决心和力度。

此外,管仲还规定："三月一复,六月一计,十二月一著。凡上贤不过等。"(《管子·立政》)。这句话透露两层含义：一是选贤举贤的时间具有稳定性；二是选贤举贤不可越级。其实,管仲要求三月进行一次上报,六个月则要合计汇总,十二月后要进行登记备案,这样一来,就把选贤荐能的工作加以常规化、制度化,进而形成良好的选拔用人机制。

第四节　《管子》的人才任用与省官考核

管仲在重视人才、培养人才、选拔人才上均体现出了制度化、系统化的特点。在人才任用上又吸取齐僖公的经验教训,采取审慎的态度,坚持做到选贤、重德、量功、任能的用人标准,坚持"三本""四固""五务"的准则及其"省官考核制度",在齐国进行官僚体制的改革和对人才的严格考核与选拔任用。

---

① 池万兴：《〈管子〉的人才选拔原则与方法》,载《铜仁学院学报》2014 年第 5 期。

一、以"三本"为用人的准则

《管子·立政》第四云:"君之所审者三:一曰德不当其位,二曰功不当其禄,三曰能不当其官。此三本者,治乱之源也。故国有德义未明于朝者,则不可加于尊位;功未见于国者,则不可授以重禄;临事不信于民者,则不可使任大官。"考察与梳理上述"三本"内容可知,管仲在人才使用上注重德行与地位相称、功绩与俸禄相称、才能与职务相称。如果德行、功绩、才能不能匹配,则不予其爵位、俸禄和官位。通过"三本"准则到达《管子·七法》中所言:"贤者食于能,斗士食于功。"《管子·问》所说的:"爵授有德,禄予有功。"即《管子·七法》所说的:"有功必赏,有罪必诛。"由此可见,"三本"实际上就是使用人才的三条基本原则。倘若实现这些,那么,各级各类人才都能得到合理、科学的使用,文武官员就会为国家发展效力,为富民强兵奋斗。这对于我们今天的人才选拔与使用仍然具有重要的参考价值。

二、以"四固"为考察原则

《管子·立证》第四云:"君之所慎者四:一曰大德不至仁,不可以授国柄;二曰见贤不能让,不可与尊位;三曰罚避亲贵,不可使主兵;四曰不好本事,不务地利,而轻赋敛,不可与都邑。此四固者,安危之本也。"管仲在人才使用上强调,要从是否做到施行仁德、礼遇谦让、开明公正、尽职恪守四个方面来加以考察衡量,并将其作为用人标准。如果不具备上述四项标准,就不能授予以相应的官职,因"四固者"关乎国家安危兴衰。可见,所谓"四固",就是按照人才的实际能力授予相应的官职和任务,就是要求人尽其才、人才要得到科学合理的使用。这在今天仍然具有重要的借鉴意义。

三、以"五务"为职业要求

管仲提出"任力有五务"。据《管子·五辅》记载:"君择臣而任官,大夫任官辩事,官长任事守职,士修身功材,庶人耕农树艺。"何以为此?因"君择臣而任官,则事不烦乱;大夫任官辩事,则举措时;馆长任事守职,则动作和;士修身功材,则贤良发;庶人耕农树艺,则财用足"。管仲主张因材施教,用其所长,而不能用其所短,真正做到人尽其才,才尽其用,最大限度地发挥人才的作用。各级各类人才具有不同的职责和任务,每一个层级的人才,上到君主,下到庶人,如果都能尽职尽责,恪尽职守,奉公守法,那么,整个社会就会形成合力,各自尽自己的职责与义务,国家就会兴旺发达,社会就会和谐稳定,人民就会安居乐业。这在今天仍然具有重要的启示意义。

四、"省官考核制"

为保证人才政策的实施，防止徇私枉法等不良现象发生，管仲坚持在官制中建立监督与考核制度。《管子·枢言》说："凡人之名三，有治也者，有耻也者，有事也者。事之名二，正之，察之。五者备，天下治矣。"《管子·君臣上》说："是故有道之君，上有五官以牧其民，则众不逾轨而行矣；下有五横以揆其官，则有司不敢离法而使矣。"此处"横"谓纠察之官，"五官"各有其五横，对其监督、考核，严防"五官"违法办事。管仲相齐，制定了严格的考核和赏罚官吏的制度，《管子·立政》："孟春之朝，君自听朝，论爵赏校官，终五日。季冬之夕，君自听朝，论罚罪刑杀，亦终五日。"其关键是对官员进行考核，评定爵赏，有罪当罚者依法惩办，主张"有功必赏，有罪必诛"。对此，陈微波认为："①要公示赏罚的标准，建立实施赏罚工作的体系。②赏罚激励的适用范围具有广泛性，尤其要强调对特殊人才的激励。③在赏罚激励的过程中，要强调标准的公平，要做到一视同仁。④赏罚一定要及时实施、兑现。⑤赏罚要适度，具有层次性。"① 管仲强调为官者要尽职尽守，依法办事，不仅要讲实话，而且要重实绩，赏罚分明，这样才实现国家体制有序、政权稳固的愿望。这尽管仍然是"恩威并用"的套路，但对于国家政权建设、对于官员的升迁黜降、对于各级各类官员的监督考核，仍然具有重要的参考价值。

第五节　《管子》人才思想的当代价值

《管子》中的一系列人才思想，不仅是丰富的、完善的、有体系的，而且也是先进的、科学的，具有开拓创新意义的。它不仅在当时的齐国治国实践中产生了深远而卓有成效的作用，使齐桓公"九合诸侯，一匡天下"，成为春秋五霸之首，使齐国在春秋战国的角逐中能够长盛不衰，成为泱泱大国达八百年之久，而且在当时的诸侯国中产生了深远而巨大的影响。齐桓公姜小白和管仲，不仅成为春秋战国的一面旗帜，也是中国历史上不可多得的君臣遇合、重视人才战略作用的标杆。齐桓公以及管仲的人才战略思想，不仅是历代齐国君主、政治家效法与学习的榜样，也是春秋战国时期各国君主和政治家研究与学习的典范。《管子》的人才战略思想也是春秋战国时期儒、道、法各家各派学习与研究的主要对象。诸子百家，虽然各崇所善，各有其说，互相攻讦，但都

---

① 陈微波：《论〈管子〉的激励思想及现代人力资源管理的启示》，载《管子学刊》2006 年第 3 期。

对齐桓公与管仲的人才思想表现出极大的兴趣和不约而同地学习与研究倾向，都对他们的人才思想发表了不同程度的评论和钦慕之情。春秋战国之后，历代统治者和思想家都对《管子》的人才思想进行学习与研究，发表了不少真知灼见。即使在今天，《管子》的人才思想对于我们当代人才强国的战略思想，仍然具有重要的参考价值与借鉴意义。

《管子》丰富的人才战略思想对于我们今天的人才强国战略，具有很多参考价值与借鉴意义，述略如下：

第一，"以人为本"的人才思想对当今中国人才强国战略工程具有重要的参考价值。管仲"以人为本"的人才思想，在先秦之际已树立了典范，具有一定开创性和进步性。一是突破了由"神本"向"人本"转变的鸿沟，其宗旨是既要"始于爱民"，又要"终于爱民"。二是肯定"民"是国家的基础和主体。管仲强调"民为邦本""民为君本"，若安邦兴国，"民"是关键，是核心。三是采取并制定了一系列相关举措和法律措施，确保"以人为本"的政策能顺利实施。管仲主要围绕安民、利民、富民，制定了一套完整的法律制度为其人才思想的贯彻与落实保驾护航。

管仲强调"以人为本"，其在制定政策、实施措施及其权衡利弊关系时，将人民的利益放在重要位置，避免本末倒置。管仲曾力避"先其士者之为自犯，后其民者之为自赡"的不良现象发生，只有这样才能使以人为本的思想落到实处，获得实效。国家要发展、要强大，人才是关键。党的十八大以来，提出了新时代中国特色社会主义理论，强调社会科学发展、和谐发展、均衡发展。其核心就是要牢固树立"以人为本"的发展理念。"以人为本"，注重人民是历史的主体，人民当家作主，保障人民的各项利益，注重发挥人民的首创精神，促进人的全面发展，真正做到发展为了人民、发展依靠人民、发展成果由人民共享。《管子》以人为本的思想，对当今中国在实现中华民族伟大复兴的中国梦的新征程中，积极借鉴和吸收管仲"以人为本"的丰富内涵，在施政风格和施政理念上，为如何做到爱民、利民、富民，实现共同富裕，全面建成小康社会提供诸多有益的启示和借鉴。

第二，"举贤"与"三选"并重的人才选拔机制，有利于提供后备人才资源。综观当今世界，人才的选拔与培养愈来愈成为一个世界性的问题。人才资源早已成为国家综合实力中关键的一环，国与国之间的竞争与较量，实则是人才间的竞争与抗衡。人才问题已关乎国家的兴衰成败。当今中国对于人才问题高度关注，中共中央提出"大力实施人才强国战略，建设宏大的高素质人才队伍"备受世人关注。中国实施人才强国战略工程，要从基础做起，关键是要建立相应完善的选拔机制和公开公平的用人制度，而《管子》人才思想中

"举贤与三选制"颇有借鉴价值。首先,"三选制"要求从基层中重视发现和推荐人才,建立从地方到中央的举贤机制,大力储备各类人才。其次,将人才选拔与依法用人紧密结合,坚持"察能授官",重用德才兼备者。用其所长,建立赏罚制,确立以法用人观念。再次,对选拔的人才定期进行上报、备案、汇总,再从中选拔优秀者委以重任。这样将选拔、考核、任用、再监督考核的用人机制在动态过程中不断丰富和完善起来,进而达到选准人、用好人的目的。

第三,《管子》"终身之计,莫如树人"的长期教育理念,对当代教育体制改革具有借鉴意义。管仲在教育上由地方到中央,分设"稷下学宫"和"士舍",强调要大力普及教育。百年大计,教育为本,教育事业关乎国家兴亡。教育是一个长期的工程,而非短暂性的结果。管仲提出"终身之计,莫如树人"的理念,旨在告诫后人,对于教育不能急于求成,亦不能急功近利,要循序渐进。培养人才是一个漫长的教化过程,正如《管子·七法》中指出的"渐也、顺也、靡也、久也、服也、习也,为之化"是也。这一教育理念与人才培养观念对于今天的中国,尤其具有重要的启发意义与借鉴作用。正如管仲所言,教育与人才培养是一个长期的过程,非短期行为。而今天的教育和当今的社会风气一样,往往急功近利、急于求成,教育和整个社会风气一样处于浮躁的状态之中,这样的教育理念与教育现状是难以培养出杰出人才的。

管仲注重素质教育的同时还兼顾发展职业教育,其"四民分业聚居"模式,形成了"士之子恒为士""农之子恒为农""工之子恒为工""商之子恒为商"的职业布局。这些子弟身处不同职业的环境中,自幼耳濡目染,加之父兄予以指教,可以很快获得相应的职业技能,有利于形成稳定的职业观。这些对我国深入发展职业教育,加强行业之间人才的实践技能培养,可以起到良好的借鉴作用。"以史为镜,可以知兴替",通过管仲的职业教育思想的深入解读,能使我们从中受到深刻的启发,可以指导中国当前职业教育的实践工作。如今一些高校实施"产学研"相结合的人才培养模式,就是职业教育对经济发展的隐形性功能向显形性转变的过程。中国职业教育正面临一个发展新机遇,从1996年颁布《中华人民共和国职业教育法》,到2002年的《关于大力推进职业教育改革与发展的决定》,再到2010年《国家中长期教育改革和发展规划纲要》中关于职业教育的重要内容,"大力发展职业教育……职业教育要面向人人、面向社会,着力培养学生的职业道德、职业技能和就业创业能力。到2020年,形成适应发展方式转变和经济结构调整要求、体现终身教育理念、中等和高等职业教育协调发展的现代职业教育体系,满足人民群众接受职业教育的需求,满足经济社会对高素质劳动者和技能型人才的需要。"这些都足以阐明职业教育在国家社会经济发展战略中的重要地位。而管仲的职业教育思想至今闪烁着智慧的光芒，引导我们对当代职业教育的思考与探索。

《管子》极其丰富、系统、深邃的人才学思想内涵，在中国历史上是独一无二的。《管子》的人才学思想，不仅是齐国治国经验和政治实践的总结，也是齐国在历史上能够长盛不衰达八百年之久的一个重要因素。因此，研究《管子》的人才战略思想，不仅能够发挥传统文化的现代价值，而且对于我们当今的人才强国战略思想具有重要的借鉴价值与现实意义。

参考文献

[1] 戴望. 管子校正 [M] //国学整理社. 诸子集成：第5册. 北京：中华书局，1958.

[2] 郭沫若，闻一多，许维遹. 管子集校 [M]. 北京：科学出版社，1956.

[3] 赵守正. 管子注译 [M]. 南宁：广西人民出版社，1982.

[4] 谢浩范，朱迎平. 管子全译 [M]. 贵阳：贵州人民出版社，1996.

[5] 胡家聪. 管子新探 [M]. 北京：中国社会科学出版社，1995.

[6] 罗根泽. 诸子考索 [M]. 北京：人民出版社，1958.

[7] 王德敏，刘斌，等. 管子十日谈 [M]. 合肥：安徽文艺出版社，1997.

[8] 战化军. 管子评传 [M]. 济南：齐鲁书社，2001.

[9] 白奚. 稷下学研究：中国古代的思想自由与百家争鸣 [M]. 北京：生活·读书·新知三联书店，1998.

[10] 池万兴. 管子研究 [M]. 北京：高等教育出版社，2004.

[11] 齐秀生. 举贤尚功：齐国官制与用人思想研究 [M]. 济南：齐鲁书社，2005.

[12] 王志民. 齐文化概论 [M]. 济南：山东人民出版社，1993.

[13] 李新泰. 齐文化大观 [M]. 北京：中共中央党校出版社，1992.

[14] 雷祯孝. 中国人才思想史 [M]. 北京：中国展望出版社，1986.

[15] 程有为. 中国人才思想史 [M]. 郑州：中州古籍出版社，1996.

[16] 司马迁. 史记 [M]. 北京：中华书局，1982.

[17] 班固. 汉书 [M]. 北京：中华书局，1962.

[18] 杜预. 春秋经传集解 [M]. 上海：上海古籍出版社，1988.

[19] 杨伯峻. 春秋左传注 [M]. 北京：中华书局，1981.

[20] 国语 [M]. 上海：上海古籍出版社，1978.

[21] 战国策 [M]. 上海：上海古籍出版社，1978.

[22] 范祥雍. 战国策笺证[M]. 上海：上海古籍出版社，2006.

[23] 吴则虞. 晏子春秋[M]. 北京：中华书局，1962.

[24] 许维遹. 韩诗外传集释[M]. 北京：中华书局，1980.

[25] 陈士珂. 孔子家语疏证[M]. 上海：上海书店，1987.

[26] 孙诒让. 周礼正义[M]//十三经清人注疏. 北京：中华书局，1987.

[27] 杨天宇. 礼记译注[M]. 上海：上海古籍出版社，1997.

[28] 陈鼓应. 老子注译及评介[M]. 北京：中华书局，1984.

[29] 刘宝楠. 论语正义[M]//国学整理社. 诸子集成：第1册. 香港：中华书局香港分局，1978.

[30] 孙诒让，撰，孙启治，点校. 墨子间诂[M]//中华书局编辑部. 新编诸子集成：第0201册. 北京：中华书局，2001.

[31] 焦循，撰，沈文倬，点校. 孟子正义[M]//中华书局编辑部. 新编诸子集成：第0102册. 北京：中华书局，1987.

[32] 王先谦. 荀子集解[M]//国学整理社. 诸子集成：第2册. 香港：中华书局香港分局，1978.

[33] 高亨. 商君书注译[M]. 北京：中华书局，1974.

[34] 王先谦. 韩非子集解[M]//国学整理社. 诸子集成：第5册. 香港：中华书局香港分局，1978.

[35] 陈奇猷. 吕氏春秋新校释[M]. 上海：上海古籍出版社，2002.

[36] 张双棣. 淮南子校释[M]. 北京：北京大学出版社，2013.

[37] 向宗鲁. 说苑校正[M]. 北京：中华书局，1987.

[38] 石光英. 新序校释[M]. 北京：中华书局，2001.

[39] 刘盼遂. 论衡集解[M]. 北京：中华书局，1957.

[40] 王利器. 盐铁论校注[M]. 天津：天津古籍出版社，1983.

[41] 朱熹. 朱子语类[M]//朱熹. 朱子全书. 上海：上海古籍出版社，2002.

[42] 王应麟. 困学纪闻[M]. 上海：上海古籍出版社，2008.

[43] 叶瑛. 文史通义校注[M]. 北京：中华书局，1985.

后 记

在先秦诸子中,《管子》的人才思想是最为丰富深刻和具有体系的。透过《管子》我们可以看到,齐国之所以能够昌盛八百年,关键是人才起了巨大的作用。凡是齐国开明贤能的君主,都非常重视人才。"争天下者必先争人","为政之要在于得人"。而齐国之所以能够重视人才,发挥人才治国安邦的重要作用,关键就在于形成了一套完整的人才强国的制度化、法制化的思想体系。

《管子》人才强国的战略思想,至少可以给我们提供以下借鉴:第一,重视人才是国家兴盛之本。历史上齐国的强盛时期,都能够重视人才的作用,广泛搜求人才、尊重人才。第二,统治阶级,尤其是最高统治者,应该是德才兼备的。凡是齐国开明贤能的君主,大都能够重用人才,尤其是注意发挥宰相的作用。贤相在位,国家即富强;奸相在位,国家即衰亡。第三,在用人得当的情况下,人人都可以是人才;反之,如果用人不当,人才也可以转化为蠢材,甚至是罪魁祸首。桓公时代的易牙、竖刁、堂巫、卫公子开方等就是典型。他们在管仲在世时都是能臣;然而在管仲去世后失去约束,就都变为弑君的帮凶和佞臣。这就说明:一是用人必须得当;二是人才是可以转化的、是动态的;三是对人才要有约束与考核。

本书在全面梳理、探讨《管子》的人才选拔思想、任用思想、培养思想、考核思想、激励思想、引进思想的基础上,将《管子》的人才思想与孔子、墨子、孟子的人才思想进行深入的比较研究,从而得出他们的人才思想是有很大区别的。管仲的人才思想是其治国实践和经验的总结,具有体系化、制度化、法律化的特点,具有可操作性和实践性;而孔子、墨子、孟子的人才思想只是学术主张,带有理想化的色彩,缺乏实际可操作性。

本书尚存在不足之处:首先,对于《管子》的人才退出机制没有列出专章进行深入研究。人才退出是一个十分重要的问题。在中国历史上,《管子》第一次提出"人才退出"的问题,提出了"七十而致政"。管仲也要求齐桓公驱逐竖刁、易牙、卫公子开方等五人。但由于文献资料实在太少,我们难以对此详加论述。其次，本书未能将《管子》与《老子》《荀子》《韩非子》的人才思想进行比较研究，这也是一个缺憾。再次，本书在文献资料使用上存在不少重复之处。最后，有的观点只是点到为止，也是因为相关文献资料缺乏而未能展开论述。当然，由于笔者学识和水平所限，书中还存在其他不少谬误之处，恳请广大读者批评指正。

  本书能够得以出版，首先要感谢笔者所在单位西藏民族大学及文学院的大力支持，感谢中山大学出版社嵇春霞、靳晓虹女士的热情帮助，还要感谢黄志立副教授的不少付出。本书的最后一章就是黄志立同志根据我们的提纲和意图执笔完成的。本书在写作过程中，参考了前修时彦的不少成果和观点，书中未能一一注明者，在此一并致谢。

作者
2020 年岁末于幽音阁